广东金融学院"十四五"规划教材

马克思主义理论教学实验中心暨党建教育活动中心实践实验教材

形势与政策分析

李建军　主编

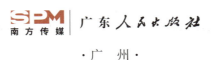

广东人民出版社

·广　州·

图书在版编目（CIP）数据

形势与政策分析 / 李建军主编. -- 广州：广东人
民出版社，2024. 6. -- ISBN 978-7-218-17797-7

Ⅰ. G641.41

中国国家版本馆 CIP 数据核字第 202408JP77 号

XINGSHI YU ZHENGCE FENXI

形 势 与 政 策 分 析

李建军　主编

出 版 人：肖风华

责任编辑：王庆芳　叶芷琪
责任技编：吴彦斌

出版发行：广东人民出版社
地　　址：广州市越秀区大沙头四马路 10 号（邮政编码：510199）
电　　话：（020）85716809（总编室）
传　　真：（020）83289585
网　　址：http://www.gdpph.com
印　　刷：广东鹏腾宇文化创新有限公司
开　　本：787 毫米 × 1092 毫米　1/16
印　　张：20　　字　　数：400 千
版　　次：2024 年 6 月第 1 版
印　　次：2024 年 6 月第 1 次印刷
定　　价：48.00 元

如发现印装质量问题，影响阅读，请与出版社（020-85716849）联系调换。
售书热线：（020）87716172

前 言
preface

  党的二十大首次将教育、科技、人才战略三位一体整体部署，鲜明指出教育是国之大计、党之大计。培养什么人、怎样培养人、为谁培养人是教育的根本问题。育人的根本在于立德。习近平总书记关于教育的重要论述，为立德树人提供了根本遵循。2016 年 12 月，在全国高校思想政治工作会议上，习近平总书记强调："要教育引导学生正确认识世界和中国发展大势，从我们党探索中国特色社会主义历史发展和伟大实践中，认识和把握人类社会发展的历史必然性，认识和把握中国特色社会主义的历史必然性，不断树立为共产主义远大理想和中国特色社会主义共同理想而奋斗的信念和信心；正确认识中国特色和国际比较，全面客观认识当代中国、看待外部世界；正确认识时代责任和历史使命，用中国梦激扬青春梦，为学生点亮理想的灯、照亮前行的路，激励学生自觉把个人的理想追求融入国家和民族的事业中，勇做走在时代前列的奋进者、开拓者。"①

  世界每天都在运动变化发展的进程中。2020 年，在第一个百年奋斗目标即将实现、第二个百年奋斗目标新征程即将开启之际，习近平总书记针对我们面对的复杂形势和艰巨任务提出明确要求："我们要全面把握世界百年未有之大变局和中华民族伟大复兴战略全局。"②2020 年以来，无论是地方考察，还是发表重要讲话，习近平总书记都多次提到"两个大局"，强调要清醒认识国际国内各种不利

---

  ① 《习近平谈治国理政》（第二卷），外文出版社 2017 年版，第 377—378 页。

  ② 《习近平在中央政治局第二十一次集体学习时强调　贯彻落实好新时代党的组织路线　不断把党建设得更加坚强有力》，《人民日报》2020 年 7 月 1 日。

因素的长期性、复杂性，妥善做好应对各种困难局面的准备。如今，我国迈上全面建设社会主义现代化国家、以中国式现代化全面推进中华民族伟大复兴的新征程，世界百年未有之大变局正处在加速深刻演变的过程中。大学生在学习成长的关键时期，面向"两个大局"，需要通过系统而又全面客观的形势与政策知识学习，系统集成思想政治理论课体系和课程思政的内在逻辑，在中华民族伟大复兴的新征程上，在世界风云变幻的新局势下，深入领会和坚持运用习近平新时代中国特色社会主义思想的世界观和方法论，保持清醒的头脑，站稳科学立场，提高观察能力，增强判断能力，对纷乱复杂的各类信息进行正确分析综合和准确解读把握，自觉践行社会主义核心价值观，成长为能担当民族复兴重任的时代新人。

"形势与政策"课是理论武装时效性、释疑解惑针对性、教育引导综合性都很强的高校思想政治理论课，是帮助大学生正确认识新时代国内外形势，深刻领会党的十八大以来党和国家事业发生的历史性变革、取得的历史性成就、面临的历史性机遇和前所未有挑战的核心课程，是第一时间推动党的理论创新成果进教材、进课堂、进学生头脑，引导大学生准确理解党的基本理论、基本路线、基本方略的重要渠道。"形势与政策"课将党的创新理论、社会经济发展规律、教育教学规律和学生成长规律相结合，有助于广大学生全面、正确、准确地认清形势、把握政策，实现自身全面协调发展。

本教材坚持以习近平新时代中国特色社会主义思想为指导，依据 2020 年以来教育部印发的《高校"形势与政策"课教学要点》的基本框架与基本内容，围绕党和国家重大战略决策和伟大社会实践，结合当前国际、国内形势与热点编写，聚焦当前国内外经济政治形势、国际关系、国内外热点事件，着力以习近平新时代中国特色社会主义思想的世界观和方法论，引导学生正确分析形势、深刻认识世界、树立理想信念、强化责任意识，自觉成长为德智体美劳全面发展的社会主义建设者和接班人。本教材努力体现权威性、前沿性、客观性，注重理论与实际的结合、历史与逻辑的结合、稳定性与变动性的结合、学习知识与发展能力的结合，在相关问题的解读和分析上下功夫，力求达到知识传递与思想深化的双重效果。

希望本教材能帮助大学生准确把握我国新时代的发展脉搏，正确了解世情、国情、党情、民情，在科学理论指导下，用与时俱进和实事求是的眼光看待国内外形势，理解党和国家重大战略部署和重要决策，开阔视野，提升素质，坚定信念，立志报国，将个人的成长成才和全面发展融入国家富强、人民幸福、民族复兴的伟大事业中。也希望本教材能够成为大学生学习《习近平新时代中国特色社会主义思想概论》和"形势与政策"课程，掌握马克思主义基本原理的好帮手。

本教材在编写过程中参考了一些知名专家、学者的著作和观点，在此一并表示感谢。由于本教材时效性颇为突出，编撰时间较紧张，加之受编者水平和资料收集所限，不足和疏漏之处在所难免，敬请广大读者批评指正。

编 者

目 录 <<<◀

专题十三

以习近平外交思想为引领 推动构建人类命运共同体·············· 250

专题十四

传承弘扬中华优秀传统文化的实践逻辑···················· 270

专题十五

青年大学生强化融入国家重大战略主动意识 提升服务国家人民的能力······ 287

坚持以党的创新理论武装头脑
成长为担当民族复兴大任的时代新人

$\bullet\bullet\bullet$

只有把马克思主义基本原理同中国具体实际相结合、同中华优秀传统文化相结合，坚持运用辩证唯物主义和历史唯物主义，才能正确回答时代和实践提出的重大问题，才能始终保持马克思主义的蓬勃生机和旺盛活力。[①]

【引文】党的十八大以来，面对解答中国之问、世界之问、人民之问、时代之问的历史重任，以习近平同志为主要代表的中国共产党人，坚持把马克思主义基本原理与中国具体实际相结合、同中华优秀传统文化相结合，创立并全面贯彻习近平新时代中国特色社会主义思想，党和国家事业取得历史性成就、发生历史性变革，推动我国迈上全面建设社会主义现代化国家的新征程。新时代新征程，中华民族伟大复兴和世界百年未有之大变局同步交织、相互激荡、深刻演变，构成更加壮丽的时代景观和更加复杂多变的局势。立足"两个大局"，当代青年要学理论、明方向、立大志、担大任，学习掌握习近平新时代中国特色社会主义思想的世界观和方法论，坚持与运用贯穿其中的立场观点方法，坚定理想信念，对纷繁复杂的各类信息与思潮进行正确分析和准确判断，自觉践行社会主义核心价值观，自觉融入强国建设、民族复兴伟大事业，成长为担当民族复兴大任的时代新人。

---

① 《中国共产党第二十次全国代表大会文件汇编》，人民出版社 2022 年版，第 14—15 页。

世界上的事物纷繁复杂，时代发展的形势瞬息万变，掌握好党的创新理论的重大意义在于，我们能够运用其科学的世界观和方法论观察世界、分析问题、解决问题。从青年成长和发展来讲，青年大学生要提高自己认识世界和改造世界的能力，就必须学习党的创新理论，学会运用贯穿其中的立场观点方法。党的二十大报告在第二部分专门论述"开辟马克思主义中国化时代化新境界"，指出我们党勇于进行理论探索和创新，以全新的视野深化对共产党执政规律、社会主义建设规律、人类社会发展规律的认识，取得重大理论创新成果，集中体现为新时代中国特色社会主义思想。在以中国式现代化全面推进中华民族伟大复兴的新征程上，开辟马克思主义中国化时代化的新境界形成的党的创新理论就是习近平新时代中国特色社会主义思想。新时代的青年大学生要认真学习党的二十大报告，自觉以习近平新时代中国特色社会主义思想凝心铸魂，坚定不移听党话、跟党走，怀抱梦想又脚踏实地，敢想敢为又善作善成，立志做有理想、敢担当、能吃苦、肯奋斗的新时代好青年，让青春在全面建设社会主义现代化国家的火热实践中绽放绚丽之花。

回顾党的百年历史，我们党之所以能够在革命、建设、改革各个历史时期取得重大成就，能够领导人民完成中国其他政治力量不可能完成的艰巨任务，根本在于掌握了马克思主义科学理论，并不断结合新的实际推进理论创新。习近平总书记在党的二十大报告中指出："中国共产党已走过百年奋斗历程。我们党立志于中华民族千秋伟业，致力于人类和平与发展崇高事业，责任无比重大，使命无上光荣。全党同志务必不忘初心、牢记使命，务必谦虚谨慎、艰苦奋斗，务必敢于斗争、善于斗争，坚定历史自信，增强历史主动，谱写新时代中国特色社会主义更加绚丽的华章。"党的十八大召开至今，"我们经历了对党和人民事业具有重大现实意义和深远历史意义的三件大事：一是迎来中国共产党成立一百周年，二是中国特色社会主义进入新时代，三是完成脱贫攻坚、全面建成小康社会的历史任务，实现第一个百年奋斗目标。这是中国共产党和中国人民团结奋斗赢得的历史性胜利，是彪炳中华民族发展史册的历史性胜利，也是对世界具有深远影响的历史性胜利"[1]。

---

[1] 《中国共产党第二十次全国代表大会文件汇编》，人民出版社 2022 年版，第 4 页。

一、深刻认识马克思主义中国化时代化的过程和新时代党的理论创新

在人类思想史上，从来没有一种思想理论像马克思主义那样产生如此广泛而深刻的影响。马克思主义自诞生以来，以其真理的光芒照耀着人类探索历史规律和实现自身解放的道路，列宁总结俄国革命的历史经验时说："俄国在半个世纪里，经受了闻所未闻的痛苦和牺牲，表现了空前未有的革命英雄气概，以难以置信的毅力和舍身忘我的精神去探索、学习和实验，经受了失望，进行了验证，参照了欧洲的经验，真是饱经苦难才找到了马克思主义这个唯一正确的革命理论。"[①] 这不仅深刻改变了世界，也深刻改变了中国。

（一）科学认识马克思主义中国化时代化的重大意义

中国共产党的历史，就是一部不断推进马克思主义中国化时代化的历史。党的十八大以来，习近平总书记强调："马克思列宁主义、毛泽东思想一定不能丢，丢了就丧失根本。"[②] 在庆祝中国共产党成立 100 周年大会上，习近平总书记进一步指出："以史为鉴、开创未来，必须继续推进马克思主义中国化。马克思主义是我们立党立国的根本指导思想，是我们党的灵魂和旗帜。"[③]

1938 年 10 月，毛泽东在党的扩大的六届六中全会上首次提出"马克思主义的中国化"的科学命题，他指出："马克思主义的中国化，使之在其每一表现中带着中国的特性，即是说，按照中国的特点去应用它。"[④] 以科学的态度对待马克思主义，而不是视之为抽象的学理和不变的教条，这样的立场观点方法，贯穿于我们党的实践奋斗历程。纵观党的百年发展历史，马克思主义的科学性和真理性在中国得到充分检验，马克思主义的人民性和实践性在中国得到充分贯彻，马克思主义的开放性和时代性在中国得到充分彰显。辉煌的历史已经证明：中国共产

---

① 《共产主义运动中的"左派"幼稚病》，人民出版社 1991 年版，第 6 页。

② 《紧紧围绕坚持和发展中国特色社会主义　学习宣传贯彻党的十八大精神——在十八届中共中央政治局第一次集体学习时的讲话》，人民出版社 2012 年版，第 5 页。

③ 《在庆祝中国共产党成立 100 周年大会上的讲话》，人民出版社 2021 年版，第 12 页。

④ 《中共中央文件选集》（第 11 册），中共中央党校出版社 1991 年版，第 658—659 页。

党为什么能，中国特色社会主义为什么好，归根到底是因为马克思主义行。马克思主义之所以行，就在于我们党不断推进马克思主义中国化时代化并用以指导实践。

习近平总书记在庆祝中国共产党成立100周年大会上指出，新征程上，我们必须"坚持把马克思主义基本原理同中国具体实际相结合、同中华优秀传统文化相结合，用马克思主义观察时代、把握时代、引领时代"①，这是我们党首次明确提出"两个结合"的重大论断。马克思主义中国化在新时代新的飞跃不是无中生有，而是从"两个结合"中得以实现的。马克思主义是人们认识世界、改造世界的科学真理，但马克思主义并没有结束真理，而是开辟了通向真理的道路。恩格斯说过："马克思的整个世界观不是教义，而是方法。它提供的不是现成的教条，而是进一步研究的出发点和供这种研究使用的方法。"②在中国特殊的国情下取得革命、建设、改革的胜利，不可能从马克思主义的"本本"上找到现成答案，而博大精深的中华文化蕴藏着中华民族生生不息的精神密码，马克思主义只有同中华优秀传统文化相结合，才能以真理力量激活具有几千年历史的中华文明，在中国落地生根、深入人心。

习近平总书记在推进新时代中国特色社会主义伟大实践中，特别注重从中华优秀传统文化的角度来丰富和发展当代中国马克思主义。比如，在系统阐述以人民为中心的发展理念时，强调"江山就是人民，人民就是江山"③，充分体现了马克思主义唯物史观与"民为邦本，本固邦宁"思想的结合；在系统阐述生态文明建设时，强调"绿水青山就是金山银山"④，充分体现了马克思主义自然观与"道法自然""天人合一"理念的结合；在系统阐述中华优秀传统文化时，强调"讲仁爱、重民本、守诚信、崇正义、尚和合、求大同"⑤，充分体现了马克思主义道德观与中华传统美德的结合；等等。习近平新时代中国特色社会主义思想把基本

---

① 《在庆祝中国共产党成立100周年大会上的讲话》，人民出版社2021年版，第13页。
② 《马克思恩格斯选集》（第四卷），人民出版社1995年版，第742—743页。
③ 《习近平谈治国理政》（第四卷），外文出版社2022年版，第63页。
④ 《习近平谈治国理政》（第四卷），外文出版社2022年版，第435页。
⑤ 《习近平新时代中国特色社会主义思想学习论丛》（第三辑），中央文献出版社2020年版，第112页。

原理、时代精华、实践发展和文明底蕴有机融为一体，是坚持"两个结合"的光辉典范和最新成果，既贯穿了马克思主义活的灵魂，又保持着鲜明而独特的民族特色、文化特色，既是对马克思主义在新时代的新发展新贡献，又使中华文化、中国精神在新时代获得新突破新升华，把马克思主义中国化时代化大大向前推进了一步，充分彰显了当代中国共产党人强大的政治定力和高度的理论自信、文化自信。

马克思主义中国化在新时代新的飞跃不能只是理论逻辑上的自证，必须用实践上的大发展来实证。党的十八大以来，以习近平同志为核心的党中央在应变局、开新局的伟大实践中，对新时代坚持和发展什么样的中国特色社会主义、怎样坚持和发展中国特色社会主义，建设什么样的社会主义现代化强国、怎样建设社会主义现代化强国，建设什么样的长期执政的马克思主义政党、怎样建设长期执政的马克思主义政党这三大时代课题进行了深入探索和科学实践，取得了历史性成就，发生了历史性变革。系统性回答三大时代课题，展现了马克思主义中国化时代化伟大实践的新高度，为我们把握历史脉络和未来走向，科学回答中国之问、世界之问、人民之问、时代之问，奠定了坚实的实践基础。

实事求是是马克思主义活的灵魂。坚持实事求是，是中国共产党适应新形势、认识新事物、完成新任务的根本思想武器。马克思主义之所以能在中国落地生根、开花结果，根本在于中国共产党始终坚持解放思想、实事求是、与时俱进、求真务实，不是简单套用马克思主义经典作家设想的模板，而是勇于结合新的实践不断推进理论创新，推动马克思主义中国化实现飞跃。中国共产党在领导中国革命、建设、改革的长期实践中，牢牢把握实事求是这一基本思想方法、工作方法、领导方法，坚持从客观存在的实际出发，而不是从任何主观的臆想出发；坚持把实践作为检验一切理论、路线、方针、政策是否具有客观真理性的标准，在实践中检验和发展真理，不断深化对共产党执政规律、社会主义建设规律、人类社会发展规律的认识。正因如此，马克思主义才在中国大地上展现出强大的真理力量和强大的生命力，并以崭新形象展现在世界上。

时代是思想之母，实践是理论之源。现在，党团结带领中国人民踏上了实现第二个百年奋斗目标新的赶考之路。新时代新征程，要求我们坚持理论创新，不断推进马克思主义中国化时代化。

（二）全面认识和深刻把握新时代党的理论创新的丰富内涵和伟大成就

党的十八大以来，中国特色社会主义进入新时代，以习近平同志为主要代表的中国共产党人，坚持把马克思主义基本原理同中国具体实际相结合、同中华优秀传统文化相结合，坚持毛泽东思想、邓小平理论、"三个代表"重要思想、科学发展观，深刻总结并充分运用党成立以来的历史经验，从新的实际出发，创立了习近平新时代中国特色社会主义思想。习近平新时代中国特色社会主义思想是当代中国马克思主义、二十一世纪马克思主义，是中华文化和中国精神的时代精华，实现了马克思主义中国化新的飞跃。

党的二十大报告总结了党的十八大以来的如下成就。

全面加强党的领导，系统完善党的领导制度体系，确保党中央权威和集中统一领导，确保党发挥总揽全局、协调各方的领导核心作用，我们这个拥有九千六百多万名党员的马克思主义政党更加团结统一。

对新时代党和国家事业发展作出科学完整的战略部署，提出实现中华民族伟大复兴的中国梦，以中国式现代化全面推进中华民族伟大复兴，统揽伟大斗争、伟大工程、伟大事业、伟大梦想，明确"五位一体"总体布局和"四个全面"战略布局，确定稳中求进工作总基调，统筹发展和安全，明确我国社会主要矛盾是人民日益增长的美好生活需要和不平衡不充分的发展之间的矛盾，并紧紧围绕这个社会主要矛盾推进各项工作，不断丰富和发展人类文明新形态。

经过接续奋斗，实现了小康这个中华民族的千年梦想，打赢了人类历史上规模最大的脱贫攻坚战，历史性地解决了绝对贫困问题，为全球减贫事业作出了重大贡献。

提出并贯彻新发展理念，着力推进高质量发展，推动构建新发展格局，实施供给侧结构性改革，制定一系列具有全局性意义的区域重大战略，我国经济实力实现历史性跃升。

以巨大的政治勇气全面深化改革，各领域基础性制度框架基本建立，许多领域实现历史性变革、系统性重塑、整体性重构，中国特色社会主义制度更加成熟更加定型，国家治理体系和治理能力现代化水平明显提高。

实行更加积极主动的开放战略，构建面向全球的高标准自由贸易区网络，共建"一带一路"成为深受欢迎的国际公共产品和国际合作平台。我国成为一百四十多个国家和地区的主要贸易伙伴，货物贸易总额居世界第一，吸引外资和对外投资居世界前列，形成更大范围、更宽领域、更深层次对外开放格局。

坚持走中国特色社会主义政治发展道路，全面发展全过程人民民主，社会主义民主政治制度化、规范化、程序化全面推进，社会主义协商民主广泛开展，人民当家作主更为扎实，全面依法治国总体格局基本形成。

确立和坚持马克思主义在意识形态领域指导地位的根本制度，新时代党的创新理论深入人心，社会主义核心价值观广泛传播，中华优秀传统文化得到创造性转化、创新性发展，文化事业日益繁荣，网络生态持续向好，意识形态领域形势发生全局性、根本性转变。

深入贯彻以人民为中心的发展思想，在幼有所育、学有所教、劳有所得、病有所医、老有所养、住有所居、弱有所扶上持续用力，人民生活全方位改善。建成世界上规模最大的教育体系、社会保障体系、医疗卫生体系。人民群众获得感、幸福感、安全感更加充实、更有保障、更可持续，共同富裕取得新成效。

坚持绿水青山就是金山银山的理念，坚持山水林田湖草沙一体化保护和系统治理，生态文明制度体系更加健全，生态环境保护发生历史性、转折性、全局性变化，我们的祖国天更蓝、山更绿、水更清。

贯彻总体国家安全观，以坚定的意志品质维护国家主权、安全、发展利益，国家安全得到全面加强。共建共治共享的社会治理制度进一步健全，民族分裂势力、宗教极端势力、暴力恐怖势力得到有效遏制，扫黑除恶专项斗争取得阶段性成果，有力应对一系列重大自然灾害，平安中国建设迈向更高水平。

确立党在新时代的强军目标，贯彻新时代党的强军思想，贯彻新时代军事战略方针，坚持党对人民军队的绝对领导，统筹加强各方向各领域军事斗争，大刀阔斧深化国防和军队改革，人民军队体制一新、结构一新、格局一新、面貌一新。

全面准确推进"一国两制"实践，坚持"一国两制""港人治港""澳人治澳"、高度自治的方针，推动香港进入由乱到治走向由治及兴的新阶段，香港、澳门保持长期稳定发展良好态势。提出新时代解决台湾问题的总体方略，促进两岸交流合作，坚决反对"台独"分裂行径，坚决反对外部势力干涉，牢牢把握两岸关系主导权和主动权。

全面推进中国特色大国外交，推动构建人类命运共同体，坚定维护国际公平正义，倡导践行真正的多边主义，旗帜鲜明反对一切霸权主义和强权政治，毫不动摇反对任何单边主义、保护主义、霸凌行径。推动构建新型国际关系。积极参与全球治理体系改革和建设，全面开展抗击新冠肺炎疫情国际合作，赢得广泛国际赞誉，我国国际影响力、感召力、塑造力显著提升。

深入推进全面从严治党，坚持打铁必须自身硬，提出和落实新时代党的建设总要求，以党的政治建设统领党的建设各项工作。以钉钉子精神纠治"四风"，反对特权思想和特权现象，刹住了一些长期没有刹住的歪风，纠治了一些多年未除的顽瘴痼疾。开展了史无前例的反腐败斗争，以"得罪千百人、不负十四亿"的使命担当祛疴治乱，"打虎""拍蝇""猎狐"多管齐下，反腐败斗争取得压倒性胜利并全面巩固，消除了党、国家、军队内部存在的严重隐患。经过不懈努力，党找到了自我革命这一跳出治乱兴衰历史周期率的第二个答案。

习近平新时代中国特色社会主义思想是把马克思主义基本原理同中国具体实际相结合、同中华优秀传统文化相结合的光辉典范，我们要牢牢把握其世界观和方法论，坚持好、运用好贯穿其中的立场观点方法，深入领会蕴含其中的道理、学理、哲理，做到知其言更知其义、知其然更知其所以然，切实用以武装头脑、指导实践、推动工作。要准确把握、深刻领会开辟马克思主义中国化时代化新境界的重要论述，始终做习近平新时代中国特色社会主义思想的坚定信仰者、忠实实践者。

二、深刻认识和准确把握"六个必须坚持"的立场观点方法

习近平总书记指出："继续推进实践基础上的理论创新，首先要把握好新时代中国特色社会主义思想的世界观和方法论，坚持好、运用好贯穿其中的立场观点方法。"① 世界观和方法论是统一的，以什么样的世界观为指导去认识世界和改造世界，就体现为什么样的方法论。

---

① 《中国共产党第二十次全国代表大会文件汇编》，人民出版社 2022 年版，第 16 页。

作为当代中国马克思主义、二十一世纪马克思主义，习近平新时代中国特色社会主义思想始终坚持和运用辩证唯物主义和历史唯物主义，深刻汲取中华优秀传统文化的思想精华和道德精髓，根据时代发展和实践历程，形成"六个必须坚持"的世界观方法论和贯穿其中的立场观点方法。

（一）必须坚持人民至上

实现人民解放、维护人民利益，是马克思主义的基本立场。坚持人民至上是与中国共产党全心全意为人民服务的根本宗旨一脉相承的。中国共产党在领导中国革命、建设、改革的长期实践中，始终牢记江山就是人民、人民就是江山，坚持一切为了人民、一切依靠人民，坚持从群众中来、到群众中去，坚持为人民执政、靠人民执政，坚持发展为了人民、发展依靠人民、发展成果由人民共享，取得了一个又一个胜利，创造了一个又一个奇迹。习近平总书记指出："我们要始终把人民立场作为根本立场，把为人民谋幸福作为根本使命。"[①] 党的二十大报告指出："要站稳人民立场、把握人民愿望、尊重人民创造、集中人民智慧，形成为人民所喜爱、所认同、所拥有的理论，使之成为指导人民认识世界和改造世界的强大思想武器。"必须坚持一切为了人民，始终把人民放在心中最高位置，围绕人民想问题、作决策、办事情，以人民利益为一切工作的立足点、出发点、落脚点。要自觉践行群众路线，大兴调查研究，了解真实的民意，倾听群众的呼声，汲取基层的智慧，保持党同人民群众血肉联系。解决好群众最关心最直接最现实的利益问题，把惠民生、暖民心、顺民意的工作做到群众心坎上。

（二）必须坚持自信自立

坚持自信自立，集中体现了习近平新时代中国特色社会主义思想的根本立足点和独立自主精神，传承和弘扬了独立自主、走自己路的优良传统和宝贵经验。坚持自信自立，坚持中国的事情必须由中国人民自己作主，把中国发展进步的命运牢牢掌握在中国人自己手中。必须坚定对马克思主义的信仰、对中国特色社会主义的信念，坚定不移地走中国特色社会主义道路。必须坚持以中国式现代化全

---

① 《习近平著作选读》（第二卷），人民出版社 2023 年版，第 162 页。

面推进中华民族伟大复兴，深刻认识中国式现代化是党领导人民历经千辛万苦探索出来的道路，要毫不动摇地走中国式现代化道路。必须坚持自信自强，既虚心学习借鉴国外的有益经验，又坚定民族自尊心和自信心，绝不照搬照抄，绝不听命于人，昂首阔步立于世界民族之林。[①]

（三）必须坚持守正创新

习近平总书记强调："我们从事的是前无古人的伟大事业，守正才能不迷失方向、不犯颠覆性错误，创新才能把握时代、引领时代。"[②] "坚持守正创新，就是要紧跟时代步伐，顺应实践发展，大胆开拓创新，干前人没有干过的新事，说前人没有说过的新话。坚持守正创新，首先要坚持马克思主义这一立党立国、兴党兴国的根本指导思想，但决不能把马克思主义当成一成不变的教条，而是要坚持解放思想、实事求是、与时俱进、求真务实，在不断回答中国之问、世界之问、人民之问、时代之问的过程中，形成符合客观规律的新认识，创造与时俱进的新理论，更好地指导发展着的中国实践。"[③] 我们要坚持守正与创新的辩证统一，推出更多具有开创性、突破性、撬动性、引领性的政策措施。要坚决破除体制机制障碍，以科学的谋划、创新的魄力抓好抓实重大改革任务。

（四）必须坚持问题导向

习近平总书记强调："问题是时代的声音，回答并指导解决问题是理论的根本任务。"[④] 坚持问题导向，"要着力破解改革发展稳定存在的深层次问题、人民群众急难愁盼问题、党的建设面临的突出问题，在应对风险挑战和破解矛盾问题中作出深邃思考和科学判断"，"形成原创性的重大发展理念、重大思想观点、重大战略思考"，"不断丰富和发展当代中国马克思主义、二十一世纪马克思主

---

① 参见金民卿：《坚持运用贯穿习近平新时代中国特色社会主义思想的立场观点方法》，《中国纪检监察》2022 年第 22 期，有删改。

② 《中国共产党第二十次全国代表大会文件汇编》，人民出版社 2022 年版，第 17 页。

③ 金民卿：《坚持运用贯穿习近平新时代中国特色社会主义思想的立场观点方法》，《中国纪检监察》2022 年第 22 期。

④ 《中国共产党第二十次全国代表大会文件汇编》，人民出版社 2022 年版，第 17 页。

义"。① "要以认真的态度及时发现问题，坚持对待问题'眼里容不下沙子'，切实'瞪大眼睛'，把所有隐患全部纳入视野，决不能心存侥幸、麻痹大意"，"要以强烈的底线思维防范各类问题，坚持统筹发展和安全，把困难估计得更充分一些，把问题考虑得更周全一些，有效防范重点领域风险，统筹做好安全生产、食品药品安全、防汛抗旱等工作，切实维护政治安全、社会安定、人民安宁"。②

（五）必须坚持系统观念

"坚持系统观念，就要善于把客观规律转化为积极的主体性认知，实现客观辩证法向主观辩证法的转变，形成分析问题、解决问题的思维方法、思维能力，增强新时代改革发展的积极主动性、主体创造性。"③ "要善于通过历史看现实、透过现象看本质，把握好全局和局部、当前和长远、宏观和微观、主要矛盾和次要矛盾、特殊和一般的关系，不断提高战略思维、历史思维、辩证思维、系统思维、创新思维、法治思维、底线思维能力，为前瞻性思考、全局性谋划、整体性推进党和国家各项事业提供科学思想方法。"④ "要加强整体性推进，善于抓主要矛盾和矛盾的主要方面，统筹推动经济运行持续好转、内生动力持续增强、社会预期持续改善、风险隐患持续化解，推动各方面各领域的工作迈上新台阶。"⑤

（六）必须坚持胸怀天下

习近平总书记反复告诫我们："当前，世界之变、时代之变、历史之变正以前所未有的方式展开。"⑥ 坚持胸怀天下，就要大力推动构建人类命运共同体，弘

---

① 金民卿：《坚持运用贯穿习近平新时代中国特色社会主义思想的立场观点方法》，《中国纪检监察》2022 年第 22 期。

② 倪岳峰：《深刻认识和把握"六个必须坚持"的立场观点方法》，《燕赵晚报》2023 年 5 月 8 日。

③ 金民卿：《坚持运用贯穿习近平新时代中国特色社会主义思想的立场观点方法》，《中国纪检监察》2022 年第 22 期。

④ 《中国共产党第二十次全国代表大会文件汇编》，人民出版社 2022 年版，第 17—18 页。

⑤ 金民卿：《坚持运用贯穿习近平新时代中国特色社会主义思想的立场观点方法》，《中国纪检监察》2022 年第 22 期。

⑥ 《中国共产党第二十次全国代表大会文件汇编》，人民出版社 2022 年版，第 49 页。

扬和平、发展、公平、正义、民主、自由的全人类共同价值，引领人类进步潮流。"要把握发展大势，准确识变、科学应变、主动求变，抢抓世界科技革命、能源革命和产业变革等重大机遇"，发挥独特优势；"要树立国际视野，面向全球引进一批科技领军人才，学习借鉴先进企业管理制度和质量控制体系"，支持"有实力、有条件的企业拓展海外市场，更好利用国内国际两种资源实现高质量发展"。①

"六个必须坚持"相互联系、内在统一于唯物辩证法。唯物辩证法是我们观察世界、判断形势、认识问题的基本方法，也是习近平新时代中国特色社会主义思想所贯穿的根本方法论。"唯物辩证法认为，事物是普遍联系的，事物及事物各要素相互影响、相互制约，整个世界是相互联系的整体，也是相互作用的系统。"②

"六个必须坚持"相互联系、内在统一于唯物史观。习近平新时代中国特色社会主义思想坚持唯物史观，把中国特色社会主义放到人类社会发展规律中去谋划，着眼于共产主义和人类解放的远大理想，开辟了马克思主义新境界。坚持和运用好唯物史观，就要充分发挥历史主动精神，通过不断总结和借鉴历史经验，增强历史意识和历史自觉，把握历史规律，顺应历史大势，抓住历史机遇，紧紧依靠人民创造历史伟业。以马克思世界历史理论为方法论基础，把世界历史的理论逻辑和人类社会发展的实践逻辑相结合，顺应世界发展大势，推动构建人类命运共同体。

马克思主义是随着时代、实践、科学发展而不断发展的开放的理论体系，它并没有结束真理，而是开辟了通向真理的道路。中国特色社会主义还会往前走，还会有很多新的发展，我们要把坚持马克思主义和发展马克思主义统一起来，在实践中不断坚持和发展真理，在科学理论的指导下不断推动造福人民的伟大实践。

---

① 倪岳峰：《深刻认识和把握"六个必须坚持"的立场观点方法》，《燕赵晚报》2023年5月8日。

② 《习近平谈治国理政》（第二卷），外文出版社2017年版，第204页。

三、广大青年要学理论、立大志，努力成长为担当民族复兴大任的时代新人

"青年强，则国家强。当代中国青年生逢其时，施展才干的舞台无比广阔，实现梦想的前景无比光明。"[①]习近平总书记在党的二十大报告中对青年人寄予厚望：广大青年要坚定不移听党话、跟党走，怀抱梦想又脚踏实地，敢想敢为又善作善成，立志做有理想、敢担当、能吃苦、肯奋斗的新时代好青年，让青春在全面建设社会主义现代化国家的火热实践中绽放绚丽之花。

立足中华民族伟大复兴的战略全局和世界百年未有之大变局，青年大学生生逢其时，赶上中国一百多年来最好的发展时期，新时代新征程为大学生全面发展提供了广阔的空间。大学生如何成长为担当民族复兴重任的时代新人？

（一）要有理想，目标明确，志存高远

理想、信念是一个人对未来的向往、寄托和追求，是将社会期待转化为内在追求的表现。理想、信念一旦形成，就会成为支配人们活动的持久的精神动力。理想和信念是一个人行为活动的总开关，不管遇到再大的困难，不管遭遇再大的波折，有理想和信念，心中就始终有一盏自信和执着的明灯。孔子说："三军可夺帅也，匹夫不可夺志也。"强调的就是理想和信念对人行为的推动作用。目标与志向是人生中最基本和最重要的要素。正如古人所说："志乃人之本，舟之舵，水之源，木之根。"一个人目标明确、志存高远，一方面可以说是将个人成长与社会期待相统一，另一方面，从其内在的本质而言，就是表达为一个人的理想和信念。理想的动摇是最根本的动摇，信念的滑坡是最致命的滑坡。丧失了理想和信念，青年人就必然迷失成长的方向；没有正确的理想信念，青年人就必然会误入歧途。理想是一个认识问题，也是一个实践问题。站得高，才能看得远，理想、志向决定一个人的眼光、胸怀，也制约着人的行为。树立远大理想，明确目标志向，要自觉以新时代党的创新理论武装头脑，理论是理想的帆，是志向的舵，只有将党的创新理论入脑入心，才能明确国家所需、民心所向、人类方向，

[①] 《中国共产党第二十次全国代表大会文件汇编》，人民出版社2022年版，第58页。

才能将理想信念建立在强国建设、民族复兴的坚实基础之上。

理想寓于现实之中，就像种子藏在果实之中一样。青年人的理想、信念必须有助于自身的和谐发展，其中首要的就是个人发展与社会需求的和谐，认真处理好个人与社会的关系。2022 年 4 月 25 日，习近平总书记在中国人民大学师生代表座谈会上曾语重心长地寄语大学生："实现中华民族伟大复兴，尤为需要青年一代坚定信念、真诚奉献、埋头苦干。希望同学们时刻准备着，以咬定青山不放松的执着，在实现中华民族伟大复兴的时代洪流中踔厉奋发、勇毅前进。"① 就是要求青年人把个人发展置于服务国家和人民的高度上，力求个人价值的实现与社会的需求高度统一。马克思主义基本原理揭示"人的本质是社会性的"，任何人的生存和发展必须依赖社会，绝对的自我与绝对的自由是不存在的。青年人只有融入社会、适应社会，保持个人与社会的和谐统一，才能实现自己的人生价值，才能凸显生命的真正意义。

走在新时代新征程上的当代青年，个人的理想只有融入党的远大理想和共同理想，融入中华民族伟大复兴的战略全局，才能把个人的奋斗与党的目标紧密地结合起来；青春只有挥洒在为祖国和人民的真诚奉献中，人生才会更加绚丽多彩；个人事业只有融入强国建设、民族复兴的伟大事业中，才能绽放出绚丽的花朵！

（二）要讲政治，练就慧眼，掌握本领

"提高解决实际问题能力是应对当前复杂形势、完成艰巨任务的迫切需要"，也是广大青年在新时代成长的必然要求。广大青年"要提高政治能力、调查研究能力、科学决策能力、改革攻坚能力、应急处突能力、群众工作能力、抓落实能力"。②

坚定政治立场，始终做思想上的"明白人"，需要以新时代党的创新理论武装头脑。"首关不过，余关莫论。"在青年做好工作所需的各种能力中，政治能力是第一位的，是最关键、最要害的能力，必须摆在首位、贯穿始终。广大青

---

① 《论党的青年工作》，中央文献出版社 2022 年版，第 242—243 页。
② 《习近平在中央党校（国家行政学院）中青年干部培训班开班式上发表重要讲话强调　年轻干部要提高解决实际问题能力　想干事能干事干成事》，《人民日报》2020 年 10 月 11 日。

年要涵养过硬的政治定力，坚持把党的二十大精神和党的科学理论武装作为基础任务，多吸"理论之氧"、常补"精神之钙"，增进对中国特色社会主义的认同，增强"四个意识"、坚定"四个自信"、做到"两个维护"。要练就一双"政治慧眼"，提高政治敏锐性、洞察力、鉴别力，对"国之大者"心中有数，善用"六个必须坚持"的立场观点方法剖析和解决问题，从纷繁复杂的表象中发现本质规律、认清长远趋势，既能守正，又能创新，成长为强国建设、民族复兴的栋梁之才。

要磨炼干事本领，勇当攻坚克难的"先行者"。"疾风知劲草"，在面对重大危机时如何解决实际问题是检验青年能力高低的试金石，广大青年要时刻虚怀若谷，向群众学习，向实践学习，努力做到又博又专、愈博愈专，在点滴积累中不断提升解决实际问题的能力，在艰苦奋斗中磨炼意志，在长期实践中增长才干，才能在风雨来袭时屹立不倒。作为青年一代，对待自己的工作，要做到有想法、有办法，更要有做法。把各项工作做到实处，把自己的利益和国家的利益紧密联系在一起，大河不干，小河有水，这样才能得到社会认可。

伟大时代呼唤伟大精神，党的二十大描绘了全面建设社会主义现代化国家的美好蓝图，全面建成社会主义现代化强国需要全体人民不畏艰辛、不辞辛劳、坚持不懈地付出更为艰巨的努力。在新征程上，今天的青年既是见证者，更是中国特色社会主义现代化建设事业的参与者和承担者。新时代的青年必须大力弘扬伟大建党精神，弘扬科学家精神、劳模精神、工匠精神、企业家精神，加深受教育者对劳动价值和无私奉献的直接感知，将理论与实践相结合，将所学知识、技能应用于社会服务，增强创造性解决实际问题的能力，塑造主动服务他人、服务社会的情怀，努力践行社会主义核心价值观，成长为对国家、对民族、对人类有价值、有贡献的一代新人。

（三）要敢担当，砥砺品格，甘于奉献

广大青年既生逢盛世，又责任重大。2022年5月10日，习近平总书记在庆祝中国共产主义青年团成立100周年大会上的讲话中指出："奋斗是青春最亮丽的底色，行动是青年最有效的磨砺。有责任有担当，青春才会闪光。青年是常为新的，最具创新热情，最具创新动力。党和人民事业发展离不开一代又一代有志

青年的拼搏奉献。只有当青春同党和人民事业高度契合时，青春的光谱才会更广阔，青春的能量才能充分迸发。"①面对责任和挑战，广大青年要坚持好、运用好习近平新时代中国特色社会主义思想的世界观和方法论，正确分析和把握局势，正确认识社会问题，做到"有理想、敢担当、能吃苦、肯奋斗"，不断锤炼自己，砥砺品格，健全人格，追求进步。

2016年，时代楷模黄文秀硕士研究生毕业后，自愿回到百色革命老区工作，主动请缨到贫困村担任驻村第一书记。她倾情投入、奉献自我，勇于担当、甘于奉献，始终把群众的安危冷暖装在心间，带领88户418名贫困群众脱贫，为村民脱贫致富倾注了全部心血和汗水。2019年6月17日凌晨，黄文秀同志在突发山洪中不幸遇难，献出了年仅30岁的宝贵生命。黄文秀同志被追授"全国三八红旗手""全国脱贫攻坚模范"等称号。有同学问过她，为什么要放弃在大城市工作的机会，偏偏回到贫穷的家乡？她回答："很多人从农村走出去就不想再回去了，但总是要有人回来的，我就是要回来的人。"黄文秀在入党申请书中写道："只有把个人的追求融入党的理想之中，理想才会更远大。一个人要活得有意义，生存得有价值，就不能光为自己而活，要用自己的力量为国家、为民族、为社会作出贡献。"黄文秀是当代青年的杰出代表，是当代青年学习的榜样。

当代青年是改革开放以来尤其是新时代10年发展的见证者和成果的分享者。一代人有一代人的使命，一代人有一代人的奋斗，人生的道路不可能都是坦途，总会遇到这样那样的困难，这样那样的挫折，要不断磨炼自己的意志，不断完善人格，珍惜机遇，不骄不躁，遇到困难时不随波逐流，树立正确的世界观、人生观、价值观，正确认识世界、正确认识社会、正确认识自我，坚定走中国特色社会主义道路的理想信念，报效祖国，服务人民，从而真正成长为担当民族复兴大任的时代新人。

---

① 《习近平谈治国理政》（第四卷），外文出版社2022年版，第274—275页。

"八八战略"① 的真理伟力和实践伟力 ②

【引 言】20 年来，浙江牢记殷殷嘱托，一张蓝图绘到底，坚定不移深入实施"八八战略"，之江大地发生系统性、整体性的精彩蝶变。

【摘 要】感悟"八八战略"的真理伟力和实践伟力，在推进共同富裕和以中国式现代化全面推进中华民族伟大复兴的新征程上，走在前列，发挥示范引领作用。

【关键词】八八战略 共同富裕 "六个必须坚持"

在中国改革开放的进程中，城与乡，是读懂经济社会发展的一对重要关系。城有乡无、城高乡低、城多乡少的现实，注定了城乡融合的任务伟大而艰巨。

20 年前，时任浙江省委书记习近平在"八八战略"中指出，"进一步发挥浙江的城乡协调发展优势，加快推进城乡一体化"。

久久为功，淬炼发展成色。浙江在全国率先完成脱贫攻坚任务；农村居民人均可支配收入连续 38 年荣膺各省区第一；成为城乡居民收入差距最小的省份之

---

① "八八战略"：2003 年 7 月，时任浙江省委书记的习近平在浙江省委十一届四次全会上，作出了"发挥八个方面的优势""推进八个方面的举措"的决策部署。一是进一步发挥浙江的体制机制优势，大力推动以公有制为主体的多种所有制经济共同发展，不断完善社会主义市场经济体制。二是进一步发挥浙江的区位优势，主动接轨上海、积极参与长江三角洲地区合作与交流，不断提高对内对外开放水平。三是进一步发挥浙江的块状特色产业优势，加快先进制造业基地建设，走新型工业化道路。四是进一步发挥浙江的城乡协调发展优势，加快推进城乡一体化。五是进一步发挥浙江的生态优势，创建生态省，打造"绿色浙江"。六是进一步发挥浙江的山海资源优势，大力发展海洋经济，推动欠发达地区跨越式发展，努力使海洋经济和欠发达地区的发展成为浙江经济新的增长点。七是进一步发挥浙江的环境优势，积极推进以"五大百亿"工程为主要内容的重点建设，切实加强法治建设、信用建设和机关效能建设。八是进一步发挥浙江的人文优势，积极推进科教兴省、人才强省，加快建设文化大省。

② 案例来源：《山海城乡，开启幸福之门 —— "八八战略"实施 20 周年系列综述之四》，《浙江日报》2023 年 6 月 30 日，有删改。

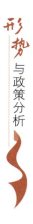

一；为全国实现共同富裕先行探路。

20 年来，浙江认真处理好"城与乡""山与海""内与外"三对关系，持之以恒实施"千万工程"、山海协作工程、新型城市化、对口支援帮扶等一系列重大举措，一任接着一任干、一棒接着一棒跑，在协调发展中朝着实现共同富裕目标稳步前进。

城与乡，不再遥望

一边是都市高楼，一边是乡村沃野。

作为嘉兴首批城乡公交线路，101 路公交车穿梭其间，让城与乡渐行渐近。

早晨 6 时，55 岁的公交车司机沈水根握紧方向盘，开着 101 路公交车沐浴着晨光出发，车身上"开往幸福"四个字格外醒目。这条线路，他已经跑了26 年。

19 年前的春天，他在公交车始发站见到一批特殊的乘客。时任浙江省委书记习近平来嘉兴调研城乡统筹工作，特意登上了 101 路公交车。

如今，车行至凤桥镇三星村，乘客们鱼贯而下。这个季节，村头的桃树郁郁葱葱，日子也像水蜜桃一样甜美。"过去乡下人挤着公交进城卖桃子，现在城里人坐着公交下乡来采摘。"沈水根说。

在浙江很多地方，城乡地理分界早已模糊。正如浙江省乡村振兴研究院首席专家顾益康描述的那样：城市和乡村确实是一个谁也离不开谁的生命共同体和命运共同体。

城市与乡村之间，由于二元结构的长期存在，二者沟壑分明。对此，"八八战略"把统筹城乡经济社会发展，提升到前所未有的战略高度，使浙江拉开了城乡一体化发展的序幕 ——

2003 年，浙江启动"千村示范、万村整治"工程；

2010 年，浙江在全国率先开展小城市培育试点；

2015 年，浙江创造性提出建设特色小镇；

2022 年，浙江全域推进共同富裕现代化基本单元建设。

诸多变化，在岁月中沉淀。从城市基础设施向农村延伸，公共服务向农村覆盖，打破过往二元割裂格局，到闲置农房产权质押、集体经营性土地入市，盘活乡村沉睡资源，再到以未来社区、未来乡村、城乡风貌样板区三大基本单元为载体，挖掘美好生活新场景……

20年来，浙江始终将人民群众利益放在第一位，系统考虑、统筹协调，构建了以工促农、以城带乡、工农互惠、城乡一体的整体发展新画卷。

农村变了模样——

坐落在淳安县西南部的下姜村，当年流传着"土厢房，半年粮，烧木炭，有女莫嫁下姜郎"的民谣；如今这里山清水秀、蔬果飘香，游客络绎不绝，从"穷山村"变身"绿富美"。

20年间，浙江农村人居环境位居全国前列，农村生活垃圾基本实现"零增长""零填埋"，农村卫生厕所全面覆盖，森林覆盖率超过61%。

农民鼓了腰包——

位于绍兴柯桥的叶家堰居，过去村里有地、有菜农，但收成一般，后来区、镇、村三级成立了强村公司，积极发展乡村文旅，去年村集体经济增收220余万元。

20年间，浙江农村居民人均可支配收入从2002年的4940元增至2022年的37565元。2022年，浙江村级集体总资产8800亿元，占全国的十分之一，集体经济经营性年收入50万元以上的行政村占比达51.2%。

徜徉之江大地，蓬勃的城市和广袤的乡野融为一体，城与乡宛如并蒂莲，花开两处，各有芬芳。

山与海，携手并进

不久前，一座高达167米的"莲都大厦"封顶了。该建筑位于义乌金融商务区，紧邻全球最大的小商品市场——义乌国际商贸城，把生意做到了"世界超市"门口。

很多人奇怪，"莲都大厦"没有建在莲都，怎么建在义乌？作为全省14个山海协作"科创飞地"之一，两地不断深化协作项目、拓宽协作领域、提升协作层次，展现了浓浓的山海情深。

"创新研发销售在义乌，生产制造落地在莲都。"莲都大厦项目相关负责人说，入驻莲都大厦的企业不仅可以享受两地税收、金融、人才等福利，还可叠加自贸试验区和山海协作飞地特殊政策。

山与海，遥相呼应

浙江曾出现过一条特殊意义的分割线——"清大线"，以杭州临安清凉峰镇为起点，到温州苍南大渔镇为终点的直线。线的西南侧，群山连绵，耕地稀缺，属于浙江欠发达地区；线的东北侧，水系纵横，土壤肥沃，经济社会发展总体较好。

山和海的反差，在此清晰呈现。如何跨越"清大线"？省政府咨询委员会学术委员会副主任刘亭认为，兄弟设区市之间要互相帮衬一把，基于市场经济的取长补短、互利共赢原则，深化开展山海协作，帮助后发地区迎头赶上。

2002 年，浙江实施山海协作工程帮助省内欠发达地区加快发展，自此开启山呼海应、携手共赢的全新探索；2018 年，聚力打造山海协作工程升级版，实现更高质量的区域协调发展……

山海协作不是简单的"富帮穷"，而是构建政府推动、市场运作、全社会参与的区域协调发展新机制——

走进位于松阳的松阳—余姚山海协作产业园恒兆智能制造产业园，一排排崭新整齐的标准化厂房映入眼帘，这是松阳未来打造汽车零部件产业链和先进制造业集聚发展的重要平台。

发达地区的产业、资金、科技和市场，与偏远山区的特色、资源、优势产业相嫁接，以产业、科创、消薄为主导内容的"飞地"应运而生，让区域差距进一步缩小。

山海协作不是简单的补短板，而是充分发挥比较优势，实现现有劣势向后发优势的转化——

山，是纵深腹地，更是发展空间。最近，缙云实现了大禹鼎、平安鼎、科技创新鼎、浙江制造天工鼎、神农鼎"大满贯"。全省仅有三个县实现"大满贯"，缙云作为山区县，三分天下有其一。

自浙江启动高质量发展建设共同富裕示范区以来，创新实施"一县一策"，山区 26 县的生态优势加速转化为产业优势，让发展落差成为发展空间，山区县拔节生长的声音随处可闻。

2022 年，山区 26 县实现地区生产总值 7404.0 亿元，比上年增长 4.1%，增速比全省高 1.0 个百分点。

内与外，东西奔富

安吉白茶和白叶一号，称呼不同，却是同根同源。

花开三月，今年首批75万株"白叶一号"茶苗从湖州市安吉县溪龙乡茶园基地装车出发，远赴四川省广元市青川县，为当地百姓带去致富希望。

一株白茶苗，多年帮扶情。早在2018年4月，安吉县黄杜村20名党员给习近平总书记写信，汇报黄杜村种植白茶致富情况，提出捐赠1500万株茶苗帮助贫困地区群众脱贫。如今，这些茶苗已经在湖北、四川、贵州等多地"安家"。

在浙江工作期间，习近平总书记心中的"山"与"海"，不局限于浙江，还包括浙江对口帮扶的中西部地区。

20年来，浙江把"山海协作"的理念延伸到参与和服务全国统筹协作发展的大局之中，在更高的层次上促进浙江的整体发展，开辟了区域协调发展的新空间。

跨越千里，浙商是对口工作中的一股生力军。以重庆涪陵、四川广元为起点，后又在新疆阿克苏、西藏拉萨、青海西宁等西部及老少边穷地区，娃哈哈在这些对口地区建起了大量工厂，解决当地数万人就业，并发展成为当地龙头骨干企业和利税大户。

娃哈哈董事长宗庆后说，跟着浙江走出去步伐，娃哈哈把最热销的产品、最一流的技术、最先进的产线、最完善的理念、最成熟的市场，引入中西部地区，自身也获得了长足发展。

在2018年至2020年三年脱贫攻坚战期间，浙江投入脱贫攻坚财政帮扶资金102亿元，实施帮扶项目3835个，对口帮扶的四川、贵州、湖北、吉林4省80个贫困县全部脱贫摘帽。

2021年，中央对东西部协作结对关系进行了调整优化，浙江不再结对帮扶湖北省恩施州、贵州省黔东南州和黔西南州、吉林省延边州，按照"一省对一省"的原则，浙江省结对帮扶四川省。自此，同饮一江水的上下游省份之间，有了更为活跃的互动：从浙江嘉兴到四川屏山，一根丝线串起东西产业协作；从浙江镇海到四川金阳，一颗花椒联动两地资源互补。

授人以鱼不如授人以渔。浙江深知，随着发展的不断深入，对口支援、东西部协作、对口合作的形式和内容也要应时而变。

变输血为造血 ——

在西藏那曲，浙江援藏干部人才深入实施"地瓜经济"提能升级"一号开放工程"，强化招商引资、发展"飞地经济"，长荣娜秀服装智造工厂成为那曲首家非矿非建筑业的规上企业。神力时代广场、生态精品酒店、光伏＋储能新能源电力工程等一大批招商项目，即将成为那曲发展的重大标志性工程，曾经"单向输血"的援建模式正在向"主动造血"转变。

发展经验输出——

6月中旬，浙江—海西"数字浙江、智能亚运"培训交流营活动圆满结束。近百名海西干部来到浙江学习数字方面的先进经验。如今，海西巧借"东"风乘势飞，充分挖掘和发挥比较优势，发展日新月异、蒸蒸日上。

◆ **案例分析** ① ◆

习近平同志在浙江工作期间，作出"八八战略"重大决策部署，其中蕴含的价值立场、精神特质、理论品质、实践品格、思维方法和发展格局，体现了"六个必须坚持"的内在要求。

"八八战略"秉持以人民为中心的发展理念，体现了人民至上的价值立场

"八八战略"秉持以人民为中心的发展理念，坚持发展为了人民、发展依靠人民，将强省与富民目标紧紧联系在一起，充分尊重和激发人民群众的首创精神。20年来，浙江打破城乡二元结构、缩小城乡收入差距，构建全覆盖、多层次的社会保障体系，践行"绿水青山就是金山银山"理念，推出"最多跑一次"便民利民服务变革，推进"民有所呼，我有所应"的为民办实事长效机制，完善人的全生命周期公共服务体系，深入实施"千万工程"，打造"浙有善育""浙里优学""浙派工匠""浙里健康""浙里长寿""浙里安居""浙有众扶"七张"金名片"，把人民对美好生活的向往一步一步变为现实。

"八八战略"彰显敢为天下先的精神气度，体现了自信自立的精神特质

20年来，"八八战略"指引浙江发生全方位、系统性、深层次精彩蝶变，实现

---

① 参见张延曼、陈培浩：《"八八战略"体现"六个必须坚持"内在要求》，《浙江日报》2023年7月31日。

了从经济大省向经济强省、从对内对外开放向深度融入全球、从总体小康向高水平全面小康的跃升。"八八战略"作为一项宝贵的"战略资产",为谱写中国式现代化的浙江篇章夯实了自信根基、注入了强劲动力、增强了敢于先行示范的底气。

"八八战略"坚持在继承中创新和在创新中发展,体现了守正创新的理论品质

"八八战略"实施以来,浙江守马克思主义信仰信念之正,创新时代新征程新事业之新,科技创新与制度创新"双轮驱动",打通科技与经济发展的通道,注重体制机制创新、人才制度创新、谋划设计创新等协同创新能力,不断寻求经济、政治、文化、社会、生态、党的建设等全领域挑战的最优解。当前,浙江坚持创新在现代化建设全局中的核心地位,着力破解全面创新的瓶颈制约,加快建设具有全球影响力的科创高地、创新策源地和国际重要产业创新中心。

"八八战略"谋求准确识变科学应变主动求变,体现了问题导向的实践品格

"八八战略"就在坚持问题导向中应运而生,指引浙江有效应对"先天不足"的制约和"成长的烦恼",全方位提升了浙江的发展阶段、发展层面和发展水平。20年来,浙江准确识变科学应变主动求变,从战略层面对"形势怎么看""路子怎么走"作出世纪之答,在省域层面初步回答了"怎样建设社会主义""怎样建设党""怎样实现发展"等重大基本理论问题。当前,浙江扛起高质量发展建设共同富裕示范区的时代使命,以数字经济创新提质"一号发展工程"、营商环境优化提升"一号改革工程"、"地瓜经济"提能升级"一号开放工程"回应时代之问,在发现问题和解决问题中不断开创事业发展新局面。

"八八战略"注重系统重塑和全面部署,体现了系统观念的思维方法

"八八战略"蕴含丰富的系统思维,其八大优势与八项举措各部分自成体系又相互依托,构成了一个有着严密内在逻辑的有机整体。20年来,浙江始终坚持和运用系统思维,推动深化改革取得实质性、突破性、系统性成果。从"利用国际也要利用国内"的"两个市场"看开放发展,"腾笼换鸟凤凰涅槃"的"两只鸟"看结构调整,"绿水青山就是金山银山"的"两座山"看生态环境,"农民与市民兼顾"的"两种人"看城乡统筹,"看得见的手和看不见的手"的"两只手"看深化改革,凸显了浙江从战略高度和全局视角把握系统发展的大逻辑。

"八八战略"立足将省域发展融入国家战略,体现了胸怀天下的发展格局

习近平总书记强调,我们坚定站在历史正确的一边、站在人类文明进步的一边，高举和平、发展、合作、共赢旗帜，在坚定维护世界和平与发展中谋求自身发展，又以自身发展更好维护世界和平与发展。①"八八战略"强调利用国际国内两个市场、两种资源，"立足浙江发展浙江、跳出浙江发展浙江"，以强大的前进定力和胸怀天下的开放之姿，创造性发展"地瓜经济"，把块茎牢牢扎根在浙江、触角延伸至海外，彻底打开对外开放空间。进入新时代，浙江将省域发展融入国家战略，畅通"双循环"、打开"新格局"，以"一带一路"推动高水平对外开放，持续推进义甬舟开放大通道，"义新欧"陆路国际物流新通道建设，充分挖掘数字经济、民营经济、港口经济等潜在优势，在全球范围内整合要素资源，加快建设国际重要产业创新中心，推动建设具有全球影响力的科创高地和创新策源地。

 实验实践思考题

1. 准确观察形势、正确把握政策的世界观方法论及贯穿其中的立场观点方法是什么？

2. 结合自身实际，谈一谈如何在以中国式现代化全面推进中华民族伟大复兴的新征程上找准定位作出贡献？

---

① 《高举中国特色社会主义伟大旗帜 为全面建设社会主义现代化国家而团结奋斗——在中国共产党第二十次全国代表大会上的报告》，人民出版社 2022 年版，第 23 页。

专题二 弘扬伟大建党精神 从党的百年奋斗历程中汲取智慧与力量

● ● ●

高举中国特色社会主义伟大旗帜，全面贯彻新时代中国特色社会主义思想，弘扬伟大建党精神，自信自强、守正创新，踔厉奋发、勇毅前行，为全面建设社会主义现代化国家、全面推进中华民族伟大复兴而团结奋斗。①

【引文】伟大建党精神是民族精神和时代精神的精华，深深融入了党和人民的血脉和灵魂，成为实现中华民族伟大复兴的丰富滋养。全面总结党的百年奋斗重大成就和历史经验，深刻阐明了中国共产党百年奋斗的历史意义，是我们党团结带领人民以史为鉴、开创未来的行动指南。从党的百年奋斗历程中汲取奋进新征程的智慧和力量，必须深刻认识和把握党百年奋斗的逻辑理路，看清楚过去我们为什么能够成功、弄明白未来我们怎样才能继续成功，为实现第二个百年奋斗目标、实现中华民族伟大复兴的中国梦不懈奋斗。

党的十九届六中全会审议通过的《中共中央关于党的百年奋斗重大成就和历史经验的决议》，既是对中国共产党奋斗实践和中国社会发展的历史总结，又是对中华民族今后前进方向、奋斗目标和战略谋划的鲜明昭示。这次全会和审议通过的决议蕴含着以史为鉴、开创未来的重要信息，对于增强全党全国各族人民砥砺奋进的动力具有重要意义。

---

① 《中国共产党第二十次全国代表大会文件汇编》，人民出版社 2022 年版，第 1 页。

一、党的十九届六中全会主要议题

（一）全会听取和讨论了习近平受中央政治局委托作的工作报告

全会充分肯定党的十九届五中全会以来中央政治局的工作。中央政治局高举中国特色社会主义伟大旗帜，坚持以马克思列宁主义、毛泽东思想、邓小平理论、"三个代表"重要思想、科学发展观、习近平新时代中国特色社会主义思想为指导，全面贯彻党的十九大和十九届二中、三中、四中、五中全会精神，统筹国内国际两个大局，统筹疫情防控和经济社会发展，统筹发展和安全，坚持稳中求进工作总基调，全面贯彻新发展理念，加快构建新发展格局，经济保持较好发展态势，科技自立自强积极推进，改革开放不断深化，脱贫攻坚战如期打赢，民生保障有效改善，社会大局保持稳定，国防和军队现代化扎实推进，中国特色大国外交全面推进，党史学习教育扎实有效，战胜多种严重自然灾害，党和国家各项事业取得了新的重大成就。成功举办庆祝中国共产党成立100周年系列活动，中共中央总书记习近平发表重要讲话，正式宣布全面建成小康社会，激励全党全国各族人民意气风发踏上向第二个百年奋斗目标进军的新征程。

（二）全会审议通过《中共中央关于党的百年奋斗重大成就和历史经验的决议》，总结了党的百年奋斗重大成就和历史经验

全会认为，总结党的百年奋斗重大成就和历史经验，是在建党百年历史条件下开启全面建设社会主义现代化国家新征程、在新时代坚持和发展中国特色社会主义的需要；是增强政治意识、大局意识、核心意识、看齐意识，坚定道路自信、理论自信、制度自信、文化自信，做到坚决维护习近平同志党中央的核心、全党的核心地位，坚决维护党中央权威和集中统一领导，确保全党步调一致向前进的需要；是推进党的自我革命、提高全党斗争本领和应对风险挑战能力、永葆党的生机活力、团结带领全国各族人民为实现中华民族伟大复兴的中国梦而继续奋斗的需要。全党要坚持唯物史观和正确党史观，从党的百年奋斗中看清楚过去我们为什么能够成功、弄明白未来我们怎样才能继续成功，从而更加坚定、更加自觉地践行初心使命，在新时代更好坚持和发展中国特色社会主义。

在我们党的百年历史上，先后在 1945 年制定了《关于若干历史问题的决议》和在 1981 年制定了《关于建国以来党的若干历史问题的决议》，这两个决议都对推进和引领党的事业发展起了重要作用。本次全会审议通过的《中共中央关于党的百年奋斗重大成就和历史经验的决议》是党的历史上的第三个历史决议。该决议除序言之外，共有七个部分，分别总结了党在百年奋斗过程中取得的重大成就和历史经验。七大部分分别为：夺取新民主主义革命伟大胜利、完成社会主义革命和推进社会主义建设、进行改革开放和社会主义现代化建设、开创中国特色社会主义新时代、中国共产党百年奋斗的历史意义、中国共产党百年奋斗的历史经验、新时代的中国共产党。

该决议在内容编排上有两个特点：第一个特点是这次主要总结党的百年奋斗重大成就和历史经验；第二个特点是突出中国特色社会主义新时代这个重点，用较大篇幅总结党的十八大以来的原创性思想、变革性实践、突破性进展和标志性成果。通篇融汇了百年来中国共产党践行为中国人民谋幸福、为中华民族谋复兴的初心使命所进行的奋斗、牺牲和创造，深刻揭示了"过去我们为什么能够成功、未来我们怎样才能继续成功"。

（三）全会审议通过《关于召开党的第二十次全国代表大会的决议》

全会认为，党的二十大是我们党进入全面建设社会主义现代化国家、向第二个百年奋斗目标进军新征程的重要时刻召开的一次十分重要的代表大会，是党和国家政治生活中的一件大事。全党要团结带领全国各族人民攻坚克难、开拓奋进，为全面建设社会主义现代化国家、夺取新时代中国特色社会主义伟大胜利、实现中华民族伟大复兴的中国梦作出新的更大贡献。

二、中国共产党的百年奋斗重大成就和历史经验 [①]

近代以来，由于西方列强的入侵和封建统治阶级的没落，"中国逐步成为半

---

① 参见《中共中央关于党的百年奋斗重大成就和历史经验的决议》，人民出版社 2021 年版，第 1—74 页。

殖民地半封建社会，国家蒙辱、人民蒙难、文明蒙尘，中华民族遭受了前所未有的劫难"①。正如马克思和恩格斯在《共产党宣言》中强调："过去的一切运动都是少数人的，或者为少数人谋利益的运动。无产阶级的运动是绝大多数人的，为绝大多数人谋利益的独立的运动。"② 中国共产党自 1921 年成立以来，始终把为中国人民谋幸福、为中华民族谋复兴作为自己的初心使命，始终坚持共产主义理想和社会主义信念，团结带领全国各族人民为争取民族独立、人民解放和实现国家富强、人民幸福而不懈奋斗，已经走过一百年光辉历程。

一百年来，党领导人民浴血奋战、百折不挠，创造了新民主主义革命的伟大成就；自力更生、发愤图强，创造了社会主义革命和建设的伟大成就；解放思想、锐意进取，创造了改革开放和社会主义现代化建设的伟大成就；自信自强、守正创新，创造了新时代中国特色社会主义的伟大成就。党和人民百年奋斗，书写了中华民族几千年历史上最恢宏的史诗。

（一）中国共产党的百年奋斗重大成就

党的十九届六中全会通过的《中共中央关于党的百年奋斗重大成就和历史经验的决议》总结了中国共产党的百年奋斗重大成就。

1. 夺取新民主主义革命伟大胜利

阐明这一时期党面临的主要任务是，反对帝国主义、封建主义、官僚资本主义，争取民族独立、人民解放，为实现中华民族伟大复兴创造根本社会条件。分析党产生的历史背景，总结党领导人民在建党之初和大革命时期、土地革命战争时期、抗日战争时期、解放战争时期进行革命斗争的历史进程和创造的伟大成就，以及创立毛泽东思想、实施和推进党的建设伟大工程的重大成就。强调成立中华人民共和国，实现民族独立、人民解放，实现中国从几千年封建专制政治向人民民主的伟大飞跃；中国共产党和中国人民以英勇顽强的奋斗向世界庄严宣告，中国人民从此站起来了，中华民族任人宰割、饱受欺凌的时代一去不复返了，中国发展从此开启了新纪元。

---

① 《在庆祝中国共产党成立 100 周年大会上的讲话》，人民出版社 2021 年版，第 2 页。
② 《马克思恩格斯选集》（第一卷），人民出版社 2012 年版，第 411 页。

2．完成社会主义革命和推进社会主义建设

阐明这一时期党面临的主要任务是，实现从新民主主义到社会主义的转变，进行社会主义革命，推进社会主义建设，为实现中华民族伟大复兴奠定根本政治前提和制度基础。总结中华人民共和国成立后党领导人民战胜一系列严峻挑战、巩固新生政权，成功完成社会主义改造、建立社会主义制度，开展全面的大规模的社会主义建设，打开对外工作新局面的历史进程和创造的伟大成就。总结党加强执政党建设所做的努力和积累的初步经验，在阐述这一时期党取得的独创性理论成果的基础上，对毛泽东思想进行科学评价。强调这一时期党领导人民创造的伟大成就，实现了一穷二白、人口众多的东方大国大步迈进社会主义社会的伟大飞跃；中国共产党和中国人民以英勇顽强的奋斗向世界庄严宣告，中国人民不但善于破坏一个旧世界，也善于建设一个新世界，只有社会主义才能救中国，只有社会主义才能发展中国。

3．进行改革开放和社会主义现代化建设

阐明这一时期党面临的主要任务是，继续探索中国建设社会主义的正确道路，解放和发展社会生产力，使人民摆脱贫困、尽快富裕起来，为实现中华民族伟大复兴提供充满新的活力的体制保证和快速发展的物质条件。强调党的十一届三中全会的历史意义，总结以邓小平同志为主要代表的中国共产党人、以江泽民同志为主要代表的中国共产党人、以胡锦涛同志为主要代表的中国共产党人作出的历史贡献，从党领导全面开展拨乱反正、形成中国特色社会主义理论体系、推进改革开放和社会主义现代化建设、从容应对关系我国改革发展稳定全局的一系列风险考验、推进祖国统一大业、维护世界和平与促进共同发展、开创和推进党的建设新的伟大工程等方面，展现新时期波澜壮阔的历史画卷和举世瞩目的伟大成就。强调这一时期党领导人民创造的伟大成就，推进了中华民族从站起来到富起来的伟大飞跃；中国共产党和中国人民以英勇顽强的奋斗向世界庄严宣告，改革开放是决定当代中国前途命运的关键一招，中国特色社会主义道路是指引中国发展繁荣的正确道路，中国大踏步赶上了时代。

4．开创中国特色社会主义新时代

阐明这一时期党面临的主要任务是，实现全面建成小康社会的第一个百年奋斗目标，开启全面建成社会主义现代化强国的第二个百年奋斗目标新征程，朝着实现中华民族伟大复兴的宏伟目标继续前进。阐述中国特色社会主义新时代这一我国发展新的历史方位，概括党的十八大以来党的理论创新成果，深入分析新时代党面临的形势、面对的风险挑战，从坚持党的全面领导、全面从严治党、经济建设、全面深化改革开放、政治建设、全面依法治国、文化建设、社会建设、生态文明建设、国防和军队建设、维护国家安全、坚持"一国两制"和推进祖国统一、外交工作等13个方面，分领域总结新时代党和国家事业取得的历史性成就、发生的历史性变革，重点总结九年来的原创性思想、变革性实践、突破性进展、标志性成果。强调这一时期党领导人民创造的伟大成就，为实现中华民族伟大复兴提供了更为完善的制度保证、更为坚实的物质基础、更为主动的精神力量；中国共产党和中国人民以英勇顽强的奋斗向世界庄严宣告，中华民族迎来了从站起来、富起来到强起来的伟大飞跃。

5.中国共产党百年奋斗的历史意义

党的百年奋斗从根本上改变了中国人民的前途命运，中国人民彻底摆脱了被欺负、被压迫、被奴役的命运，成为国家、社会和自己命运的主人，中国人民对美好生活的向往不断变为现实；党的百年奋斗开辟了实现中华民族伟大复兴的正确道路，中国仅用几十年时间就走完发达国家几百年走过的工业化历程，创造了经济快速发展和社会长期稳定两大奇迹；党的百年奋斗展示了马克思主义的强大生命力，马克思主义的科学性和真理性在中国得到充分检验，马克思主义的人民性和实践性在中国得到充分贯彻，马克思主义的开放性和时代性在中国得到充分彰显；党的百年奋斗深刻影响了世界历史进程，党领导人民成功走出中国式现代化道路，创造了人类文明新形态，拓展了发展中国家走向现代化的途径；党的二十大报告提出：推进文化自信自强，必须广泛践行社会主义核心价值观，"弘扬以伟大建党精神为源头的中国共产党人精神谱系"，党的百年奋斗锻造了走在时代前列的中国共产党，形成了以伟大建党精神为源头的精神谱系，保持了党的先进性和纯洁性，党的执政能力和领导水平不断提高，中国共产党无愧为伟大光荣正确的党。

（二）中国共产党百年奋斗取得的历史经验

一百年来，党领导人民进行伟大奋斗，在长期实践中积累了丰富和宝贵的历史经验。全会概括出具有根本性和长远指导意义的十条，即坚持党的领导，坚持人民至上，坚持理论创新，坚持独立自主，坚持中国道路，坚持胸怀天下，坚持开拓创新，坚持敢于斗争，坚持统一战线，坚持自我革命。以上十条历史经验是系统完整、相互贯通的有机整体，揭示了党和人民事业不断成功的根本保证，揭示了党始终立于不败之地的力量源泉，揭示了党始终掌握历史主动的根本原因，揭示了党永葆先进性和纯洁性、始终走在时代前列的根本途径。这十条历史经验是党和人民共同创造的精神财富，必须倍加珍惜、长期坚持，并在新时代实践中不断丰富和发展。

过去一百年，党向人民、向历史交出了一份优异的答卷。现在，党团结带领中国人民又踏上了实现第二个百年奋斗目标新的赶考之路。全党要牢记中国共产党是什么、要干什么这个根本问题，把握历史发展大势，坚定理想信念，牢记初心使命，始终谦虚谨慎、不骄不躁、艰苦奋斗，不为任何风险所惧，不为任何干扰所惑，决不在根本性问题上出现颠覆性错误，以咬定青山不放松的执着奋力实现既定目标，以行百里者半九十的清醒不懈推进中华民族伟大复兴。

全党必须坚持马克思列宁主义、毛泽东思想、邓小平理论、"三个代表"重要思想、科学发展观，全面贯彻习近平新时代中国特色社会主义思想，用马克思主义的立场、观点、方法观察时代、把握时代、引领时代，不断深化对共产党执政规律、社会主义建设规律、人类社会发展规律的认识。必须坚持党的基本理论、基本路线、基本方略，增强"四个意识"，坚定"四个自信"，做到"两个维护"，坚持系统观念，统筹推进"五位一体"总体布局，协调推进"四个全面"战略布局，立足新发展阶段、贯彻新发展理念、构建新发展格局、推动高质量发展，全面深化改革开放，促进共同富裕，推进科技自立自强，发展全过程人民民主，保障人民当家作主，坚持全面依法治国，坚持社会主义核心价值体系，坚持在发展中保障和改善民生，坚持人与自然和谐共生，统筹发展和安全，加快国防和军队现代化，协同推进人民富裕、国家强盛、中国美丽。全会强调，全党必须永远保持同人民群众的血肉联系，践行以人民为中心的发展思想，不断实现好、维护好、发展好最广大人民根本利益，团结带领全国各族人民不断为美好生活而奋斗。全党必须铭记生于忧患、死于安乐，常怀远虑、居安思危，继续推进新时代党的建设新的伟大工程，坚持全面从严治党，坚定不移推进党风廉政建设和反腐败斗争，做到难不住、压不垮，推动中国特色社会主义事业航船劈波斩浪、一往无前。

三、弘扬伟大建党精神，坚定走好中国道路

弘扬伟大建党精神，永葆初心使命。习近平总书记指出："我们党之所以历经百年而风华正茂、饱经磨难而生生不息，就是凭着那么一股革命加拼命的强大精神。"[①] 当前，我国发展面临着前所未有的风险挑战，既有国内的也有国际的，既有政治、经济、文化、社会等领域的也有来自自然界的，既有传统的也有非传统的。面对困难我们要始终坚守初心，弘扬伟大建党精神，把"坚持全心全意为人民服务""为了让人民过上好日子"作为建设、改革的根本目的，把"人民对美好生活的向往"作为奋斗目标，让亿万人民真正成为国家、社会和自己命运的主人，让人民群众在推进中国式现代化的正确道路上坚定前行。

（一）伟大建党精神的基本内涵

1．伟大建党精神的形成

习近平总书记指出："历史川流不息，精神代代相传。我们要继续弘扬光荣传统、赓续红色血脉，永远把伟大建党精神继承下去、发扬光大！"[②] 新的征程上，大力弘扬伟大建党精神，内化于心、外化于行，我们迈进新征程、奋进新时代就有了源源不竭的强大动力。必须弘扬伟大建党精神、传承党的红色基因，将伟大建党精神融入新时代中国特色社会主义伟大实践。

2．伟大建党精神的核心 [③]

坚持真理、坚守理想，深刻揭示了中国共产党思想先进、信仰坚定的鲜明特质，展现了党的强大思想优势。中国共产党之所以能够完成近代以来各种政治

---

①《在党史学习教育动员大会上的讲话》，人民出版社 2021 年版，第 19 页。

②《在庆祝中国共产党成立 100 周年大会上的讲话》，人民出版社 2021 年版，第 8 页。

③ 参见《伟大建党精神：中国共产党人精神谱系的历史源头和高度凝练》，求是网 2021年 7 月 26 日。

力量不可能完成的艰巨任务，就在于始终把马克思主义这一科学理论作为行动指南，不断开辟马克思主义中国化新境界；之所以能够经受一次次挫折而又一次次奋起，就在于始终把实现共产主义作为远大理想和崇高追求，理想之光不灭，信念之光不灭。

践行初心、担当使命，深刻揭示了中国共产党初衷不改、本色依旧的鲜明特质，展现了党的强大政治优势。中国共产党始终把自己的前途命运同中国人民和中华民族的前途命运紧密联系在一起，为争取民族独立、人民解放和实现国家富强、人民幸福不懈奋斗。中国共产党团结带领人民进行的一切奋斗、一切牺牲、一切创造，归结起来就是一个主题：实现中华民族伟大复兴。

不怕牺牲、英勇斗争，深刻揭示了中国共产党意志顽强、作风优良的鲜明特质，展现了党的强大精神优势。中国共产党始终保持"为有牺牲多壮志，敢教日月换新天"的大无畏奋斗精神，在中国革命、建设、改革的各个时期，不畏强敌、不惧风险、敢于斗争、勇于胜利，创造了一个又一个人间奇迹。世界上没有哪个党像中国共产党这样，遭遇过如此多的艰难险阻，经历过如此多的生死考验，付出过如此多的惨烈牺牲。

对党忠诚、不负人民，深刻揭示了中国共产党品德高尚、情系人民的鲜明特质，展现了党的强大道德优势。一代又一代中国共产党人为党和人民的事业顽强拼搏、不懈奋斗，涌现了一大批视死如归的革命烈士、一大批顽强奋斗的英雄人物、一大批忘我奉献的先进模范，以实际行动诠释了共产党人对党无限忠诚，对人民无限热爱。

3. 伟大建党精神的重大意义

弘扬伟大建党精神，是中国共产党百年光辉历史的全面总结，是中国共产党特质的生动写照，是中国共产党人精神谱系的高度凝练，是新时代中国共产党人继续砥砺前行的强大动力。

伟大建党精神，思想精辟、内涵丰富，意义重大、意境深远，深刻揭示了中国共产党的特质，是我们全面认识和准确把握中国共产党为什么"能"的一把金钥匙。伟大建党精神是立党兴党强党的精神原点、思想基点，也应成为中国共产党人的安身之魂、立命之本。新的征程上，必须弘扬伟大建党精神、传承党的红色基因，将伟大建党精神融入新时代中国特色社会主义伟大实践。

（二）坚定走好中国道路

中国道路全称是中国特色社会主义道路，就是在中国共产党领导下，立足基本国情，以经济建设为中心，坚持四项基本原则，坚持改革开放，解放和发展社会生产力，巩固和完善社会主义制度，建设社会主义市场经济、社会主义民主政治、社会主义先进文化、社会主义和谐社会、社会主义生态文明，促进人的全面发展，逐步实现全体人民共同富裕，建设富强民主文明和谐美丽的社会主义现代化强国，实现中华民族伟大复兴。

1. 中国道路是党和人民在长期实践中开辟出来的正确道路

中国道路的选择不是一蹴而就的，而是经历了漫长而曲折的历史过程，是我们党在领导中国革命、社会主义建设和改革开放的长期实践中，将马克思列宁主义基本原理同中国具体实际和时代特征相结合的产物。中国道路，是中国共产党人把马克思主义基本原理同中国具体实际相结合、同中华优秀传统文化相结合走出来的；是中国共产党人正确认识把握中国国情走出来的；是中国共产党人科学总结历史经验走出来的。

在近代中国，为了改变中华民族悲惨屈辱的命运，中国人民和无数仁人志士进行了艰辛探索和顽强抗争，从太平天国运动、洋务运动、戊戌变法到辛亥革命，农民、封建地主阶级开明派、资产阶级改良派和民族资产阶级纷纷登上历史舞台，但是都没能使中国走上富强之路。历史的教训表明，在半殖民地半封建的状态下，现代化之路是走不通的，照搬西方资本主义的道路也是走不通的。中国先进分子在比较中毅然选择了马克思主义，找到了解决中国问题的正确道路。以毛泽东同志为主要代表的中国共产党人创造性地运用马克思主义解决中国的问题，深入研究中国国情和中国革命的特点，开创了一条由新民主主义通向社会主义的革命道路。正像毛泽东指出的："我们党在一九二一年成立的时候，只有几十个党员，也是少数人，可是这几十个人代表了真理，代表了中国的命运。"[①] 伟大建党精神又在历史进程中不断推陈出新，马克思主义中国化的理论成果指引中国实现了民族独立和人民解放，为中国的现代化扫除了政治制度和社会结构上的障碍。中华人民共和国成立后，以毛泽东为主要代表的中国共产党人，开始领导

---

① 《毛泽东文集》（第八卷），人民出版社 1999 年版，第 308 页。

全国各族人民在中国这样一个社会生产力水平十分落后的国家进行社会主义建设。他们从中国国情出发，为建设社会主义进行了艰辛的探索，在短短十几年内取得了旧中国几十年所不可能取得的成就，为中国社会主义现代化打下了坚实的基础，也在探索中国革命道路进程中获得了一种经验性的认识，那就是解决中国的一切问题，必须从中国的实际出发。党的十一届三中全会以来，以邓小平同志为主要代表的中国共产党人带领全党全国人民实现了指导思想的拨乱反正和工作重点的转移，开启了改革开放新的征程，开辟了中国特色社会主义新道路。党的十三届四中全会以来，以江泽民同志为主要代表的中国共产党人，坚持改革开放、与时俱进，确立社会主义市场经济体制，推进党的建设新的伟大工程，把中国特色社会主义伟大事业成功推向 21 世纪。党的十六大以来，以胡锦涛同志为主要代表的中国共产党人全面推进了中国特色社会主义道路的伟大实践，取得了重大成就。

党的十八大以来，以习近平同志为主要代表的中国共产党人，接过历史的接力棒，团结带领全党全军全国各族人民，自信自强、守正创新，既旗帜鲜明地坚持中国特色社会主义道路、理论、制度、文化，全面贯彻党的基本理论、基本路线、基本方略，又适应中国特色社会主义发展新要求，坚定不移地坚持和发展中国特色社会主义；既深刻揭示中国特色社会主义最本质的特征是中国共产党领导，中国特色社会主义制度的最大优势是中国共产党领导，中国共产党是最高政治领导力量，又强调加强和改善党的领导，使党中央权威和集中统一领导得到有力保证，党的领导制度体系不断完善，党的领导方式更加科学；既强调必须以更大的政治勇气和智慧推进全面深化改革，推动改革向广度和深度进军，又明确提出全面深化改革总目标是完善和发展中国特色社会主义制度、推进国家治理体系和治理能力现代化，使我国改革开放始终沿着正确方向进行。

历史和实践都充分证明，中国特色社会主义道路是中国共产党和中国人民在长期实践中逐步开辟出来的唯一正确道路，是实现民族复兴之路、国家富强之路、人民幸福之路。

2．在不断丰富中国特色社会主义的"特色"中坚持和拓展中国特色社会主义道路

中国特色社会主义道路之所以能够引领中国发展进步，关键在于我们既坚持了科学社会主义的基本原则，又根据我国实际和时代特征赋予其鲜明的中国特色。继续推进中国特色社会主义，必须不断丰富中国特色社会主义的实践特色、理论特色、民族特色、时代特色。

不断丰富中国特色社会主义的实践特色。中国特色社会主义熔铸了几代中国共产党人不懈探索实践的智慧和心血，它在实践中产生，在不断总结实践经验的基础上丰富和发展，并且在指导实践中显示出蓬勃的生机与活力。正是中国特色社会主义的伟大实践，使中国人民的面貌、社会主义中国的面貌、中国共产党的面貌发生了历史性变化，给我国人民带来更多福祉，使中华民族大踏步赶上时代前进潮流、迎来伟大复兴的光明前景。我们只有倍加珍惜和不断拓展中国特色社会主义道路，不断深化改革开放的伟大实践，才能不断丰富中国特色社会主义的实践特色，不断开辟我国社会主义现代化建设的新局面。

不断丰富中国特色社会主义的理论特色。中国特色社会主义理论是一个随着实践不断发展的开放的体系。我们要始终坚持理论联系实际，把科学社会主义的基本原理同中国特色社会主义建设具体实际相结合，在探索和回答实践提出的新课题中不断深化对社会主义的认识，不断探索社会主义建设规律、共产党执政规律、人类社会发展规律，不断丰富中国特色社会主义理论体系，为继续推进中国特色社会主义事业提供有力的理论指导。

不断丰富中国特色社会主义的民族特色。中国特色社会主义是立足中国基本国情，从中国实际出发解决中国发展问题的理论、实践与制度的统一体。只有清醒认识社会主义初级阶段基本国情，准确把握当前我国发展的阶段性特征，才能充分汲取中华优秀传统文化的丰富营养。习近平总书记指出："中国人民依靠自己的勤劳、勇敢、智慧，开创了各民族和睦共处的美好家园，培育了历久弥新的优秀文化。"[1] 以中国独特的文化形式和思维方式对马克思主义作中国化的表达，才能体现鲜明的中国特色、中国风格、中国气派，在此基础之上谋划发展，制定方针政策，推进改革，才能最大限度地实现最广大人民的根本利益。

不断丰富中国特色社会主义的时代特色。新世纪新阶段，伴随着经济全球化和世界多极化的加速发展，世界范围内兴起了一场以增强综合国力为目标的变

---

[1] 《习近平谈治国理政》（第一卷），外文出版社 2018 年版，第 4 页。

革浪潮，这个浪潮影响程度之广泛深刻前所未有。世界格局和国际形势的巨大变化，深刻地影响着社会主义的发展进程。我们只有积极适应经济全球化、世界多极化、科技进步日新月异和综合国力竞争日益激烈的新形势，准确把握时代主题和人民愿望，在竞争比较中积极借鉴人类一切有益文明成果，才能拓展中国特色社会主义道路，继续推动中国特色社会主义不断发展。

3．在新的历史起点上继续坚持和拓展中国特色社会主义道路

改革开放以来，中国特色社会主义事业取得了举世瞩目的伟大成就。我国综合国力大幅度提升、人民生活水平显著改善、国际地位大幅度提高的根本原因，是走中国特色社会主义道路；在新的历史起点上进一步推动发展，实现中华民族伟大复兴，仍然必须坚定不移走中国特色社会主义道路。我们要立足新的历史起点，奋力开拓中国特色社会主义道路，使中国特色社会主义道路越走越宽广。

倍加珍惜、始终坚持、不断发展党和人民百年奋斗、创造、积累的根本成就。开辟了中国特色社会主义道路，形成了中国特色社会主义理论体系，确立了中国特色社会主义制度，是我们党和人民百年奋斗、创造、积累的根本成就。坚定不移地走中国特色社会主义道路，就要充分认识到中国特色社会主义道路是在中国特色社会主义理论体系的指引下开辟并不断拓展的，也是在中国特色社会主义制度提供根本保证的前提下得以坚持和发展的。要深刻理解坚持和拓展中国特色社会主义道路与坚持和丰富中国特色社会主义理论体系、坚持和完善中国特色社会主义制度的内在联系，统筹推进中国特色社会主义事业。党的十八大以来，习近平总书记紧密结合新的时代条件和发展要求，坚持毛泽东思想、邓小平理论、"三个代表"重要思想、科学发展观，深刻总结并充分运用党成立以来的历史经验，从新的实际出发，坚持把马克思主义基本原理同中国具体实际相结合、同中华优秀传统文化相结合，对关系新时代党和国家事业发展的一系列理论和实践问题进行深邃思考和科学判断，提出一系列原创性的治国理政新理念新思想新战略，从理论和实践的结合上系统回答了新时代坚持和发展什么样的中国特色社会主义、怎样坚持和发展中国特色社会主义，建设什么样的社会主义现代化强国、怎样建设社会主义现代化强国，建设什么样的长期执政的马克思主义政党、怎样建设长期执政的马克思主义政党等重大时代课题，以全新的视野深化对共产

党执政规律、社会主义建设规律、人类社会发展规律的认识，实现了马克思主义中国化新的飞跃，为党的十八大以来党和国家事业取得历史性成就、发生历史性变革，提供了科学指引；为新时代坚持和发展中国特色社会主义、把我们党建设成为长期执政的马克思主义政党，把我国建设成为社会主义现代化强国，实现中华民族伟大复兴，提供了根本遵循；为拓展中国特色社会主义道路，提供了更为宽广的发展空间。

继续解放思想，深化改革开放。解放思想始终是推动党和人民事业发展的强大思想武器，改革开放始终是推动党和人民事业发展的强大动力。要开辟解放思想、改革开放新境界，不断为坚持和拓展中国特色社会主义道路提供强大思想武器和动力。要进一步增强贯彻党的思想路线的自觉性，始终坚持解放思想、实事求是、与时俱进，勇于变革、勇于创新，永不僵化、永不停滞，不断推进理论创新、实践创新和制度创新。要坚持从社会主义初级阶段这个最大的实际出发，从新世纪新阶段我国发展的新的阶段性特征出发，深刻认识社会主义初级阶段的基本国情和面临的机遇挑战，自觉把思想统一到党中央的科学判断上来，把行动统一到党的路线方针政策上来，加快重要领域和关键环节改革步伐，坚决破除一切妨碍科学发展的思想观念和体制机制弊端，促进现代化建设各个环节、各个方面相协调，促进生产关系与生产力、上层建筑与经济基础相协调，不断拓展和完善适合我国国情的发展道路。

推动科学发展，促进社会和谐。推动发展的本质要求是坚持科学发展，保持稳定的根本途径是促进社会和谐。以科学发展为主题、以加快转变经济发展方式为主线，是关系我国发展全局的战略抉择，事关中国特色社会主义事业的成败。要坚决执行中央加快转变经济发展方式的重大决策部署，把推动发展的立足点转到提高质量和效益上来，扎实抓好实施创新驱动发展战略、推进经济结构战略性调整、推动城乡发展一体化、全面提高开放型经济水平等战略任务的贯彻落实。要从维护最广大人民根本利益和实现国家长治久安的战略高度抓好以改善民生为重点的社会建设，最大限度激发社会活力，最大限度增加和谐因素，使改革发展成果更多更公平地惠及全体人民，努力形成全体人民各尽其能、各得其所而又和谐相处的局面，为发展中国特色社会主义提供良好社会环境。

确保党始终作为中国特色社会主义的坚强领导核心。党的领导是走中国特色社会主义道路的根本保证。要把全国各族人民的思想和力量凝聚和统一起来，齐心协力走中国特色社会主义道路，没有中国共产党的坚强统一领导是不可设想的。党的十九届六中全会明确提出"两个确立"决定性意义的重大政治论断，即确立习近平同志党中央的核心、全党的核心地位，确立习近平新时代中国特色社会主义思想的指导地位，这是中国共产党总结百年奋斗历史，尤其是总结党的十八大以来伟大实践的重大政治成果，进一步深刻揭示了新时代党和国家事业取得历史性成就、发生历史性变革的根本原因，是中国共产党领导中国人民实现第二个百年奋斗目标，把中国建设成为富强民主文明和谐美丽的社会主义现代化强国，实现中华民族伟大复兴的根本保证。加强党的自身建设，必须始终坚持党要管党、从严治党方针，始终贯穿改革创新精神，始终体现先进性纯洁性这个根本，始终突出提高执政能力这个重点；清醒认识新形势下党所处历史方位和执政条件、党员队伍组成结构发生的重大变化，清醒认识来自外部的风险和挑战，清醒认识党的建设方面特别是党员、干部队伍存在的亟待解决的突出问题；坚定理想信念，增强紧迫感和责任感，全面加强党的思想建设、组织建设、作风建设、反腐倡廉建设、制度建设，使我们党在世界形势深刻变化的历史进程中始终走在时代前列，在应对国内外各种风险考验的历史进程中始终成为全国各族人民的主心骨，在发展中国特色社会主义的历史进程中始终成为坚强的领导核心。有了中国共产党这个坚强领导核心，中国特色社会主义道路必然越走越宽广。

案例

从伟大建党精神中汲取奋进的智慧和力量

【引　言】党的十八大以来，习近平总书记带领新当选的中央领导集体开启第一足迹，进行具有重大现实意义和深远历史意义的宣示共有三次，这充分体现了：伟大建党精神是跨越时空、贯穿中国共产党人的精神谱系，是中国共产党历经千锤百炼、永葆蓬勃朝气的精神密码。我们要继续弘扬光荣传统、赓续红色血脉，永远把伟大建党精神继承下去、发扬光大，不断书写中国共产党人新的精神史诗，提供中华民族伟大复兴不可逆转历史进程的强大动力。

【摘　要】习近平总书记带领中央领导集体三次"第一足迹"，以中国梦开篇，沿着这条复兴之路，中国共产党领导下的中国历史性消除绝对贫困，在中华大地上全面建成小康社会，顺利完成第一个百年奋斗目标。新征程上，中国共产党进一步走上以中国式现代化全面推进中华民族伟大复兴的道路，三次政治局常委集体出行，习近平着眼的"一本书、一叶舟、一条路"，有着百年大党不变的初心和使命：为中国人民谋幸福，为中华民族谋复兴。

【关键词】伟大建党精神　党的建设

中国梦就是要实现中华民族的伟大复兴！

2012 年 11 月 29 日，习近平总书记带领十八届中共中央政治局常委来到位于天安门广场东侧的中国国家博物馆参观《复兴之路》展览。他分别用"雄关漫道真如铁""人间正道是沧桑""长风破浪会有时"三句话对中华民族的昨天、今天和明天进行概括总结，用历史佐证了中国特色社会主义道路的正确性。习近平总书记强调："这个展览，回顾了中华民族的昨天，展示了中华民族的今天，宣示了中华民族的明天，给人以深刻的教育和启示。

"中华民族的昨天，可以说是'雄关漫道真如铁'。近代以后，中华民族遭受苦难之深重、付出牺牲之巨大，在世界历史上都是罕见的。但是，中国人民从不屈服，不断地奋起抗争，终于掌握了自己的命运，开始建设自己国家的伟大进程，充分展示了以爱国主义为核心的伟大民族精神。

"中华民族的今天，正可谓'人间正道是沧桑'。改革开放以来，我们总结历史经验，不断艰辛探索，终于找到了实现中华民族伟大复兴的正确道路，取得了举世瞩目的成果。这条道路就是中国特色社会主义。

"中华民族的明天，可以说是'长风破浪会有时'。经过鸦片战争以来 170 多年①的持续奋斗，中华民族伟大复兴展现出光明的前景。现在，我们比历史上任何时期都更加接近中华民族伟大复兴这个目标，比历史上任何时期都更有信心、有能力实现这个目标。

"回首过去，全党同志必须牢记，落后就要挨打，发展才能自强。审视现在，全党同志必须牢记，道路决定命运，找到一条正确的道路多么不容易，我们必须坚定不移走下去。展望未来，全党同志必须牢记，要把蓝图变为现实，还有很长的路要走，需要我们付出长期艰苦的努力。

"每个人都有理想和追求，都有自己的梦想。现在，大家都在讨论中国梦，我以为，实现中华民族伟大复兴，就是中华民族近代以来最伟大的梦想。这个梦想，凝聚了几代中国人的夙愿，体现了中华民族和中国人民的整体利益，是每一个中华儿女的共同期盼。历史告诉我们，每个人的前途命运都与国家和民族的前途命运紧密相连。国家好、民族好，大家才会好。实现中华民族伟大复兴是一项光荣而艰巨的事业，需要一代又一代中国人共同为之努力。空谈误国，实干兴邦。我们这一代共产党人一定要承前启后、继往开来，把我们的党建设好，团结全体中华儿女把我们国家建设好，把我们民族发展好，继续朝着中华民族伟大复兴的目标奋勇前进。"②

不忘初心、牢记使命、永远奋斗！ ③

党的十九大闭幕仅一周，习近平总书记带领中共中央政治局常委专程从北京前往上海和浙江嘉兴，瞻仰上海中共一大会址和浙江嘉兴南湖红船，回顾建党历史，重温入党誓词，宣示新一届党中央领导集体的坚定政治信念。习近平发表重要讲话强调，只有不忘初心、牢记使命、永远奋斗，才能让中国共产党永远年轻。只要全党全国各族人民团结一心、苦干实干，中华民族伟大复兴的巨轮就一定能够乘风破浪、胜利驶向光辉的彼岸。

---

① 鸦片战争于1840年爆发，距今184年。
② 《习近平谈治国理政》（第一卷），外文出版社2018年版，第35—36页。
③ 以下内容与习近平总书记的讲话出自《习近平在瞻仰中共一大会址时强调 铭记党的奋斗历程时刻不忘初心 担当党的崇高使命矢志永远奋斗》，《光明日报》2017年11月1日。

在中共一大会址，习近平首先瞻仰了中共一大会议室原址。1921年7月，中国共产党第一次全国代表大会在这里举行，会议的主要议程是成立中国共产党。习近平总书记久久凝视这个18平方米的房间，叮嘱一定要把会址保护好、利用好。他动情地说，毛泽东同志称这里是中国共产党的"产床"，这个比喻很形象，我看这里也是我们中国共产党人的精神家园。他还指出，我们党的全部历史都是从中共一大开启的，我们走得再远都不能忘记来时的路；建党时的每件文物都十分珍贵、每个情景都耐人寻味，我们要经常回忆、深入思索，从中解读我们党的初心。

纪念馆宣誓厅，悬挂着巨幅中国共产党党旗。面对党旗，习近平带领其他中共中央政治局常委同志一起重温入党誓词。在习近平领誓下，铿锵有力的宣誓声响彻大厅，让现场所有人都深受感染，仿佛回到了那个风雨如磐的年代。习近平强调，入党誓词字数不多，记住并不难，难的是终身坚守。每个党员要牢记入党誓词，经常加以对照，坚定不移，终生不渝。

当天下午，习近平等从上海乘火车来到浙江嘉兴市，继续追寻中共一大足迹。当年，正在上海召开的中共一大因遭到上海法租界巡捕袭扰，紧急转移到浙江嘉兴南湖一条小船上继续进行，在船上完成了大会全部议程。红船由此得名并名扬天下。习近平指出，小小红船承载千钧，播下了中国革命的火种，开启了中国共产党的跨世纪航程。

习近平指出，上海党的一大会址、嘉兴南湖红船是我们党梦想起航的地方。我们党从这里诞生，从这里出征，从这里走向全国执政。这里是我们党的根脉。他强调："其作始也简，其将毕也必巨。"96年来，我们党团结带领人民取得了举世瞩目的伟大成就，这值得我们骄傲和自豪。同时，事业发展永无止境，共产党人的初心永远不能改变。唯有不忘初心，方可告慰历史、告慰先辈，方可赢得民心、赢得时代，方可善作善成、一往无前。全党同志必须坚持全心全意为人民服务的根本宗旨，不断带领人民创造更加幸福美好的生活；牢记共产主义远大理想，坚定中国特色社会主义共同理想，一步一个脚印向着美好未来和最高理想前进；始终保持谦虚谨慎、不骄不躁的作风，不畏艰难、不怕牺牲，为实现"两个一百年"奋斗目标、实现中华民族伟大复兴的中国梦而不懈奋斗。

向着新的奋斗目标，出发！ ①

党的二十大闭幕不过四五天，2022 年 10 月 27 日上午，习近平总书记带领新当选的二十届中共中央政治局常委来到了延安，瞻仰革命圣地，缅怀老一辈革命家的丰功伟绩，宣示新一届中央领导集体赓续红色血脉、传承奋斗精神，在新的赶考之路上向历史和人民交出新的优异答卷的坚定信念。

在杨家岭，习近平总书记满怀深情地说："延安是中国革命的圣地、新中国的摇篮。巍巍宝塔山，滚滚延河水。延安用五谷杂粮滋养了中国共产党发展壮大，支持了中国革命走向胜利。延安和延安人民为中国革命事业作出了巨大贡献，我们要永远铭记。""延安革命旧址见证了我们党在延安时期领导中国革命、探索马克思主义中国化时代化的光辉历程，是一本永远读不完的书。"

在延安，我们党不仅站稳了脚跟，而且迎来了大发展，进入不可逆转的发展壮大的历史轨道。党的一大召开时，我们党只有 50 多名党员，到党的七大时，已经发展到全国 121 万名党员。在党的发展史上，延安 13 年是决定性的。

党中央在延安的 13 年，毛泽东等老一辈革命家以敏锐的眼光和深刻的洞察力思考中国的前途命运，运筹帷幄，决胜千里，就中国革命作出了一系列重大决策，为我们党后来不断从胜利走向胜利指明了正确方向、开辟了正确道路。

那些拂去时光尘埃愈加璀璨的一份份史料，习近平总书记也在一次次重温中收获启迪。他语重心长地说："党的七大在党的历史上具有重要里程碑意义，标志着我们党在政治上思想上组织上走向了成熟。"

"在政治上，党通过延安整风，使全党团结在毛泽东的旗帜下，实现了党的空前统一和团结。"

"在思想上，党确立了毛泽东思想在全党的指导地位，把毛泽东思想写入了党章。"

"在组织上，党形成了一支高举毛泽东旗帜的久经考验的政治家集团。"

一个理想崇高、志向远大的党，一旦有了鲜明的思想旗帜，有了党中央集中

---

①　以下内容和习近平总书记的讲话出自《"向着新的奋斗目标，出发！"——记习近平总书记带领中共中央政治局常委瞻仰延安革命纪念地》，《人民日报》2022 年 10 月 29 日。

统一领导，有了正确的政治路线和明确的行动纲领，就能无往而不胜。

窑洞前，一棵老槐树迎着暖阳舒展。习近平总书记在历史的回响中思索："延安革命旧址见证了我们党在延安时期领导中国革命、探索马克思主义中国化时代化的光辉历程，是一本永远读不完的书，每次来都温故而知新，受到深刻教育和启示。"

总书记触景生情："当年毛泽东同志等老一辈革命家在延安，住窑洞、吃粗粮、穿布衣，用'延安作风'打败了'西安作风'。全党同志要把老一辈革命家和共产党人留下的光荣传统和优良作风传承好发扬好，勇于推进党的自我革命，坚定不移推进全面从严治党，始终保持党的先进性和纯洁性，确保党始终成为中国特色社会主义事业的坚强领导核心。"

他进一步指出："党的二十大制定了当前和今后一个时期党和国家的大政方针，描绘了以中国式现代化全面推进中华民族伟大复兴的宏伟蓝图。""让我们踏上新征程，向着新的奋斗目标，出发！"

◆ 案例分析 ◆

"党的历史是最生动、最有说服力的教科书。"[①] 中国共产党的百年历史，积累了极其宝贵的历史经验，蕴含着极其深刻的历史启示，是取之不尽、用之不竭的精神财富和力量源泉，是中国人民和中华民族继往开来、奋勇前进的坚实基础。勿忘昨天的苦难辉煌、无愧今天的使命担当、不负明天的伟大梦想。走过百年历程，党团结带领人民正奋进在以中国式现代化全面推进中华民族伟大复兴、实现第二个百年奋斗目标新征程上。走好新的赶考之路，有效应对前进道路上各种风险挑战，推动中国特色社会主义事业一往无前，必须更好把握和运用党的百年奋斗历史经验，不断从党的历史中汲取智慧和力量，从党的百年奋斗中看清楚过去我们为什么能够成功、弄明白未来我们怎样才能继续成功。

---

① 《在党史学习教育动员大会上的讲话》，人民出版社 2021 年版，第 2 页。

拓展 **红色金融文化史的新时代价值**

・・・

弘扬以伟大建党精神为源头的中国共产党人精神谱系，用好红色资源，深入开展社会主义核心价值观宣传教育，深化爱国主义、集体主义、社会主义教育，着力培养担当民族复兴大任的时代新人。推动理想信念教育常态化制度化，持续抓好党史、新中国史、改革开放史、社会主义发展史宣传教育，引导人民知史爱党、知史爱国，不断坚定中国特色社会主义共同理想。①

【引文】红色金融是中共党史的重要组成部分，它是中国共产党领导中国革命的历史过程中的实践性巨擘。土地革命时期的红色金融事业使得苏区群众从以往的高利贷剥削阴影下走出来，解决了生产、生活资金短缺的周转问题。至此红色金融秩序初创，也展现了金融活动的"为民"初心。红色金融事业之所以能发展是革命的需要与人民期盼的结果，苏区红色金融事业也为红色金融文化的产生提供了合适的土壤。

一、红色金融具有下列特点

（一）革命性

苏区政府对各式旧币的取缔、废止，对高利贷和旧债的废除或限制，苏区货币对各式旧币的排斥，苏区金融机构信贷业务的政治倾向，无不鲜明地彰显出红色金融文化的革命性。

（二）独立性

苏区货币为本位货币，它不与任何外币挂钩，也不与任何国内旧币联系。为

---

① 《习近平著作选读》（第一卷），人民出版社 2023 年版，第 36 页。

维护货币信用，苏区的党和政府及金融机构，首先从强化其法统地位入手，狠抓货币市场反假、打假斗争，这也是为了货币的独立性。其具体实现原理，是军政实力保障货币的排他性货币的价值尺度，为了统一这种价值量化标准，就需要强制性力量来促成社会认同。当中国工农红军被迫长征时，原先发行的苏票在湘赣边区随之销声匿迹，之后中国共产党在陕甘宁边区建立革命根据地，其先后发行的苏票、光华券、边币都可以在该地区正常流通。这种军事政权与纸币发行之间"皮之不存，毛将焉附"的关系，反映出军政主权力量对纸币发行的排他性乃至独立性起着举足轻重的作用。

（三）创造性

从红色金融事业的奠基人到一应工作人员都没有受过专业的金融训练，但凭借对共产主义的坚定信仰，在实际工作中不断学习、总结，最终创造性地完成了这项光荣而又艰巨的任务。这一点可归纳为：从无到有，由旧到新；集思广益，因地制宜。

（四）人民性

红色金融机构兴办所需的本（股）金，有相当部分来自群众；苏区公债的发行，主要依赖于群众；市场上的货币斗争，离不开群众的积极参与；地方造币厂和中央造币厂仿制银圆所需的银料，大量来自群众的捐献或廉价变卖，其中有许多是从妇女身上摘下的银饰品；控制苏区现金外流，也需要群众的支持与监督。可以说红色金融的本质是人民的金融。总之，苏区金融活动的任何一个方面、一个环节，都离不开群众，真正体现了"革命战争是群众的战争，只有动员群众才能进行战争，只有依靠群众才能进行战争"[1]的真理。

二、中国红色金融历史的四个阶段

（一）大革命时期红色金融事业（1921—1927 年）

在大革命时期，中国共产党领导成立了农民协会，从工农群众立场开展经济

---

[1] 《毛泽东选集》（第一卷），人民出版社 1991 年版，第 136 页。

斗争，在维护工农群众的利益，摆脱封建地租和高利贷盘剥，建立为农民大众服务的金融组织方面做出了积极探索，也开辟了红色金融事业。1922 年 12 月，中共中央在《中国共产党对于目前实际问题之计划》中提出"组织农民借贷机关"和实行低息借贷的建议。1923 年 6 月 12 日至 20 日，在党的三大会议上通过的《农民问题决议案》，第一次提出农民借贷的最高界限，"限制高利贷盘剥，每月利息最高不超过二分五厘"。同年，彭湃起草的《海丰总农会临时简章》作出"可设金融机关（以最低利及长期）以利农民"的规定。1924 年 1 月，国共合作时期，由共产党人起草的国民党第一次代表大会宣言，明确提出"应由国家为之筹设调剂机关，如农民银行等"，以解决"农民之缺乏资本至于高利贷以负债终身"的沉重负担。1925 年，中国共产党公开发表《中国共产党告农民书》，为全国农民主张八个最低限度的要求，要求"政府须承认由农民组织的农民协会代替非农民的劣绅所包办的农会"，"由各乡村自治机关动用地方公款办理乡村农民无利借贷局"。1925 年到 1926 年广东省两次农民代表大会通过的决议案，号召农民做经济斗争，在经济斗争中反对高利贷与高利押，决定创办农民银行或信用合作社。1926 年 12 月，湖南省第一次农民代表大会通过《金融问题决议案》和《农民银行决议案》，提出设立农民银行之必要。1927 年 3 月，湖北省农民代表大会提出，各县成立信用合作总社，最好每区设一个分社。

伴随着农民运动的开展，中国共产党通过农会纷纷建立惠民的借贷机关和金融机构，自主发行货币，实行低息借贷，活跃了农村经济，方便了农民借贷，帮助农民开展低息或无息信贷业务，切实解决农民生产和生活中的资金困难问题。1927 年大革命失败后，红色金融事业遭遇生死考验。可这些有益的探索，为我们积累了经济金融战线的群众基础和斗争经验。

（二）土地革命战争时期红色金融事业（1927—1937 年）

1927 年的中国革命进入了土地革命时期。国民党反动政府加紧对革命根据地的军事进攻与经济封锁，企图从军事和经济上扼住中国共产党的咽喉。而此时毛泽东同志已经清楚意识到金融经济工作对于新兴红色政权的重要性。1930—1933年，农村革命根据地如雨后春笋般出现在中国大地上，每有一处根据地的建立，都伴随着红色金融机构出现。其中比较有代表性的便是 1932 年成立的中华苏维埃共和国国家银行（以下简称"国家银行"），同年，苏维埃临时中央政府人民委员会颁布了《中华苏维埃共和国国家银行暂行章程》。1934年，中国共产党召开会议研究金融问题，做出"大吞小吐，稳定物价"等多项决议。这一时期，红色金融机构在各革命根据地涌现，其纷纷根据市场和军民需要发行根据地货币，可以说是红色金融在革命根据地的大发展时期。

1934年10月份，随着中央苏区第五次反"围剿"失败，中国共产党中央机构被迫进行战略转移（长征）。一百多名挑夫用扁担挑着金银货币和印钞设备随军转移，肩头挑起的是整个中华苏维埃国家银行，这就是所谓的"扁担银行"。一路上国民党围追堵截，共产党人久历磨难，就在这样艰苦卓绝的恶劣环境下完成了四次苏维埃货币的发行和兑付。由于采用物资保证，货币随时十足兑付，即使是短期的货币发行，在当地群众中也有良好信誉，可以说中国共产党人用血肉之躯担起红色金融使命。1935年10月，国家银行到达陕北以后，与历经多次合并改名的陕甘边区农民合作银行合并成了国家银行西北分行。

（三）抗日战争时期红色金融事业（1937—1945年）

1937年卢沟桥事变后，全民族抗日战争开始，国共进行第二次合作共御敌寇。国家银行西北分行改名为陕甘宁边区银行（抗战胜利后又与原西北农民银行合并成新的西北农民银行）。1938年，晋察冀边区银行成立。次年，晋冀鲁豫敌后抗日根据地建立以后，冀南银行随之成立。冀南银行印钞厂地处壁立千仞的太行山腹地深处，印钞设备和材料散布在山上的洞穴中。一旦有日本侵略者前来扫荡，人们便立即用马驮着设备和材料进行转移，这就是所谓的"马背上的银行"。而后，晋察冀边区银行和冀南银行合并为华北银行。抗日战争期间，在中国共产党的统一领导下，各抗日根据地在斗争中仍坚持开展金融经济工作，先后在根据地成立若干边区银行，发行边区货币。1941年12月，中共西北局在《关于1942年边区经济建设的决定》中指出，必须统筹发展国民经济；1942年的金融发展要以"稳定金融，平衡物价"为工作中心；次年7月，中共山东分局先后发出了《关于对敌货币斗争的指示》和《关于停用法币的指示》，粉碎了敌人妄图用日伪币和国民党法币抢购根据地物资的阴谋。此后很长一段时间，各抗日根据地实行独立自主的经济和货币政策，独立发行区域本位币。

（四）解放战争时期红色金融事业（1945—1949 年）

抗战胜利以后，各区货币不统一、流通混乱带来的矛盾已日益凸显。为此，1948 年 12 月 1 日，华北人民政府正式宣布将华北银行、北海银行和新的西北农民银行合并为"中国人民银行"，从当日起发行统一的流通货币——中国人民银行钞票，各解放区的金融经济工作开始从独立分散逐步走向统一。从中国共产党诞生直至 1949 年新中国诞生，在长达 28 年的金融探索中，从"扁担银行"到"马背上的银行"，再到最后的"中国人民银行"，红色金融一路同中国共产党在鲜血与战火中成长，为支持革命战争、发展国民经济作出了极为特殊的重大贡献，同时也为在 1949 年后共产党迅速开展各项金融工作积累了丰富的经验。

三、红色金融事业代表人物——毛泽民

（一）红色金融事业的开创者

自从 1921 年跟随兄长毛泽东走出韶山冲，毛泽民同志就走上了红色金融之路。在安源路矿工人消费合作社的股票、中华苏维埃共和国货币，以及新疆省银行发行的股票和新省币上，都印有他的名字。

1922 年 9 月安源路矿工人大罢工取得胜利后，毛泽东同志就在思考：如何保护和争取工人的经济利益。1923 年 2 月 7 日，中国共产党领导下的第一个股份制经济实体——安源路矿工人消费合作社在安源老后街正式开业。工人消费合作社成立一个月后，毛泽民开始担任总经理，从而成为红色金融事业的探索者和奠基人。在消费合作社成立之前，矿工遭受矿局和奸商的盘剥。他们领到的工钱不是现金而是"矿票"，在矿局或资本家操纵的银铺兑换现钱，一元矿票起码缩水两成。而消费合作社足额兑换，仅半个月就把安源街上全部的银铺挤垮。为了能让矿工群众买到价廉物美的粮食和生活用品，毛泽民经常派人去长沙、汉口等物资集散地采购，再由铁路职工顺车捎回。这样一来，合作社的物价比当地市场至少便宜三成。为了解决合作社的周转资金，在毛泽民的建议下，工人俱乐部提出，"在兑换股设储蓄部，提倡工人储蓄，实行发放合作社纸币一万元"等措施。工人消费合作社发行的铜元票和纸币，虽然流通范围仅局限于安源路矿的数万名工人和家属，却是中国共产党革命斗争史上最早发行的货币。

（二）中华苏维埃共和国国家银行行长

1931 年 11 月，中华苏维埃共和国临时中央政府在瑞金成立。毛泽民被任命为中央财政人民委员部委员兼任国家银行行长，成为红色政权的"大管家"。红军的军需物资、中央政府的机关费用、苏区军民的日常消费，都由国家银行一揽子包下来。他上任国家银行行长仅两个多月，筹建中央银行，设立分支机构；深入前线筹粮、筹款；印钞，铸币；挖砂，建矿……所有的事情几乎同时铺开，样样工作井井有条。1932 年 7 月，国家银行正式发行统一的纸币 —— 中华苏维埃共和国国家银行银币券，又称"苏维埃纸币"。赣南蕴藏着丰富的钨矿资源，红军打下赣南后，依托中央苏区这个比较巩固的根据地，毛泽民于 1932 年 1 月，成立了中华苏维埃的第一个国营矿场 —— 铁山垅钨矿场。随后，又恢复了上坪、庵前滩、吴山、蜈蚣山的钨砂生产，在白鹅墟成立了白鹅洗砂厂，将收购的钨砂淘洗加工成钨砂精，并于 3 月成立中华钨矿总公司。钨砂矿作为一种重要的战略资源，当时在国际市场十分紧俏，从此红色政权有了一份重要的资金来源。从 1932 年初铁山垅钨矿开工，到 1934 年 10 月红军长征，中华钨矿公司已发展壮大，仅盘古山、铁山垅、小垅三个公营矿场就有工人近 5000 人，中央苏区共生产钨砂近 4200 吨。苏维埃共和国财政收入的增加，有力地支撑了革命战争。而毛泽民身为国家银行行长，管钱管物，权限很大，却始终清正廉洁。

（三）12 天完成"红军票"发行和回笼

1934 年 10 月中旬，中央红军被迫离开中央苏区，开始长征。途中全军的经费开支由没收征发委员会和国家银行供给。几万红军没有根据地，天天都要解决吃饭的问题。1935 年初，红军先头部队占领了遵义城。地处云贵高原腹地的遵义，盐价昂贵，贫苦百姓吃不起，患"粗脖病"的人相当普遍。红军进城后，公开向群众出售食盐等，只收"红军票"。买卖公平，老百姓和大小商人热烈响应。红军指战员们也得到一次休整机会，其中医药品的补给帮助了伤员恢复，对后来爬雪山过草地，起了重要作用。红军放弃遵义时，还有许多"红军票"在商家和老百姓手里。为了维护红军的信誉和人民百姓的利益，国家银行立即开设了几个临时兑换点，仍然按 1：1 的比价，用"光洋"和食盐等兑换、回收"红军票"。

由于时间紧迫，毛泽民亲自挑着"光洋"，送到各兑换点。一直到红军部队全部撤出遵义，国家银行的同志们才离开。前后仅用 12 天时间，国家银行即完成了"红军票"的发行和回笼。

（四）在新疆创建商业银行，发行新省币

1938 年，盛世才背靠苏联，拥护抗日，但对蒋介石政府保持独立性。党中央安排毛泽民化名周彬，应邀出仕新疆。经过两个多月的深入调查，毛泽民基本掌握了新疆的财政金融状况，提出了"发展经济，增加收入，开源节流，保证支出，量入为出，争取收支平衡"的工作方针。毛泽民对旧有官办银行进行大刀阔斧的改革，使之成为官商合办的、全疆 400 万民众之银行。1939 年 1 月 1 日，新疆商业银行正式挂牌。一个月后，印有维、汉两种文字的新省币就在全疆正式发行。毛泽民将财政、经济、金融三位一体：用发展经济来开辟和培养财源；用培养、教育干部，改造和加强税收机关的组织和工作；有计划地调剂物价，打击奸商；在财政极为困难的情况下，实行大批农贷，帮助农民，使农牧工商业都得以发展，税收大大增加。毛泽民将工业贷款更多地投放在发展轻工业、手工业和改善新疆的交通及通讯环境上。当年新疆地区顺利建成了一批工厂：如独山子炼油厂、阿勒泰金矿、迪化面粉厂、皮革厂、发电厂、汽车修理厂；修通了总长 4160 多公里的公路，添置了 300 多辆汽车，便利了省城迪化到主要地区的公路运输；开通了以迪化为中心的总长数千公里的有线电报和长途电话业务。初步改变了新疆全省的工业状况。

1941 年苏德战争爆发后，盛世才积极投靠蒋介石，将他请到新疆帮助工作的 100 多名中共干部及其家属子女关进监狱。1943 年 9 月 27 日深夜，在迪化小南门，盛世才秘密杀害了陈潭秋、毛泽民、林基路三人。这一年，毛泽民 47 岁。在中国共产党从小到大，从弱到强，缔造新中国的革命历程中，不仅要靠枪杆子，还要有支撑枪杆子的经济力量。在开拓红色金融工作的道路上，毛泽民是走在前面的人。

四、红色金融事业的发展 [①]

（一）社会主义建设时期金融事业的发展

新中国成立后，党采取有力措施，接管官僚资本金融业，治理通货膨胀，实现了货币主权的完整。具体措施有：一是接管官僚资本金融业。对官僚资本金融机构，除中国银行和交通银行外，其他都被停业。根据"边接管、边建行"的方针，中国人民银行在接管官僚资本银行的同时，迅速建立了各地中国人民银行的分支机构。到1952年，一个由中国人民银行统一领导的银行管理体制已初步建立。二是人民币成为唯一的法定货币。新中国成立之后，为了保证人民币的顺利发行和流通及其本位制度的建立，中央人民政府规定以人民币取代一切货币，人民币成为唯一的法定货币。三是形成"大一统"中国人民银行体制。经过"一五"时期的强化和集中，中国人民银行既是发行货币的中央银行，又是经营全国金融业务的商业银行。在形成高度集中的银行体制的同时，中国人民银行实行了"统存统贷"的管理办法，统一掌握全国的信贷资金，确立了高度集中的信贷计划管理体制。中国人民银行的分支行编制信贷计划，逐级上报审批，最后由总行统一平衡全国的信贷收支指标，下达到各地贯彻执行。到"一五"计划后期，基本实现了一切信用集中于国家银行，从而进一步加强了中国人民银行对资金集中统一的管理。中国进入金融"大一统"的国家银行体制阶段。

（二）改革开放以来金融的变革与发展

改革开放前，受限于计划经济体制，银行通常被当作是会计和出纳机关，只是算账，没有真正起到银行的作用，银行并不是真正意义上的银行。邓小平强调："金融很重要，是现代经济的核心。金融搞好了，一着棋活，全盘皆活。" [②]他的这些话给了金融很高的定位，阐明了金融在现代经济中的核心地位和重要作用。1978年12月，党的十一届三中全会把全党工作重点转移到经济建设上来。在邓小平同志"要把银行真正办成银行"思想的指引下，我国开始了有计划、有步

---

① 参见高惺惟、曹高航：《中国共产党百年金融史的历程与启示》，《银行家》2022年第7期。

② 《邓小平文选》（第三卷），人民出版社1993年版，第366页。

骤的金融体制改革。我国建立了中央银行制度，中国人民银行专门行使中央银行职能，工商银行、农业银行、建设银行和中国银行等机构从中央银行中分离出去，中央银行集中力量研究和实施金融宏观政策。1993年11月召开的党的十四届三中全会确立了建立社会主义市场经济体制的基本框架。金融改革是经济体制改革的重要组成部分，没有专业银行的商业化，就不可能按市场机制配置金融资源。1993年，国家计委将专业银行改称为"商业银行"。改革开放以来，与社会主义市场经济相适应的现代金融组织体系、金融市场体系、金融调控和监管体系基本建成，对支持经济社会发展、深化体制改革和维护社会稳定发挥了重要作用。

（三）党的十八大以来全面深化金融体制改革

党的十八大以来，我国经济已由高速增长阶段转向高质量发展阶段。人民币纳入国际货币基金组织特别提款权"货币篮子"，这是人民币国际化的一大步。金融双向开放取得新进展，加强了党对金融工作的领导，金融监管得到改进，守住不发生系统性金融风险底线的能力增强。尤其是在2017年，第五次全国金融工作会议之后，国务院金融稳定发展委员会成立，金融工作取得重要成就。一是金融逐步回归本源，全面提升服务效率和水平，把更多金融资源配置到经济社会发展的重点领域和薄弱环节，更好满足人民群众的金融需求。二是强化金融监管，提高防范化解金融风险能力。宏观杠杆率过快上升势头得到遏制，结构性去杠杆持续推进。三是持续推进金融供给侧结构性改革，发挥市场在金融资源配置中的决定性作用。金融供给侧结构性改革的目标就是要让金融更好地服务于实体经济，根本途径就是建立有效的资源配置机制，为政府与有效市场协同发挥作用、守住不发生系统性金融风险的底线。

五、红色金融的新时代启示

（一）传承忠于党、心怀民、无私无畏的革命精神

新时代对金融工作提出新要求、新挑战，金融机构要加强党的领导，传承好红色金融史的宝贵精神财富，更加坚定责任担当和历史使命。金融的价值向度从根本上说就是为国家和人民利益服务的，丢了价值取向会导致乱象丛生。"人民

利益至上"是中国金融事业的价值追求，怎样强调都不过分。金融业是经营金融商品的特殊行业，具有较强的公共性和社会性，金融风险具有较强的专业性和隐蔽性。近年来不断发生的影响金融稳定的事件就很能说明问题。金融工作须践行党的宗旨，金融从业者须提高责任担当。习近平总书记强调："金融和实体经济是共生共荣的关系。实体经济是金融的根基，金融是实体经济的血脉，为实体经济服务是金融的天职，是金融的宗旨，也是防范金融风险的根本举措。"[①] 金融是现代经济的核心，是国民经济的血脉，金融安全事关国家安全。金融工作必须在党的领导下开展，紧紧围绕服务实体经济、防控金融风险、深化金融改革三项任务，实现以人民为中心的发展。

（二）传承实事求是，踏实工作的务实作风，助力实现党和人民赋予的使命

新民主主义革命时期，中国共产党建立的金融系统帮助广大农民从剥削性的生产关系中解放出来，并为农业生产的开展提供资金支持，金融服务于根据地经济建设。此外，战时金融体制还肩负着为抗战融通资金的任务，保障抗战军费的筹集。新中国成立初期，中国共产党以新的金融系统替代国民党旧政府腐败的金融系统，新金融致力于解决国民党政府遗留下来的金融乱象，有效控制了通货膨胀，使社会经济进入稳定发展的轨道。进入社会主义建设阶段，计划金融内嵌于财政体系，成为计划资金调拨的工具，在建设社会主义工业体系的过程中利用"剪刀差"的运作机制将农业生产积累资本导入工业体系，有效推动了社会主义工业化的形成。在改革开放时期，金融服务于社会主义市场经济体制的建立和完善，帮助市场在资源配置中发挥作用。通过银行等金融机构的改革为社会经济建设提供有效的融资渠道，建设股票等资本市场为国企改革打开新的局面，分摊改革成本和分散改革风险；利用房地产金融的发展推动住房体制改革，并将金融调控作为抑制房地产泡沫的重要手段。在社会主义新时代，金融服务于供给侧结构性改革的推进，在经济结构调整和增长动力转换过程中发挥资源导向作用，助力经济高质量发展的实现。亚投行、丝路基金以及离岸市场等金融机构与金融市场

---

① 《习近平著作选读》（第一卷），人民出版社 2023 年版，第 614 页。

的设立，成为"人民币国际化"等国家战略实施和"一带一路"建设的重要支撑。

（三）抓牢金融本质，开展普惠金融业务，助力实体经济

百年前的红色金融为人民服务的思想与新时代普惠金融是相通的。普惠金融就是要让弱势群体也能够享受到及时、方便、高质量、价格合理的金融服务，让每一个人公平地拥有金融服务的权利，是金融业服务于人民的一种创新。2013年，党的十八届三中全会提出"发展普惠金融"；2015年，政府工作报告中明确指出要"大力发展普惠金融"。中央对普惠金融一以贯之的重视，从"发展"到"强化"再到"大力发展"，表明了中央对构建我国普惠金融体系的坚定决心和态度。通过普惠金融的推动，助力实体经济成长、稳步推进人民币国际化，才能更好维护国家利益。

（四）在金融领域的工作发扬斗争精神，敢于斗争善于斗争

2018年以来，美国先后对中国实施了贸易制裁、科技制裁和金融制裁，继而利用美元作为核心国际储备货币的优势实施更大力度的制裁。美联储为了挽救低迷的经济，在一定程度上纵容了货币的滥发，不断扩表增加了全球发生通货膨胀和金融危机的风险；而后又打出美元加息这张牌，收紧全球美元的流动性。长期以来，美国利用美元作为核心国际储备货币的特殊地位，在全球"剪羊毛"，使其他国家的货币主权乃至国家主权都受到美元霸权制约。出口导向型经济使我国积累了大量的美元储备，不得已又购买了大量美国国债，人民币的发行受制于美元储备，国家的金融安全受制于美国的货币政策。在我国构建以国内大循环为主体、国内国际双循环相互促进的新发展格局背景下，需要一个拥有自主政策空间的货币发行体系，稳慎推进人民币国际化至关重要。人民币国际化，是中国维护自身利益而推出的一项制度。

我们党在革命战争时期就积累了进行货币斗争的经验，红色货币与其他货币进行斗争合作，其复杂性与今天的国际货币领域不相上下，这对今天我国应对美元霸权、坚守人民币的主权信用仍有借鉴意义。

实验实践思考题

1. 为什么说"两个确立"具有决定性意义？

2. 党的百年奋斗的历史经验是什么？

3. 结合历史材料分析，是什么支撑中国共产党成功将红色金融事业进行到底？

4. 结合红色金融史，探讨红色金融与武装斗争间的关系。

5. 结合历史材料，总结红色金融文化的具体表现。

专题三 全国两会的重大意义与生动实践

• • •

全过程人民民主是社会主义民主政治的本质属性，是最广泛、最真实、最管用的民主。必须坚定不移走中国特色社会主义政治发展道路，坚持党的领导、人民当家作主、依法治国有机统一，坚持人民主体地位，充分体现人民意志、保障人民权益、激发人民创造活力。我们要健全人民当家作主制度体系，扩大人民有序政治参与，保证人民依法实行民主选举、民主协商、民主决策、民主管理、民主监督，发挥人民群众积极性、主动性、创造性，巩固和发展生动活泼、安定团结的政治局面。①

【引文】全国两会是中国式民主的具体体现，是全过程人民民主的生动实践，也是读懂全过程人民民主的重要窗口。全国两会是民主、团结、求实、奋进的大会，广聚共识，意义重大。全国两会期间，习近平总书记发表重要讲话，激励全国各族人民在强国建设、民族复兴新征程上踔厉奋发、勇毅前行。

一年一度的全国两会，是我国人民政治生活中的大事。5000 多名代表、委员，从生产生活一线带来一份份议案提案，也带来百姓的心声。每一次民意的汇聚，都是全过程人民民主的生动体现。深入学习习近平总书记全国两会重要讲话精神，把重要讲话精神转化为推动工作的强大动力，以饱满的精神状态投入社会主义现代化建设的实践中，为中华民族伟大复兴贡献力量。

---

① 《中国共产党第二十次全国代表大会文件汇编》，人民出版社 2022 年版，第 31 页。

一、学习贯彻习近平总书记全国两会重要讲话精神

2023年是全面贯彻党的二十大精神的开局之年，2023年全国两会任务重大，意义非凡。习近平总书记在全国两会上发表系列重要讲话，坚守人民立场、坚定历史自信、彰显使命担当，为做好当前和今后一个时期各方面工作指明了前进方向、提供了根本遵循。

（一）牢牢把握高质量发展这个首要任务 [①]

党的二十大科学谋划了未来一个时期党和国家事业发展的目标任务和大政方针，强调"高质量发展是全面建设社会主义现代化国家的首要任务"，围绕加快构建新发展格局、着力推动高质量发展作出重大部署，为推动我国经济不断迈上新台阶、开创事业发展新局面指明了前进方向。习近平总书记在参加十四届全国人大一次会议江苏代表团审议时再次强调，牢牢把握高质量发展这个首要任务，明确提出"四个必须"重要要求，即"必须完整、准确、全面贯彻新发展理念"，"必须更好统筹质的有效提升和量的合理增长"，"必须坚定不移深化改革开放、深入转变发展方式"，"必须以满足人民日益增长的美好生活需要为出发点和落脚点"。"四个必须"重要要求，是对新时代我国高质量发展实践经验的深刻总结，体现了我们党对经济社会发展规律认识的深化，为新时代新征程推动高质量发展指明了前进方向、提供了重要遵循。习近平总书记还明确提出推动高质量发展的必由之路、战略基点、必然要求、最终目的。

习近平指出，加快实现高水平科技自立自强，是推动高质量发展的必由之路。在激烈的国际竞争中，我们要开辟发展新领域新赛道、塑造发展新动能新优势，从根本上说，还是要依靠科技创新。我们能不能如期全面建成社会主义现代化强国，关键看科技自立自强。要坚持"四个面向" [②]，加快实施创新驱动发展战略，推动产学研深度合作，着力强化重大科技创新平台建设，支持顶尖科学家领

[①] 以下习近平总书记的讲话出自《习近平在参加江苏代表团审议时强调　牢牢把握高质量发展这个首要任务》，《人民日报》2023年3月6日。

[②] 四个面向：坚持面向世界科技前沿、面向经济主战场、面向国家重大需求、面向人民生命健康。

衔进行原创性、引领性科技攻关，努力突破关键核心技术难题，在重点领域、关键环节实现自主可控。要强化企业主体地位，推进创新链产业链资金链人才链深度融合，发挥科技型骨干企业引领支撑作用，促进科技型中小微企业健康成长，不断提高科技成果转化和产业化水平，着力打造具有全球影响力的产业科技创新中心。

习近平指出，加快构建新发展格局，是推动高质量发展的战略基点。要把实施扩大内需战略同深化供给侧结构性改革有机结合起来，加快建设现代化产业体系。要坚持把发展经济的着力点放在实体经济上，深入推进新型工业化，强化产业基础再造和重大技术装备攻关，推动制造业高端化、智能化、绿色化发展，加快建设制造强省，大力发展战略性新兴产业，加快发展数字经济。要按照构建高水平社会主义市场经济体制、推进高水平对外开放的要求，深入推进重点领域改革，统筹推进现代化基础设施体系和高标准市场体系建设，稳步扩大制度型开放。

习近平强调，农业强国是社会主义现代化强国的根基，推进农业现代化是实现高质量发展的必然要求。要严守耕地红线，稳定粮食播种面积，加强高标准农田建设，切实保障粮食和重要农产品稳定安全供给。2023年《政府工作报告》提出，"稳定粮食播种面积，抓好油料生产，实施新一轮千亿斤粮食产能提升行动，加强耕地保护，加强农田水利和高标准农田等基础设施建设"。习近平还强调，要把产业振兴作为乡村振兴的重中之重，积极延伸和拓展农业产业链，培育发展农村新产业新业态，不断拓宽农民增收致富渠道。要优化镇村布局规划，统筹乡村基础设施和公共服务体系建设，深入实施农村人居环境整治提升行动，加快建设宜居宜业和美乡村。要强化科技和改革双轮驱动，深化农村土地制度改革，巩固和完善农村基本经营制度，发展新型农村集体经济，发展新型农业经营主体和社会化服务，发展农村适度规模经营，为农业农村发展增动力、添活力。

新时代新征程，我们要把思想和行动统一到习近平总书记重要讲话精神和党中央决策部署上来，推动高质量发展取得新成效。

（二）始终坚持人民至上

党的二十大报告系统阐述了习近平新时代中国特色社会主义思想的世界观、

方法论和贯穿其中的立场观点方法，把"必须坚持人民至上"放在"六个必须坚持"的首位。习近平总书记在十四届全国人大一次会议上发表重要讲话，深刻指出"全面建成社会主义现代化强国，人民是决定性力量"，强调在强国建设、民族复兴的新征程上"我们要始终坚持人民至上"。① 为了人民而发展，发展才有意义；依靠人民而发展，发展才有动力。只有坚持以人民为中心的发展思想，坚持发展为了人民、发展依靠人民、发展成果由人民共享，才会有正确的发展观、现代化观。党的二十大明确提出，"中国式现代化是全体人民共同富裕的现代化"，将"坚持以人民为中心的发展思想"列为前进道路上必须牢牢把握的重大原则之一。中国共产党是为人民而生、因人民而兴的，始终同人民在一起。人民立场是中国共产党的根本政治立场。为人民利益而奋斗，是我们党立党兴党强党的根本出发点和落脚点。

中国共产党自成立以来，团结带领人民进行革命、建设、改革，根本目的就是为了让人民过上好日子，无论面临多大挑战和压力，无论付出多大牺牲和代价，这一点都始终不渝、毫不动摇。"凡治国之道，必先富民。"发展的最终目的是造福人民，必须让发展成果更多惠及全体人民。习近平总书记在参加十四届全国人大一次会议江苏代表团审议时对推动高质量发展作出重要部署。高质量发展是能够很好满足人民日益增长的美好生活需要的发展。党的十八大以来，以习近平同志为核心的党中央深入贯彻以人民为中心的发展思想，从打赢人类历史上规模最大的脱贫攻坚战，历史性地解决了绝对贫困问题，全面建成小康社会，到扎实推进全体人民共同富裕，在高质量发展中保障和改善民生，在幼有所育、学有所教、劳有所得、病有所医、老有所养、住有所居、弱有所扶上持续用力，不断满足人民对美好生活的新期待。

强国建设、民族复兴的决定性力量在人民。赢得人民信任，得到人民支持，党就能够克服任何困难，就能够一往无前、无往不胜。在强国建设、民族复兴的新征程上，要积极发展全过程人民民主，把人民当家作主具体地、现实地体现到党治国理政的政策措施上来，具体地、现实地体现到党和国家机关各个方面各个

---

① 《在第十四届全国人民代表大会第一次会议上的讲话》，人民出版社 2023 年版，第 3 页。

层级工作上来，具体地、现实地体现到实现人民对美好生活向往的工作上来，实现人民意志，保障人民权益，充分激发全体人民的积极性主动性创造性。要始终把人民放在心中最高位置，完善分配制度，健全社会保障体系，强化基本公共服务，兜牢民生底线，解决好人民群众急难愁盼问题，实现好、维护好、发展好最广大人民根本利益，让现代化建设成果更多更公平惠及全体人民，在推进全体人民共同富裕上不断取得更为明显的实质性进展，才能更充分发挥亿万群众的创造伟力。

二、全国人大总结国家发展取得新的重大成就 [①]

2023 年《政府工作报告》肯定了 2022 年国家发展取得的重大成就，回顾了过去五年我国在经济社会发展取得的举世瞩目成就，指出了今后工作重点。

（一）国家发展取得新的重大成就

2023 年《政府工作报告》通过一系列数据展现了 2022 年和过去五年的重大发展成果。

2022 年是党和国家历史上极为重要的一年。党的二十大胜利召开，描绘了全面建设社会主义现代化国家的宏伟蓝图。面对风高浪急的国际环境和艰巨繁重的国内改革发展稳定任务，以习近平同志为核心的党中央团结带领全国各族人民迎难而上，全面落实疫情要防住、经济要稳住、发展要安全的要求，加大宏观调控力度，实现了经济平稳运行、发展质量稳步提升、社会大局保持稳定，我国发展取得来之极为不易的新成就。

2022 年，我国经济发展遇到疫情等国内外多重超预期因素冲击。在党中央坚强领导下，全年国内生产总值增长 3%，城镇新增就业 1206 万人，年末城镇调查失业率降到 5.5%，居民消费价格上涨 2%。货物进出口总额增长 7.7%。财政赤字率控制在 2.8%，中央财政收支符合预算、支出略有结余。国际收支保持平衡，人

---

① 参见《政府工作报告——2023 年 3 月 5 日在第十四届全国人民代表大会第一次会议上》，《人民日报》2023 年 3 月 15 日。

民币汇率在全球主要货币中表现相对稳健。粮食产量 1.37 万亿斤，增产 74 亿斤。生态环境质量持续改善。在攻坚克难中稳住了经济大盘，在复杂多变的环境中基本完成全年发展主要目标任务，我国经济展现出坚强韧性。

2018—2022 年极不寻常、极不平凡。在以习近平同志为核心的党中央坚强领导下，我们经受了世界变局加快演变、新冠疫情冲击、国内经济下行等多重考验，如期打赢脱贫攻坚战，如期全面建成小康社会，实现第一个百年奋斗目标，开启向第二个百年奋斗目标进军新征程。各地区各部门坚持以习近平新时代中国特色社会主义思想为指导，深刻领悟"两个确立"的决定性意义，增强"四个意识"、坚定"四个自信"、做到"两个维护"，全面贯彻党的十九大和十九届历次全会精神，深入贯彻党的二十大精神，坚持稳中求进工作总基调，完整、准确、全面贯彻新发展理念，构建新发展格局，推动高质量发展，统筹发展和安全，我国经济社会发展取得举世瞩目的重大成就。

2018—2022 年，经济发展再上新台阶。国内生产总值增加到 121 万亿元，五年年均增长 5.2%，十年增加近 70 万亿元、年均增长 6.2%，在高基数基础上实现了中高速增长、迈向高质量发展。财政收入增加到 20.4 万亿元，粮食产量连年稳定在 1.3 万亿斤以上，工业增加值突破 40 万亿元，城镇新增就业年均 1270 多万人，外汇储备稳定在 3 万亿美元以上。经过八年持续努力，近 1 亿农村贫困人口实现脱贫，全国 832 个贫困县全部摘帽，960 多万贫困人口实现异地搬迁，历史性地解决了绝对贫困问题。全社会研发经费投入强度从 2.1% 提高到 2.5% 以上，科技进步贡献率提高到 60% 以上，创新支撑发展能力不断增强。高速铁路运营里程从 2.5 万公里增加到 4.2 万公里，高速公路里程从 13.6 万公里增加到 17.7 万公里，新建改建农村公路 125 万公里。新增机场容量 4 亿人次。发电装机容量增长 40% 以上。所有地级市实现千兆光网覆盖，所有行政村实现通宽带。高技术制造业、装备制造业增加值年均分别增长 10.6%、7.9%，数字经济不断壮大，新产业新业态新模式增加值占国内生产总值的比重达到 17% 以上。

（二）国家发展取得新的重大成就的经验

这些年我国发展取得的成就，是以习近平同志为核心的党中央坚强领导的结果，是习近平新时代中国特色社会主义思想科学指引的结果，是全党全军全国各族人民团结奋斗的结果。我们始终坚持以习近平新时代中国特色社会主义思想为指导，全面贯彻党的基本理论、基本路线、基本方略。

1. 坚持以经济建设为中心，着力推动高质量发展

深入实施创新驱动发展战略，推动产业结构优化升级。深化供给侧结构性改革，完善国家和地方创新体系，推进科技自立自强，紧紧依靠创新提升实体经济发展水平，不断培育壮大发展新动能，有效应对外部打压遏制。

扩大国内有效需求，推进区域协调发展和新型城镇化。围绕构建新发展格局，立足超大规模市场优势，坚持实施扩大内需战略，培育更多经济增长动力源。

坚定扩大对外开放，深化互利共赢的国际经贸合作。面对外部环境变化，实行更加积极主动的开放战略，以高水平开放更有力促改革促发展。

加强生态环境保护，促进绿色低碳发展。坚持绿水青山就是金山银山的理念，健全生态文明制度体系，处理好发展和保护的关系，不断提升可持续发展能力。

2. 坚持以人民为中心，着力解决人民群众急难愁盼问题

如期打赢脱贫攻坚战，推动巩固拓展脱贫攻坚成果同乡村振兴有效衔接。

强化就业优先政策导向，着力促进市场化社会化就业，加大对企业稳岗扩岗支持力度。做好高校毕业生、退役军人、农民工等群体就业工作。实施高职扩招和职业技能提升三年行动，到 2022 年年底，累计扩招 413 万人、培训 8300 多万人次。

切实保障和改善民生，加快社会事业发展。持续增加民生投入，着力保基本、兜底线、促公平，提升公共服务水平，推进基本公共服务均等化，在发展中不断增进民生福祉。

3. 坚持以改革的办法、锲而不舍的精神解难题、激活力

聚焦重点领域和关键环节深化改革，更大激发市场活力和社会创造力。坚持社会主义市场经济改革方向，处理好政府和市场的关系，使市场在资源配置中起决定性作用，更好发挥政府作用，推动有效市场和有为政府更好结合。持续推进政府职能转变。促进多种所有制经济共同发展。推进财税金融体制改革。

扎实推进农村改革发展。巩固和完善农村基本经营制度，完成承包地确权登记颁证和农村集体产权制度改革阶段性任务，稳步推进多种形式适度规模经营，抓好家庭农场和农民合作社发展，加快发展农业社会化服务。深化供销合作社、集体林权、农垦等改革。

三、全国人大对全过程人民民主的生动实践

全国人大是践行全过程人民民主的重要平台，人民代表大会制度是我国的根本政治制度，人大制度、人大工作是观察中国制度、中国民主，了解中国民主法治建设的重要窗口。近年来，全国人大及其常委会坚决贯彻党中央决策部署，认真履行宪法法律赋予的各项职责，把人民当家作主贯穿人大工作全过程。

（一）全国人大体现了"全"过程的人民民主

中国的人民民主是所有人民当家作主。中国的人民代表大会制度赋予全体人民当家作主的权力，全体人民通过民主方式选出最符合自身意志的人大代表参加会议，直接或间接行使当家作主的权力，具有最广泛的民主性和代表性。

近年来，全国人大常委会不断加强同人大代表的联系，全国人大代表也不断加强与全体人民群众的联系。人大代表从人民中来，到人民中去，由人民选举产生，广泛联系人民、听取人民呼声、反映人民意愿，通过人民代表大会将全体人民的意愿切实体现到政策、法律和工作之中，使人民民主表现为"全"过程的人民民主。[①]

全国人大常委会不断拓展代表参与常委会、专门委员会工作的广度和深度，例如，邀请全国人大代表列席常委会会议，创设列席代表座谈会制度，即委员长、副委员长参加座谈会，与代表面对面交流沟通，听取意见建议。全国人大常委会每年组织全国人大代表开展调研和视察，支持人大代表就近参加代表之家、代表联络站的活动，密切联系群众，推动解决群众关心的突出问题，努力做到"民有所呼、我有所应"。全国人大代表坚持问需于民、问计于民，走遍田间地头、村头巷尾、工厂车间、科研院所等地，通过入户走访、电话访谈、调查问卷

---

① 参见陈茜：《人民代表大会制度中的全过程人民民主》，中国网 2021 年 10 月 20 日。

等多种形式，收集群众的意见建议，将为人民排难解忧的议案带到会上。

（二）全国人大体现了全"过程"的人民民主

中国的人民民主在所有的过程中都有体现。全国人民代表大会在立法的全过程各环节广泛听取和吸纳各方面的意见，在立法提案上面向社会广泛征集、积极组织立法调研、听取民间立法建议、进行议题听证协商、设立基层立法联系点。通过开门立法、民主立法等积极有效的民主立法机制发展完善中国特色社会主义法律体系，坚持人民民主的原则，维护人民民主权利，从立法来源、形式到内容全过程彰显人民民主。①

全国人民代表大会不断拓宽公民有序参与立法的途径，立法生动体现了全过程人民民主的要求。目前，全国人大常委会法工委在全国 31 个省（区、市）设立了 31 个基层立法联系点和 1 个立法联系点，辐射带动全国各地设立了 5500 多个基层立法联系点，形成了国家级、省级、市级联系点三级联动的工作格局。这些联系点已经成为让基层声音原汁原味抵达国家立法机关的"直通车"。② 全国人大及其常委会坚决贯彻党中央决策部署，认真履行宪法法律赋予的各项职责，把人民当家作主贯穿人大工作全过程，贯穿立法全过程，深入推进科学立法、民主立法、依法立法，制定了一批能够满足人民群众对美好生活向往和国家治理需要的法，法律规范体系建设取得历史性成就。

全国人民代表大会在行使对"一府一委两院"及法律法规实施状况监督权的过程中也彰显民主。全国人大及其常委会聚焦人民群众所思所盼所愿，联系政协等多方民主代表对国家机关及法律法规实施情况进行民主监督，听取公众特别是有关部门和法律适用主体的意见，发展民主监督的新形式。例如，十三届全国人大常委会频频出手，精准发力，连续五年开展执法检查，先后检查了大气污染防治法、水污染防治法、土壤污染防治法、固体废物污染环境防治法、环境保护法等五部法律的实施情况。十三届全国人大常委会制定并实施了加强国有资产管理监督五年工作规划，已连续四年审议国有资产管理情况的综合报告和专题报告，摸清了全口径国有资产家底，实现了四大类国有资产监督管理全覆盖，守好国有

---

① 参见陈茜：《人民代表大会制度中的全过程人民民主》，中国网 2021 年 10 月 20 日。
② 参见《让全过程人民民主贯穿人大立法工作的全过程》，《人民政协报》2023 年 3 月 5 日。

资产的家底。十三届全国人大常委会审议重点领域财政资金分配和使用情况报告，每年听取审议审计查出问题整改情况报告，大力推进预算联网监督工作，盯紧百姓的钱袋子。

（三）全国人大体现了全过程的"人民"民主

习近平总书记强调："要积极发展全过程人民民主，坚持党的领导、人民当家作主、依法治国有机统一，健全人民当家作主制度体系，实现人民意志，保障人民权益，充分激发全体人民的积极性主动性创造性。"[①] 这深刻体现了全过程人民民主是社会主义民主政治的本质属性，深刻揭示了全过程人民民主的人民立场。我国宪法规定，我国是人民民主专政的社会主义国家，这从根本上明确了全过程人民民主的政治本质和发展方向。宪法还规定："中华人民共和国的一切权力属于人民。""人民依照法律规定，通过各种途径和形式，管理国家事务，管理经济和文化事业，管理社会事务。"这明确了全过程人民民主的主体是中国人民。人民代表大会制度从性质地位上即代表着人民，支持和保证人民通过人民代表大会行使国家权力，保证人民依法享有的知情权、参与权、表达权、监督权落实到人大工作各方面全过程，确保党和国家在决策、执行、监督落实各个环节都能听到来自人民的声音。

"人大代表由人民产生，肩负人民责任，代表人民行使权力，使人民的意志利益贯穿权力运行的全过程。人民代表大会制度还通过吸纳人民群众意见立法，积极实现立法过程全民参与，广泛接受人民群众监督，充分尊重人民群众对国家机关及各项法律的意见建议，最真实、最广泛、最管用地保障属于人民的民主，为进一步实现全过程'人民'民主提供保障。"[②]

2015 年 7 月，全国人大常委会法工委将上海市长宁区虹桥街道办事处设为首批全国基层立法联系点之一，自此，一种全新的、立足基层人民群众直接参与国家立法的民主立法形式应运而生。至 2023 年，立法点已累计征询了 84 部法律草案，归纳各类意见建议 2600 余条，被研究采纳 180 条。基层立法联系点是众

---

① 《在第十四届全国人民代表大会第一次会议上的讲话》，人民出版社 2023 年版，第 3—4 页。

② 陈茜：《人民代表大会制度中的全过程人民民主》，中国网 2021 年 10 月 20 日。

人事众人商量的实践平台，信息员聚焦居民所思所想所愿，收集信息并反馈给立法机关，来自联系点顾问单位、专家人才库的专家学者们解读立法背景、提出意见建议、参与普法宣传、总结实践经验。为了扩大立法意见征询"同心圆"，虹桥街道基层立法联系点通过进社区、进园区、进楼宇、进社会团体、进驻区单位、进部队、进学校的"七进"工作，吸引了越来越多的"伙伴"参与进来。比如，2023年开年的第一场立法意见征询会，虹桥街道基层立法联系点就走进了"虹桥"品牌发源地——虹桥经济技术开发区，携手园区民营企业、小微企业就《中华人民共和国增值税法（草案）》《中华人民共和国金融稳定法（草案）》展开讨论。[①]

十四届全国人大及其常委会继续完善以宪法为核心的中国特色社会主义法律体系，通过贯彻实施选举法、代表法、全国人大组织法、地方组织法、立法法、监督法等一系列法律制度，进一步健全完善保证人民依法实行民主选举、民主协商、民主决策、民主管理、民主监督的相关机制平台，为推进全过程的"人民"民主提供更加坚实的法治保障。

（四）全国人大体现了全过程的人民"民主"

评价一个国家民不民主，关键在于是否真正做到了人民当家作主。中国的人民民主是真正的民主。人民代表大会制度在性质地位、主体、职能等全方位，多角度彰显全过程人民民主，是实现好、维护好、发展好全过程人民民主的好制度。要充分发挥人民代表大会制度的制度载体作用，围绕党和国家大局做好人大建设工作，做好人大代表工作，实现过程民主和成果民主、程序民主和实质民主、直接民主和间接民主、人民民主和国家意志相统一。[②]

民主不是装饰品，而是要用来解决人民需要解决的问题的。全国人大开设"代表通道"，来自基层一线的代表和国务院部委主要负责人在通道上讲述民意诉求、回应社会关切。2023年全国人大代表议案聚焦于完善国家治理急需的和人民群众热切关心的法律法规建设问题。全国两会结束后，全国人大对代表的议案和

---

① 参见朱文轩：《上海虹桥街道基层立法联系点迎来8周年，未来将有这些大动作》，中青在线2023年9月9日。

② 参见陈茜：《人民代表大会制度中的全过程人民民主》，中国网2021年10月20日。

建议进行汇集归纳，交由职能部门进行综合研究形成落实方案和具体政策，并向代表反馈有关情况。全国人大代表把人民群众对美好生活的向往和急难愁盼问题带到会上进行热烈讨论，并形成国家意志，再在两会结束后向人民群众宣传阐释国家政策，让人民群众切实体会到全过程的人民"民主"的真谛。通过全国人民代表大会的实践平台，人民的呼声被倾听、人民的需要被满足、人民的诉求被回应，人民在日常政治生活中广泛持续深入参与的权利得到切实保证。通过全国人民代表大会的实践平台，人民依法管理国家事务和社会事务、管理经济和文化事业，实现良政善治，推动国家发展，保障人民当家作主的权利。

四、全面发展协商民主

民主是全人类的共同价值，实现民主的形式主要有选举民主和协商民主。党的二十大报告指出协商民主是实践全过程人民民主的重要形式，并对全面发展协商民主作出战略部署。

（一）民主的两种重要实现形式：选举民主和协商民主

民主是全人类的共同价值，实现民主的形式也是丰富多样的，至少包括但不限于选举民主、协商民主。选举民主、协商民主相互补充、相得益彰，构成了中国特色社会主义民主政治的实践图景。习近平总书记指出："人民通过选举、投票行使权利和人民内部各方面在重大决策之前进行充分协商，尽可能就共同性问题取得一致意见，是中国社会主义民主的两种重要形式。在中国，这两种民主形式不是相互替代、相互否定的，而是相互补充、相得益彰的，共同构成了中国社会主义民主政治的制度特点和优势。"[1] 新时代十年，选举民主与协商民主通过制度性安排实现有机结合、相互补充，真正保证人民在选举时有投票的权利，在日常政治生活中有持续参与的权利，实现了民主选举、民主协商、民主决策、民主管理、民主监督的有机统一，贯通完善了全过程人民民主的制度链条。协商民主

---

[1] 《在庆祝中国人民政治协商会议成立六十五周年大会上的讲话》，人民出版社2014年版，第15页。

是实践全过程人民民主的重要形式。

（二）协商民主是实践全过程人民民主的重要形式

习近平总书记强调："社会主义协商民主，是中国社会主义民主政治的特有形式和独特优势"[①]，"在中国社会主义制度下，有事好商量，众人的事情由众人商量，找到全社会意愿和要求的最大公约数，是人民民主的真谛"[②]。协商民主渗透到人民日常社会生活的方方面面，通过"众人"的"协商"和"参与"达成决策和工作的最大共识，通过"意见表达—意见综合—决策—施政—监督—反馈"的民主流程，广泛形成发现和改正失误和错误的机制，广泛形成人民群众参与各层次管理和治理的机制，广泛凝聚全社会推进改革发展的智慧和力量。全面发展协商民主，更好凝聚政治共识，对党中央关心什么、强调什么，对什么是党和国家最重要的利益、什么是最需要坚定维护的问题做到方向明确，心中有数，确保党的意志得到贯彻落实，人民正当利益和合理诉求得到尊重和维护。协商民主有诸多的独特优势，是实践全过程人民民主不可或缺的重要形式。

（三）全面发展协商民主的重点工作

党的十八大以来，我们党构建程序合理、环节完整的社会主义协商民主体系，协商民主的科学性和实效性不断提高，社会主义协商民主彰显蓬勃生命力。但是，各协商渠道发展不平衡的问题依然存在，统筹推进各类各级协商共同发展的任务依然繁重，特别是有的领域制度化协商平台建设问题依然突出，全面发展协商民主任重道远。党的二十大报告提出："完善协商民主体系，统筹推进政党协商、人大协商、政府协商、政协协商、人民团体协商、基层协商以及社会组织协商，健全各种制度化协商平台，推进协商民主广泛多层制度化发展。"这为新时代新征程全面发展协商民主指明了方向。协商民主广泛发展就是要形成多渠道共同推进的格局，多层发展就是要覆盖中央、地方和基层各个层级，制度化发展

---

① 《在庆祝中国人民政治协商会议成立六十五周年大会上的讲话》，人民出版社 2014 年版，第 12 页。

② 《在庆祝中国人民政治协商会议成立六十五周年大会上的讲话》，人民出版社 2014 年版，第 13 页。

就是要构建起四梁八柱的制度框架。

1. 完善协商民主体系

完善协商民主体系，是全面发展协商民主的必然要求和重要任务。推动政党协商深入开展，坚持和完善中国共产党领导的多党合作和政治协商制度，健全相互监督特别是中国共产党自觉接受监督、对重大决策部署贯彻落实情况实施专项监督等机制，完善民主党派中央直接向中共中央提出建议制度，加强政党协商保障机制建设。积极开展人大协商，深入开展立法工作中的协商和人大代表在履职过程中的协商，人大通过的法律、作出的决定决议，都要在广泛听取意见、充分凝聚共识的基础上依法进行表决。扎实推进政府协商，探索制定并公布协商事项目录，完善政府协商机制，提升政府与公民、社会组织共同解决社会公共利益方面问题的能力。进一步完善政协协商，把加强思想政治引领、广泛凝聚共识作为中心环节，针对相关重大问题进行前瞻研究，深度协商，在建言资政的同时，努力做好凝聚共识工作。认真做好人民团体协商，建立以直接联系群众为主要方式的常态化工作机制，更好组织和代表所联系群众参与公共事务。

深化开展基层协商，建立健全基层协商民主建设协调联动机制，搭建参与平台，拓宽民主表达渠道，解决人民群众急难愁盼的问题。2022 年 11 月，北京市东城区前门街道草厂四条胡同 44 号院里，10 多位居民代表齐聚"小院议事厅"，围绕社区停车棚建设问题，你一言我一语，气氛热烈。"电动车报警会不会影响我们休息""管理得跟上，不能让弃用的车子长时间占着空间""要配建充电桩，室外乱接电线充电有安全隐患"……综合居民提出的问题和建议，社区居委会决定进一步完善方案，先在两个成熟点位建设停车棚，之后再进一步推广。有了"小院议事厅"提供的平台，居民们从以往社区治理的观望者、等待者转变为如今的参与者、建设者。习近平总书记指出："设立'小院议事厅'，'居民的事居民议，居民的事居民定'，有利于增强社区居民的归属感和主人翁意识，提高社区治理和服务的精准化、精细化水平。"[①] 民事民提、民事民议、民事民决、民事民办、民事民评。"小院议事厅"正是全过程人民民主环节紧密、形式丰富、覆

---

① 《习近平春节前夕在北京看望慰问基层干部群众 向广大干部群众致以美好的新春祝福 祝各族人民幸福安康 祝伟大祖国繁荣吉祥》，《人民日报》2019 年 2 月 2 日。

盖广泛，保证和支持人民当家作主的生动写照。[①]

探索开展社会组织协商，坚持党的领导和政府依法管理，健全与相关社会组织联系的工作机制和沟通渠道，引导社会组织有序开展协商，更好为社会和群众服务。

2. 推进协商民主制度机制建设

近年来，协商民主制度建设取得重要进展，出台了一系列制度文件，如加强社会主义协商民主建设的意见、加强人民政协协商民主建设的实施意见、加强政党协商的实施意见、新时代加强和改进人民政协工作的意见、中国共产党政治协商工作条例等。

接下来，要完善协商民主工作制度机制，根据不同协商渠道优势特点，分类形成制度规范、实施步骤和工作规则，明确协商什么、与谁协商、怎样协商、协商成果如何运用等。按照科学合理、规范有序、简便易行、民主集中要求，规范制定协商计划、明确协商议题和内容、确定协商人员、开展协商活动、协商成果运用和反馈等机制。健全协商规则，设置互动环节，让不同观点充分表达和交流。[②]

3. 健全各种协商平台

要结合实际搭建对话交流、恳谈沟通的平台，进一步建立健全并统筹运用提案、会议、座谈、论证、听证、公示、评估、咨询、网络等多种协商方式。建立健全决策咨询制度，完善重大决策前的民主听证会、民主恳谈会、民主评议等，拓宽社情民意反映渠道，完善基于互联网平台构建公众参与政策评估的方式，吸纳社会公众特别是利益相关方参与决策，吸收专家学者、智库机构进行决策咨询。完善基层组织联系群众制度，加强议事协商，做好上情下达、下情上传工作，保证人民依法管理自己的事务。[③]

4. 发挥人民政协专门协商机构作用

人民政协作为社会主义协商民主的重要渠道和专门协商机构，是全面发展

---

① 参见《最广泛、最真实、最管用的民主——习近平总书记引领发展全过程人民民主》，《人民日报》2023年3月3日。

② 参见张庆黎：《全面发展协商民主》，《人民日报》2022年11月18日。

③ 参见张庆黎：《全面发展协商民主》，《人民日报》2022年11月18日。

协商民主的重要渠道。党的二十大报告强调，"坚持和完善中国共产党领导的多党合作和政治协商制度，坚持党的领导、统一战线、协商民主有机结合，坚持发扬民主和增进团结相互贯通、建言资政和凝聚共识双向发力，发挥人民政协作为专门协商机构作用，加强制度化、规范化、程序化等功能建设，提高深度协商互动、意见充分表达、广泛凝聚共识水平，完善人民政协民主监督和委员联系界别群众制度机制。"加强专门协商机构制度化、规范化、程序化等功能建设，健全发挥民主党派和无党派人士在政协有效履职的机制，把协商民主贯穿履行职能全过程，提高政治协商、民主监督、参政议政水平，更好凝聚共识。各党派中央、各人民团体、无党派民主人士、各个界别等协商产生的全国政协委员，通过提案、建议等形式有效参与国家治理，并通过列席全国人大会议参与对有关法律修改、"一府一委两院"工作报告等的讨论，最大限度地集思广益、凝聚共识并进行民主监督，充分保障和支持人民当家作主。

完善人民政协民主监督机制，发挥协商式监督作用，推动党中央决策部署落地见效。建立委员联系界别群众的制度机制，及时反映群众意见和建议，深入宣传党和国家方针政策，协助党和政府协调关系、理顺情绪、化解矛盾。①

5．加强党对协商民主的领导

协商民主是党领导人民有效治理国家、保证人民当家作主的重要制度设计。只有充分发挥党总揽全局、协调各方的领导核心作用，才能确保协商民主建设的正确方向。

推动协商民主广泛多层制度化发展，要加强党对协商民主的领导，切实落实党中央对发展协商民主的各项要求，不断提高协商民主的质量和水平。按照民主集中制原则，建立健全党委统一领导、各方分工负责、公众积极参与的协商民主工作格局，把协商民主建设纳入党委总体工作部署和重要议事日程。进一步落实协商于决策之前和决策实施之中的原则，制定年度协商计划，统筹安排协商活动，对明确规定需要协商的事项必须经协商后提交决策实施，把协商作为科学决策、民主决策的必经程序。聚焦党和国家中心任务，聚焦人民群众急难愁盼问题，在党的领导下广泛开展协商，根据各方面的意见和建议进行调整完善，使决

---

① 参见张庆黎：《全面发展协商民主》，《人民日报》2022 年 11 月 18 日。

策和工作更好顺乎民意、合乎实际。[①]

　　全过程人民民主是全链条、全方位、全覆盖的，最广泛、最真实、最管用的。全国两会有完整的制度程序、参与实践和民主故事，全过程人民民主已成为扎根中国大地、切合中国实际的制度形态、治理机制和生活方式。十四届全国人大一次会议通过关于修改立法法的决定，为新时代坚持和发展全过程人民民主，通过法治保障人民当家作主提供了根本保证。

案例

全国两会"三大通道"聚焦经济社会发展重点

　　【引　言】全国两会"三大通道"聚焦经济社会发展重点和民生关切，唱响奋力前行的好声音，传递亿万人民的共同信念，为继续书写新的精彩华章汇聚磅礴力量。

　　【摘　要】"三大通道"（即"代表通道""委员通道""部长通道"）作为直通民心、开放透明的窗口，讲述着代表委员履职尽责、催人奋进的故事，传递出直击热点、回应关切的声音，向世界展现出民主透明、开放自信的中国。

　　【关键词】全过程人民民主　三大通道　经济社会发展

　　2023年3月4日下午，全国政协十四届一次会议首场"委员通道"采访活动在北京人民大会堂新闻发布厅举行。8位全国政协委员走进"委员通道"现场接受记者采访。从青少年党史学习教育、新能源汽车、国产大飞机、推动全民阅读，到旅游业发展、基层卫生体系建设、共建"一带一路"、融合教育成效，"委

---

　　①　参见陈煦、周清：《不断加强协商民主制度建设》，《人民日报》2023年5月5日。

员通道"回应社会关切，传递发展信心，干货满满。①

3月5日上午，北京人民大会堂新闻发布厅，十四届全国人大一次会议首场"部长通道"采访活动在这里如期举行。3位国务院有关部委负责人走上"部长通道"，面对面回答记者提问。"如何推动工业经济稳增长？""如何推动加强基础研究工作？""守好生态环境底线将有哪些作为？"部长们聚焦经济社会发展重点，回应社会各界关切，展现了推动经济社会高质量发展的强大信心与底气。②

3月5日上午，十四届全国人大一次会议首场"代表通道"采访活动在北京人民大会堂举行。6位来自基层一线的全国人大代表走上"代表通道"，接受记者采访。女足精神、中国制造、中国航母事业发展、乡村振兴、大熊猫保护、生物防治线虫……代表们发言干货满满，讲述拼搏故事、传递基层心声、展现履职风采。③

3月7日下午，北京人民大会堂新闻发布厅，十四届全国人大一次会议第二场"部长通道"采访活动举行。住房保障、老旧城区改造、食品安全、安全生产……围绕各界广泛关注的一系列热点话题，住房和城乡建设部部长倪虹、应急管理部部长王祥喜、国家市场监督管理总局局长罗文走上"部长通道"，回答记者提问。④

3月7日下午，十四届全国人大一次会议第二场"代表通道"采访活动在北京人民大会堂新闻发布厅举行。6位全国人大代表走上"代表通道"，接受记者采访。逐梦航天、矢志创新、建功深蓝，解决群众急难愁盼、致力原材料基础研究、用"中国天眼"探测宇宙信号……代表们饱含激情，讲述奋斗故事，尽显履职风采，折射出奋进中国的蓬勃朝气。⑤

3月7日，全国政协十四届一次会议第二场"委员通道"开启，8位委员接受采访。8位全国政协委员与现场记者面对面互动交流，就职业教育、民营企业

---

① 参见杨昊、赵晓曦、李林蔚：《回应社会关切　传递发展信心》，《人民日报》2023年3月5日。

② 参见韩鑫、刘涓溪：《形成共促高质量发展合力》，《人民日报》2023年3月6日。

③ 参见王浩、张璁：《完成党和人民赋予的使命任务》，《人民日报》2023年3月6日。

④ 参见赵成、吴丹：《实干为要，做好经济社会发展工作》，《人民日报》2023年3月8日。

⑤ 参见殷烁、刘涓溪：《共话履职，展现奋斗中国蓬勃朝气》，《人民日报》2023年3月8日。

发展、促进大学生就业、粤港澳大湾区建设等社会热点话题作出了回应。①

　　3月11日下午，全国政协十四届一次会议第三场"委员通道"集体采访在北京人民大会堂新闻发布厅举行。8位全国政协委员接受现场采访，就能源融合发展、促进消费、灵活就业等热点话题回答记者提问。②

　　3月12日上午，十四届全国人大一次会议第三场"部长通道"采访活动在北京人民大会堂新闻发布厅举行。北京冬奥红利、"三大球"振兴，宏观经济运行情况、统计数据质量，耕地保护、生态文明建设……聚焦社会各界关注的热点问题，国家体育总局局长高志丹、国家统计局局长康义、自然资源部部长王广华走上"部长通道"，面对面回答记者提问。③

　　3月12日上午，十四届全国人大一次会议第三场"代表通道"采访活动在北京人民大会堂新闻发布厅举行。6位全国人大代表从冰雪运动到传统文化，从科研工作到产业发展，讲述各自领域的奋进故事，谈使命、话担当。④

◆ 案例分析 ◆

　　2023年全国两会期间组织了"部长通道""代表通道""委员通道"。9位部门负责人在全国两会"部长通道"回答记者提问，直面民生关切，触摸时代脉搏，传递出阔步新征程的信心和力量。18位代表和24位委员面对媒体，讲述履职故事，讲述意愿心声，展现履职风采，直击热点话题，共话追梦理想，凝聚起团结奋进的力量。"三大通道"聚焦经济社会发展重点主题，传递民生温度，彰显中国开放自信的形象，体现清新有序的会风，成为全国两会备受瞩目的活动，也是世界了解中国的重要窗口。

---

　　① 参见杨昊、孙龙飞、张博岚：《回应关切，凝聚增进民生福祉共识》，《人民日报》2023年3月8日。
　　② 参见杨昊、孙龙飞：《共话未来发展　汇聚奋进力量》，《人民日报》2023年3月12日。
　　③ 参见张璁、申孟哲、王浩：《锚定方向，推动高质量发展不松劲》，《人民日报》2023年3月13日。
　　④ 参见吴丹、韩鑫：《牢记职责使命，传递基层声音》，《人民日报》2023年3月13日。

全国两会是中国式民主的具体体现，是全过程人民民主的生动实践，也是读懂全过程人民民主的重要窗口。全国两会是民主、团结、求实、奋进的大会，广聚共识，意义重大。全国两会的成功实践充分证明，全过程人民民主是社会主义民主政治的本质属性，是最广泛、最真实、最管用的民主，是全链条、全方位、全覆盖的民主。

 实验实践思考题

1. 全国两会是怎样实践全过程人民民主的？

2. 全面发展协商民主的重点是什么？

专题四 以习近平经济思想为引领
推动中国经济高质量发展

· · ·

加快构建新发展格局，着力推动高质量发展。高质量发展是全面建设社会主义现代化国家的首要任务。发展是党执政兴国的第一要务。没有坚实的物质技术基础，就不可能全面建成社会主义现代化强国。必须完整、准确、全面贯彻新发展理念，坚持社会主义市场经济改革方向，坚持高水平对外开放，加快构建以国内大循环为主体、国内国际双循环相互促进的新发展格局。[①]

【引文】党的十八大以来我国经济建设取得重大成就，坚定不移贯彻新发展理念，坚决端正发展观念、转变发展方式，发展质量和效益不断提升。经济保持中高速增长，在世界主要国家中名列前茅，创新驱动发展战略大力实施，创新型国家建设成果丰硕，天宫、蛟龙、天眼、悟空、墨子、大飞机等重大科技成果相继问世。开放型经济新体制逐步健全，对外贸易、对外投资、外汇储备稳居世界前列。新时代的青年大学生要以新征途奋斗精神，投入经济建设中，为经济社会的高质量发展建功立业。

---

① 《中国共产党第二十次全国代表大会文件汇编》，人民出版社2022年版，第23—24页。

一、习近平经济思想的内涵及理论贡献

党的十八大以来，以习近平同志为核心的党中央深刻总结国内外发展的经验教训，分析国内外发展大势，着眼新的发展实践，深入推进发展的理论创新，在发展目标、发展动力、发展布局、发展保障等方面形成的经济思想，是习近平新时代中国特色社会主义思想的重要组成部分。它在发展理论和实践上实现新的重大突破，对破解当今中国经济社会发展难题、增强发展动力、厚植发展优势具有重大指导意义。

（一）习近平经济思想的内涵

新时代我们党主动适应把握引领经济发展新常态，坚持适应我国经济发展主要矛盾变化，在实践中形成了习近平经济思想。习近平经济思想内涵丰富，蕴含着一系列创新性的理论观点，是一个科学严谨的经济思想理论体系。

第一，关于经济发展的政治保证，强调加强党对经济工作的集中统一领导。经济发展既是经济问题也是政治问题，离不开政治保证。中国特色社会主义最本质的特征是中国共产党的领导，中国特色社会主义制度的最大优势是中国共产党的领导。加强党对经济工作的集中统一领导，是中国特色社会主义经济发展的政治保证。

第二，关于经济发展的根本立场，强调坚持以人民为中心的发展思想。明确经济发展以什么为中心，是一种经济思想的逻辑起点。习近平经济思想明确提出以人民为中心的发展思想。坚持把增进人民福祉、促进人的全面发展、朝着共同富裕方向稳步前进作为经济发展的出发点和落脚点，要求把以人民为中心的发展思想贯穿到统筹推进"五位一体"总体布局和协调推进"四个全面"战略布局之中，部署经济工作、制定经济政策、推动经济发展都要牢牢坚持这个根本立场。

第三，关于经济发展理念，强调新时代经济发展必须适应把握引领经济发展新常态，坚持"创新、协调、绿色、开放、共享"新发展理念。理念是行动的先导，发展理念是经济思想的基本内容。

第四，关于经济体制，强调坚持和完善社会主义基本经济制度，使市场在

资源配置中起决定性作用，更好发挥政府作用。习近平经济思想明确提出经济体制改革的核心问题是处理好政府和市场的关系，使市场在资源配置中起决定性作用，更好发挥政府作用，努力形成市场作用和政府作用有机统一、相互补充、相互协调、相互促进的格局，着力构建市场机制有效、微观主体有活力、宏观调控有度的经济体制。

第五，把推进供给侧结构性改革作为经济工作的主线。伴随经济社会发展，社会主要矛盾已经转化为人民日益增长的美好生活需要和不平衡不充分的发展之间的矛盾。习近平经济思想强调当前我国经济发展矛盾的主要方面在供给侧，要把推进供给侧结构性改革作为经济工作和宏观调控的主线，推进供给侧结构性改革要从生产端入手，重点是"三去一降一补"和"破、立、降"等。

第六，关于经济发展战略，强调坚持问题导向部署经济发展战略。习近平经济思想针对这些问题，提出京津冀协同发展、长江经济带绿色发展等新的区域战略，丰富和发展区域协调发展战略；整合现有"三农"发展政策，提出乡村振兴战略。

第七，关于经济工作方法，强调坚持正确工作策略和方法，稳中求进，保持战略定力、坚持底线思维，一步一个脚印向前迈进。习近平经济思想提出坚持稳中求进工作总基调，强调坚持战略思维、创新思维、辩证思维、历史思维、底线思维等科学思维方法，强调增强学习本领、改革创新本领、科学发展本领、狠抓落实本领、驾驭风险本领，全面提高党领导经济工作的水平，牢牢把握经济工作主动权。

（二）习近平经济思想的理论贡献

习近平经济思想开拓了当代中国马克思主义政治经济学的新境界，回答了中国进入新时代后的一系列重大理论和实践问题，成为新时代中国特色社会主义经济建设的基本遵循，对马克思主义政治经济学作出了里程碑式的理论贡献。

第一，围绕社会主义经济建设这个总任务，创造性地回答了"在新时代坚持什么样的基本经济制度，如何完善发展中国特色社会主义市场经济制度"的问题，进一步深化了对中国特色社会主义经济建设规律的认识。

第二，围绕经济发展方式转变这个主题，创造性地回答了"在新时代坚持什么样的发展理念，如何坚持这些发展理念"的问题，进一步深化了对经济发展指导思想的认识。我们党提出创新、协调、绿色、开放、共享的新发展理念，是在深刻总结国内外发展经验教训、深入分析国内外发展大势的基础上提出来的，集中反映了我们党对我国经济发展规律的新认识。

第三，围绕供给侧结构性改革这个主线，创造性地回答了"在新时代经济发展怎么看，怎么办"的问题，进一步深化了对全面深化改革的认识。我们的供给侧结构性改革，既强调供给又关注需求，既重视市场作用又重视政府作用，既突出发展生产力又重视完善生产关系，这在世界经济史上也是一个重大的理论和实践突破。

第四，围绕一切为了人民这个出发点，创造性地回答了"在新时代经济改革为什么人，如何让人民群众共享改革成果"的问题，进一步深化了对社会主义本质的认识。习近平的以人民为中心的发展思想回答了"在新时代经济改革为什么人"的问题，习近平的精准扶贫思想、共同富裕思想回答了"如何让人民群众共享改革成果"的问题。

第五，围绕提高对外开放水平这个新要求，创造性地回答了"在新时代坚持什么样的开放战略，坚持什么样的开放原则"的问题，进一步深化了对坚持对外开放这个基本国策的认识。

（三）新时代中国经济学理论创新

从历史上看，我国计划经济时期的经济学理论是参考苏联政治经济学教科书而形成的。尽管老一辈经济学家为这种理论的改变做出过各式各样的努力，但受主客观条件的限制，收效不大。历史与实践都昭示人们，构建新时代中国经济学理论体系，只能依据我国社会主义市场经济的伟大实践，反映我国经济由高速增长阶段转向高质量发展阶段的客观要求。

我国经济发展进入新时代，推动经济高质量发展成为适应经济发展新常态的主动选择，是适应我国社会主要矛盾变化，保持经济持续健康发展，建设现代化经济体系的必然要求。从本质上说，新时代中国经济学理论体系的研究对象是当今中国的经济关系，包括当今中国的生产关系与生产力的关系；我国的所有制关系和分配关系；我国的生产方式、交换方式及其与政治制度、意识形态等上层建筑的关系；等等。在具体内容上，应沿着人民日益增长的美好生活需要和不平衡不充分的发展之间的矛盾这一问题导向，深入研究主要矛盾的具体形式、本质内涵、形成原因和发展趋势。而要解决这个主要矛盾，就应研究新时代经济改革和发展的主要任务、方针政策、体制机制和战略步骤。这些都需要经济学界与实践工作者来共同探索。

新时代中国经济学的理论创新还涉及方法问题。方法正确，创新就事半功倍。做好经济工作，必须坚持稳中求进工作总基调，坚持新发展理念，紧扣我国社会主要矛盾变化，推动质量变革、效率变革、动力变革，不断增强我国经济创新力和竞争力。从根本上讲，新时代中国经济学的理论创新，一定要坚持从实际出发、实事求是等唯物辩证的科学方法，提炼和总结我国经济发展的规律性成果，不断开拓当代中国马克思主义经济学新境界。

二、加快建设现代化经济体系

习近平经济思想是指引我国经济高质量发展、建设社会主义现代化强国的科学行动指南，是对我国经济发展实践的深刻理论总结，为全党全国上下做好经济工作指明了正确的奋斗方向。

党的二十大报告指出，必须完整、准确、全面贯彻新发展理念，坚持以推动高质量发展为主题，把实施扩大内需战略同深化供给侧结构性改革有机结合起来，增强国内大循环内生动力和可靠性，提升国际大循环质量和水平，加快建设现代化经济体系，着力提高全要素生产率，着力提升产业链供应链韧性和安全水平，着力推进城乡融合和区域协调发展，推动经济实现质的有效提升和量的合理增长。党的二十大报告提出我国发展的总体目标之一：到 2035 年，我国"建成现代化经济体系，形成新发展格局，基本实现新型工业化、信息化、城镇化、农业现代化"。

现代化经济体系应具有以下九个方面的特征。

第一，是"创新驱动发展"的经济体系。现代化经济体系和传统的经济体系相比，驱动发展的动力来源应该体现为通过创新，通过提高技术进步对经济增长的贡献率，通过提高要素的使用和配置效率，来提升经济增长的质量和数量。党的十九大报告明确指出，"创新是引领发展的第一动力，是建设现代化经济体系的战略支撑"。全党抓创新就是建构经济体系的根本要求，现代化经济体系一定是创新驱动，不再是过去单纯地靠摸得着、看得见的要素驱动。这样的经济体系才是可持续的，才能够支撑中华民族伟大复兴。

第二，是"协调平衡发展"的经济体系。协调本身是一个目标，经济建设各个方面都要协调，这是我国能够实现几十年经济持续增长，增长动力不衰竭的一个奥秘所在。平衡了、协调了，短板的束缚才能突破，经济的整体效能才能不断发挥。同时它又是评价发展的尺度，讲协调要坚持两点论和重点论的统一，要把发展平衡和不平衡，把短板和发展的潜力统一起来。中国当下的不平衡，中国当下的一些短板，一些欠发达的地区和领域，恰恰是下一轮发展的潜力所在和新动能所在。因此，新的现代化经济体系如何在协调平衡上下功夫，把短板补齐，把弱项做强，这仍然是我们建设现代化经济体系的重要任务，同时也是现代化经济体系建成的根本要求。

第三，是"绿色低碳发展"的经济体系。不仅把绿色低碳作为一个发展目标，而且作为一个发展产业和发展动力培育起来，这是建设现代化经济体系要做的一个硬功课。这不仅需要我们思想观念的转变，更需要我们通过绿色低碳去改造我们的传统工业体系和制造业体系，通过绿色低碳去培植新兴产业，为中国经济发展在绿色低碳上寻找发展空间。传统的经济体系解决不了绿水青山变成金山银山的问题，要想解决绿水青山变成金山银山的问题，需要有一个绿色低碳的经济体系，才能完成这样一个转换，中国经济才能真正走向可持续发展的道路。

第四，是"开放共赢发展"的经济体系。中国作为一个这么大的经济体，现代化建设或者实现中华民族伟大复兴，不可能在关门的状态下实现，我们要融入世界，要利用国际、国内两个资源、两个市场。

第五，是"共享共富发展"的经济体系。这个经济体系一定要让人人参与、人人尽力、人人都有成就感。从人的角度，这是对现代化经济体系的一个基本要求。在智能化的大趋势越来越鲜明的情况下，如何把人和机器搭配好，这实际上是我们现代化经济体系里面需要破解，也是最难的一个问题。中国是一个人口大国、劳动力大国、就业大国的国情没有变，怎么把就业安排好，这是我们的经济体系构建不可忽略的一个前提。随着机械化程度的提高，人机矛盾很有可能成为我们下一步发展的社会主要矛盾之一。我们一定要把人机矛盾、人与现代化的关系处理好。

第六，是"虚实共生发展"的经济体系。党的十九大报告指出，"建设现代化经济体系，必须把发展经济的着力点放在实体经济上"，要"加快建设制造强国，加快发展先进制造业，推动互联网、大数据、人工智能和实体经济深度融合"。

第七，是"公私混合发展"的经济体系。这里所说的公私混合是梯形混合。首先从横向来看，我国以公有制为主体，多种所有制经济共同发展，这本身就是一种所有制层面、基本经济层面的混合经济。纵向，就是在企业内部的产权重构形成国有资本、集体资本、非公有资本等交叉持股相互结合的混合所有制经济。横向是讲市场层面的平等竞争，纵向就是讲在一个企业内部的产权混合，打造公司资本命运共同体。劳资之间怎么去协调，主要靠混合所有制，不同所有制之间的资本怎么完成，主要靠混合所有制，这是一个梯形混合，横向是混合所有制经济共同发展，纵向就是在一个企业内部通过混合所有制重构企业内部的组织结构。

第八，是"劳资包容发展"的经济体系。中国特色社会主义的经济体系，必须关注劳资合作、劳资调和的问题。劳资合作、劳资调和是社会主义劳动关系的客观要求，在中国特色社会主义现代化经济体系中，除了要有各种各样的保护劳动者的权益保障之外，在劳资集体谈判、劳资利润分享、劳资分工合作等方面，真正找到他们各自共同的利益，通过共同利益的塑造，使现代企业成为一个劳资包容、劳资和谐的企业，进而为社会和谐、为更好地调动方方面面的积极性创造条件。一方面要解决企业家的问题，解决资本所有者的问题，保护他们的创业激情、发展激情，通过清晰的政商关系，维护他们的产权安全。另外一方面，保护劳动者，真正让劳动者感到劳动光荣，让劳动者在整个社会有地位有尊严。

第九，是"两手互济发展"的经济体系。一只是看得见的手，一只是看不见的手，它们在新的经济体系里面如何去搭配、分工，如何真正做到市场机制真正有效，宏观调控有度？"度"和"效"的标准是企业有活力，经济主体有活力。活力问题一定要充分相信市场在资源配置当中可以激发效率，但是，市场肯定不是万能的，市场有时是失灵的，市场对噪声污染这些外部问题、公平分配问题、市场波动问题无能为力。解决这些问题，必须更好地发挥政府作用。政府和市场要划清边界，该政府出手的，政府当仁不让，不该政府出手的，政府绝不能取代市场。把这个关系处理好，我们的经济体系才是现代化的，才能更好地服务于解放生产力、发展生产力、保护生产力的根本目标。

三、中国经济中长期发展主要任务

党的二十大提出："从现在起，中国共产党的中心任务就是团结带领全国各族人民全面建成社会主义现代化强国、实现第二个百年奋斗目标，以中国式现代化全面推进中华民族伟大复兴。"全面建成社会主义现代化强国，总的战略安排是分两步走："从二〇二〇年到二〇三五年基本实现社会主义现代化；从二〇三五年到本世纪中叶把我国建成富强民主文明和谐美丽的社会主义现代化强国。"

（一）高质量发展是全面建设社会主义现代化国家的首要任务

高质量发展是遵循经济规律发展的必然要求，是全面建设社会主义现代化国家的首要任务。发展是党执政兴国的第一要务，是解决我国一切问题的基础和关键。新时代的发展必须是高质量发展，必须把发展质量问题摆在更为突出的位置，着力提升发展质量和效益。

党的二十大报告指出，党的十八大以来"我们提出并贯彻新发展理念，着力推进高质量发展，推动构建新发展格局，实施供给侧结构性改革，制定一系列具有全局性意义的区域重大战略，我国经济实力实现历史性跃升。国内生产总值从五十四万亿元增长到一百一十四万亿元，我国经济总量占世界经济的比重达百分之十八点五，提高七点二个百分点，稳居世界第二位；人均国内生产总值从三万九千八百元增加到八万一千元。谷物总产量稳居世界首位，十四亿多人的粮食安全、能源安全得到有效保障。城镇化率提高十一点六个百分点，达到百分之六十四点七。制造业规模、外汇储备稳居世界第一。建成世界最大的高速铁路网、高速公路网，机场港口、水利、能源、信息等基础设施建设取得重大成就"。

党的二十大报告强调：高质量发展是全面建设社会主义现代化国家的首要任务。发展是党执政兴国的第一要务。没有坚实的物质技术基础，就不可能全面建成社会主义现代化强国。必须完整、准确、全面贯彻新发展理念，坚持社会主义市场经济改革方向，坚持高水平对外开放，加快构建以国内大循环为主体、国内国际双循环相互促进的新发展格局。我们要坚持以推动高质量发展为主题，把实施扩大内需战略同深化供给侧结构性改革有机结合起来，增强国内大循环内生动力和可靠性，提升国际循环质量和水平，加快建设现代化经济体系，着力提高全要素生产率，着力提升产业链供应链韧性和安全水平，着力推进城乡融合和区域协调发展，推动经济实现质的有效提升和量的合理增长。

（二）中长期经济社会发展的主要目标任务

构建以国内大循环为主体、国内国际双循环相互促进的新发展格局，是与时俱进提升我国经济发展水平的战略抉择，也是塑造我国国际经济合作和竞争新优势的战略抉择。我国有 14 亿人口，人均国内生产总值已经突破 1 万美元，是全球最大和最有潜力的消费市场，具有巨大增长空间。改革开放以来，我们遭遇过很多外部风险冲击，最终都能化险为夷，靠的就是办好自己的事，把发展立足点放在国内。[①]

构建新发展格局，要坚持把扩大内需作为战略基点，畅通国民经济循环，打通从生产、分配到流通、消费等诸多环节的堵点。打通堵点要靠深化供给侧结构性改革，在重点领域和关键环节改革上实现重大突破。要加强关键核心技术攻关，维护产业链供应链的安全稳定，优化收入分配结构，扩大中等收入群体，促进消费升级；构建新发展格局，还要深入参与国际循环，要在更高水平上扩大对外开放，这些内容都涵盖在"十四五"时期经济社会发展和改革开放的 12 项重点任务中。

党的二十大报告提出以下目标：

到 2035 年，我国发展的总体目标是：经济实力、科技实力、综合国力大幅

---

① 参见《关于〈中共中央关于制定国民经济和社会发展第十四个五年规划和二〇三五年远景目标的建议〉的说明》，《人民日报》2020 年 11 月 4 日。

跃升，人均国内生产总值迈上新的大台阶，达到中等发达国家水平；实现高水平科技自立自强，进入创新型国家前列；建成现代化经济体系，形成新发展格局，基本实现新型工业化、信息化、城镇化、农业现代化；基本实现国家治理体系和治理能力现代化，全过程人民民主制度更加健全，基本建成法治国家、法治政府、法治社会；建成教育强国、科技强国、人才强国、文化强国、体育强国、健康中国，国家文化软实力显著增强；人民生活更加幸福美好，居民人均可支配收入再上新台阶，中等收入群体比重明显提高，基本公共服务实现均等化，农村基本具备现代生活条件，社会保持长期稳定，人的全面发展、全体人民共同富裕取得更为明显的实质性进展；广泛形成绿色生产生活方式，碳排放达峰后稳中有降，生态环境根本好转，美丽中国目标基本实现；国家安全体系和能力全面加强，基本实现国防和军队现代化。

在基本实现现代化的基础上，我们要继续奋斗，到本世纪中叶，把我国建设成为综合国力和国际影响力领先的社会主义现代化强国。

未来五年是全面建设社会主义现代化国家开局起步的关键时期，主要目标任务是：经济高质量发展取得新突破，科技自立自强能力显著提升，构建新发展格局和建设现代化经济体系取得重大进展；改革开放迈出新步伐，国家治理体系和治理能力现代化深入推进，社会主义市场经济体制更加完善，更高水平开放型经济新体制基本形成；全过程人民民主制度化、规范化、程序化水平进一步提高，中国特色社会主义法治体系更加完善；人民精神文化生活更加丰富，中华民族凝聚力和中华文化影响力不断增强；居民收入增长和经济增长基本同步，劳动报酬提高与劳动生产率提高基本同步，基本公共服务均等化水平明显提升，多层次社会保障体系更加健全；城乡人居环境明显改善，美丽中国建设成效显著；国家安全更为巩固，建军一百年奋斗目标如期实现，平安中国建设扎实推进；中国国际地位和影响进一步提高，在全球治理中发挥更大作用。

（三）加快构建新发展格局，着力推动高质量发展

党的二十大报告指出，构建高水平社会主义市场经济体制，坚持和完善社会主义基本经济制度，毫不动摇巩固和发展公有制经济，毫不动摇鼓励、支持、引导非公有制经济发展，充分发挥市场在资源配置中的决定性作用，更好发挥政府

作用；建设现代化产业体系，坚持把发展经济的着力点放在实体经济上，推进新型工业化，加快建设制造强国、质量强国、航天强国、交通强国、网络强国、数字中国；全面推进乡村振兴，坚持农业农村优先发展，加快建设农业强国，扎实推动乡村产业、人才、文化、生态、组织振兴，全方位夯实粮食安全根基，巩固拓展脱贫攻坚成果；促进区域协调发展，深入实施区域协调发展战略、区域重大战略、主体功能区战略、新型城镇化战略，优化重大生产力布局，构建优势互补、高质量发展的区域经济布局和国土空间体系；推进高水平对外开放，稳步扩大规则、规制、管理、标准等制度型开放，加快建设贸易强国，推动共建"一带一路"高质量发展，维护多元稳定的国际经济格局和经贸关系。

实现高质量发展，是中国式现代化的本质要求之一。"从供给看，高质量发展应该实现产业体系比较完整，生产组织方式网络化智能化，创新力、需求捕捉力、品牌影响力、核心竞争力强，产品和服务质量高。从需求看，高质量发展应该不断满足人民群众个性化、多样化、不断升级的需求，这种需求又引领供给体系和结构的变化，供给变革又不断催生新的需求。从投入产出看，高质量发展应该不断提高劳动效率、资本效率、土地效率、资源效率、环境效率，不断提升科技进步贡献率，不断提高全要素生产率。"[1]二十大报告指出，党的十八大以来，"我们加快推进科技自立自强，全社会研发经费支出从一万亿元增加到二万八千亿元，居世界第二位，研发人员总量居世界首位。基础研究和原始创新不断加强，一些关键核心技术实现突破，战略性新兴产业发展壮大，载人航天、探月探火、深海深地探测、超级计算机、卫星导航、量子信息、核电技术、新能源技术、大飞机制造、生物医药等取得重大成果，进入创新型国家行列"。"从分配看，高质量发展应该实现投资有回报、企业有利润、员工有收入、政府有税收，并且充分反映各自按市场评价的贡献。从宏观经济循环看，高质量发展应该实现生产、流通、分配、消费循环通畅，国民经济重大比例关系和空间布局比较合理，经济发展比较平稳，不出现大的起落。"[2]

总之，只有经济总量继续增长和发展质量效益进一步提高，我国的社会事业

---

①　朱虹：《积极推进江西经济高质量发展》，《时代主人》2020 年第 10 期。

②　朱虹：《积极推进江西经济高质量发展》，《时代主人》2020 年第 10 期。

发展、文化事业繁荣、生态环境美好、国际地位提升、安全能力增强等各方面建设的物质条件才能不断得到充实，全面建成社会主义现代化强国才能有更为坚实的物质技术基础。

案例

广东召开"新春第一会"！吹响高质量发展号角

【引　言】党的二十大报告把高质量发展确定为全面建设社会主义现代化国家的首要任务、中国式现代化的本质要求，凸显高质量发展的全局和长远意义，也为推动经济社会发展质量变革、效率变革、动力变革指明前进方向、提供行动指南。

【摘　要】2023年春节后开工首日，广东省高质量发展大会在广州召开，足见高质量发展在广东工作全局中的重要位置，足见广东抢抓时间、抢抓机遇，积极动员全省上下快速投入高质量发展的决心。广东"开年第一会"，对于统一思想、凝聚共识、真抓实干，推动广东在现代化建设新征程中开好局起好步，在高质量发展上走在前列作出示范，具有重大而深远的意义。

【关键词】广东　第一会　高质量发展

2023年1月28日上午9点，兔年首个工作日，广东省委、省政府在广州召开新春开年第一会 —— 全省高质量发展大会，为全省经济高质量发展描绘奋进蓝图。这是近年来广东召开的规模最大的会议，在省主会场参会的有约1000人，企业500多家。各界代表聚焦广东高质量发展共商大计、建言献策。

本次会议会期1天，上午设1个主会场，下午设5个分会场。大会围绕"重点项目重大平台""制造业当家""百县千镇万村高质量发展工程""五外联动"等主题深入探讨，共谋发展思路和举措。

分会场讨论主题分别为：一是狠抓重点项目、重大平台建设，全力推动有效投资落地落实；二是以实体经济为本，坚持制造业当家，努力建设制造强省；加快实施创新驱动发展战略，实现高水平科技自立自强；三是深入实施"百县千镇万村高质量发展工程"，全面推进乡村振兴，破解城乡区域发展不平衡难题；四是发挥金融"活水"作用，赋能实体经济高质量发展；坚持"五外联动"，不断开创对外开放新格局；五是深化"放管服"改革，努力创建一流营商环境；推动房地产业平稳健康发展。

2023年是全面贯彻落实党的二十大精神的开局之年，广东上下满怀豪情、满怀信心、满怀憧憬，在全面建设社会主义现代化国家新征程上奋力走在前，创造新辉煌。此次会议，广东将进一步拓思路、谋发展、开新局，继续吹响高质量发展的号角，推进探索中国式现代化的广东路径。①

做好广东经济工作，必须把握大局大势，坚定信心决心，锚定高质量发展这一首要任务，抓住重要关键环节，以高质量发展的步步推进，赢得现代化建设开好局起好步。按照省委经济工作会议部署，要重点做好八个方面的工作。

第一，发挥粤港澳综合优势，加快建设世界级湾区、发展最好的湾区，建优建强横琴、前海、南沙等合作平台，不断深化软硬联通，打造高质量发展重要动力源；

第二，坚持实体经济为本、制造业当家，推动制造强省建设迈出新步伐，紧紧抓住产业项目、工业投资、产业平台，加快实现产业体系升级发展；

第三，有效扩大消费和投资，充分释放内需潜力，把恢复和扩大消费摆在优先位置，综合施策扩大消费，发挥基础设施投资的压舱石作用和城市更新的撬动作用，加大力度扩大有效投资；

第四，聚焦科技自立自强，统筹推进教育、科技、人才工作，强化企业创新主体地位，强化以需求为导向的科技攻关，强化科技创新的教育、人才支撑，不断塑造发展新动能新优势；

第五，实施"百县千镇万村高质量发展工程"，建设强富绿美新县域，持续

---

① 参见莫郅骅：《广东今日召开"新春第一会"！吹响高质量发展号角》,《南方都市报》2023年1月28日。

发展壮大县域经济，增强县城综合承载力，打造绿美人居环境，一体推进县镇村发展，更好促进乡村振兴；

第六，打好"五外联动"组合拳，推进外贸稳规模优结构、外资稳存量扩增量、外包提质增效、外经优化布局、外智全球引才，提升内外循环质量和水平，更好服务和融入新发展格局；

第七，下大力气解决群众急难愁盼问题，切实保障和改善民生，突出抓好就业增收、医疗卫生、"一老一小"保障等工作，让发展成果更多更好惠及广东父老乡亲；

第八，着力防范化解经济金融风险，保障粮食、能源等初级产品供给，提高应对各类风险挑战的能力，不断加固底板，有效维护经济安全。

2023 年上半年，广东认真践行习近平新时代中国特色社会主义思想，围绕中国式现代化建设中心任务，认真谋划高质量发展，在前期积压需求释放、政策力量支撑和上年同期较低基数等因素共同作用下，经济实现恢复性增长，一季度实现良好开局。

根据地区生产总值统一核算结果，2023 年上半年广东实现地区生产总值（GDP）62909.80 亿元，同比增长 5.0%，增速比一季度和上年同期分别加快 1.0 个、3.0 个百分点。其中第一产业增加值 2270.95 亿元，增长 4.6%；第二产业增加值 24661.44 亿元，增长 3.7%；第三产业增加值 35977.41 亿元，增长 5.9%。

高质量发展提升经济发展韧性：

第一，新动能投入不断扩大。上半年，广东高技术制造业固定资产投资同比增长 21.3%，高于制造业投资增速 3.1 个百分点，其中，电子及通信设备制造业投资增长 20.7%。

第二，现代产业发展基础进一步夯实。上半年，广东先进制造业增加值增长 3.3%，占规模以上工业增加值的比重为 55.1%。

第三，碳达峰、碳中和战略下，绿色化、数字化、智能化产品产量、出口高速增长。新能源汽车产量增长 110.7%，风力发电机组增长 104.0%，数字程控交换机增长 38.1%，太阳能电池（光伏电池）增长 8.6%，集成电路增长 46.2%；电动载人汽车、锂电池、太阳能电池出口分别增长 7 倍、27.7%、57.0%。

第四，新业态、新消费场景带动新兴服务业蓬勃发展。上半年，广东现代服务业增加值占服务业增加值比重为 66.6%，同比提高 0.6 个百分点。从具体行业看，规模以上信息传输、软件和信息技术服务业营业收入增长 16.0%，文化、体育和娱乐业企业营业收入增长 35.0%。网上零售在上年较高增速的基础上继续保持高增长，上半年限额以上企业通过公共网络实现商品零售额增长 16.1%，增速同比加快 1.3 个百分点。①

◆ **案例分析** ◆

2023 年上半年广东省 GDP 全国排名第一，GDP 达到了 62909.8 亿元，远超过其他省份。广东省的经济发展一直处于全国领先地位，其优势主要在于强大的制造业和发达的服务业。经济社会发展取得新成就，全省经济持续恢复、稳步提升，充分体现了广东作为全国经济第一大省的骨干担当。广东省能够取得这样的成绩，与其在优化结构、拓展深度、提高效益上下功夫是分不开的。同时，还需在补短板、强弱项、提质效上下功夫，以创新驱动、开放带动、改革驱动，构建"双循环"新发展格局。广东深入贯彻落实习近平总书记对广东工作重要指示精神，在推进中国式现代化建设中走在前列，努力为全国发展大局作出更大贡献。

 实验实践思考题

1. 习近平经济思想的主要内容是什么？
2. 青年大学生如何正确看待国家的经济发展形势？

---

① 参见《2023 年上半年广东宏观经济运行情况分析》，广东统计信息网 2023 年 8 月 14 日。

推进教育强国、人才强国建设
实现高水平科技自立自强

教育、科技、人才是全面建设社会主义现代化国家的基础性、战略性支撑。必须坚持科技是第一生产力、人才是第一资源、创新是第一动力，深入实施科教兴国战略、人才强国战略、创新驱动发展战略，开辟发展新领域新赛道，不断塑造发展新动能新优势。①

【引文】科技是国家强盛之基，创新是民族进步之魂。新时代新征程，党的二十大为全面建设社会主义现代化国家提供了根本遵循、指明了前进方向、作出了重要部署。创新始终位于我国现代化建设全局中的核心地位，必须加快实现高水平科技自立自强，加快建设科技强国，加快实施创新驱动发展战略，完善科技创新体系。党的二十大报告首次将教育、科技、人才三大战略一体部署，为我国实现高水平科技自立自强、进入创新型国家前列、建设世界科技强国，提供基础性、战略性支撑。

一、强化教育、科技、人才"三位一体"战略布局，支撑国家重大战略需求

党的二十大报告提出："坚持面向世界科技前沿、面向经济主战场、面向国

---

① 《中国共产党第二十次全国代表大会文件汇编》，人民出版社 2022 年版，第 28 页。

家重大需求、面向人民生命健康,加快实现高水平科技自立自强。"当今世界正经历百年未有之大变局,全球治理体系和国际秩序变革加速推进,世界面临的不稳定性、不确定性突出。科技创新作为提高社会生产力和综合国力的战略引擎,已成为国际竞争的焦点。改革开放以来,我国科技创新水平实现大幅跃升,已跻身创新型国家行列。但我国在基础研究与原始创新、关键核心技术、产业链创新链融合等方面与世界先进水平仍存在差距,突出表现在一些领域面临关键核心技术"卡脖子"问题。如何解决"卡脖子"问题?关键在于创新驱动,创新驱动离不开高水平科技自立自强,高水平科技自立自强需要高水平人才依托,高水平人才需要高质量教育体系,因此,推进科学技术的创新和突破,离不开教育、科技、人才三者的基础性、战略性支撑作用,必须强化教育、科技、人才"三位一体"战略布局,坚持教育优先发展、科技自立自强、人才引领驱动,加快建设教育强国、科技强国、人才强国。完善科技创新体系、加快实施创新驱动发展战略,整合各重大创新领域优势科技力量,强化国家战略科技力量,补齐科技创新短板,确保我国产业链供应链自主、安全、可控,推动我国从全球价值链中低端迈向中高端。

(一)教育、科技、人才的基础性战略性支撑作用

全面建设社会主义现代化国家,教育是基础,科技是关键,人才是根本。党的二十大报告指出:"教育、科技、人才是全面建设社会主义现代化国家的基础性、战略性支撑。必须坚持科技是第一生产力、人才是第一资源、创新是第一动力,深入实施科教兴国战略、人才强国战略、创新驱动发展战略,开辟发展新领域新赛道,不断塑造发展新动能新优势。"以习近平同志为核心的党中央首次将教育、科技、人才战略进行"三位一体"部署,既强调了教育、科技、人才是全面建设社会主义现代化国家的基础性、战略性支撑,又凸显了三者之间有机联系,协同发展,不断推进科技创新和制度创新,为高水平科技自立自强焕新赋能。

教育是国之大计、党之大计,要加快建设教育强国。培养什么人、怎样培养人、为谁培养人是教育的根本问题。优先发展教育是党和国家长期坚持的一项重大方针,全面建成社会主义现代化强国需要加快推进教育现代化、办好人民满意的教育、建设教育强国。新时代新征程,要充分发挥教育在全面建设社会主义现

代化国家的支撑作用，进一步加强科学教育、工程教育，加强拔尖创新人才自主培养，为解决我国关键核心技术攻关提供人才支撑。

科技立则民族立，科技强则国家强，要加快建设科技强国。当今世界，科学技术是第一生产力、第一竞争力。中国式现代化关键在科技现代化。坚持创新在我国现代化建设全局中的核心地位。要完善科技创新体系，完善党中央对科技工作统一领导的体制、健全新型举国体制、强化国家战略科技力量、优化配置创新资源、深化科技体制改革；要加快实施创新驱动发展战略，谋划推进高水平科技自立自强，力争早日抢占科技竞争和未来发展制高点。

"功以才成，业由才广"，要加快建设人才强国。人才是第一资源，国家科技创新力的源泉在于人。在国际科技竞争和国家综合国力竞争中，人才是一个重要指标。要坚持党管人才原则、完善人才战略布局、加快建设国家战略人才力量、深化人才发展体制机制改革，着力形成人才国际竞争的比较优势。创新型人才的赓续，是科技创新驱动的有力支撑。

教育与科技、教育与人才、科技与人才之间相互关联：教育是基础，教育涵养人才素质"活水"、激发科技发展动能；人才是根本，教育需要以人才为主体，科技创新也离不开人才支撑；科技是关键，其依托于教育发展和人才培养，离开了科技，教育与人才也就成了"无源之水"。习近平总书记在二十届中央政治局第五次集体学习时强调："建设教育强国、科技强国、人才强国具有内在一致性和相互支撑性，要把三者有机结合起来、一体统筹推进，形成推动高质量发展的倍增效应。"[①] 教育强国战略、科技强国战略、人才强国战略三者也是紧密联系、相互支撑的，加快建设教育强国，才能为建设科技强国、人才强国涵养源头活水；加快建设科技强国，才能充分释放科技这个"第一生产力"、激活创新这个"第一动力"；加快建设人才强国，才能为科技创新提供人力资源保障。

（二）科教兴国战略、人才强国战略、创新驱动发展战略协同并进

习近平总书记强调："立足新发展阶段、贯彻新发展理念、构建新发展格局、

---

① 《习近平在中共中央政治局第五次集体学习时强调 加快建设教育强国 为中华民族伟大复兴提供有力支撑》，《人民日报》2023 年 5 月 30 日。

推动高质量发展，必须深入实施科教兴国战略、人才强国战略、创新驱动发展战略，完善国家创新体系，加快建设科技强国，实现高水平科技自立自强。"①科教兴国战略、人才强国战略、创新驱动发展战略都是党中央提出的需要长期坚持的国家重大战略。我国从已经"进入创新型国家行列"到以"进入创新型国家前列"为目标，创新是我国现代化建设全局中的重中之重，强化教育、科技、人才三位一体战略布局，为国家重大战略需求提供强大依托，必须统筹实施科教兴国战略、人才强国战略、创新驱动发展战略，发挥三者"1+1+1>3"的效能。

科教兴国战略是我国的基本国策。1995 年，国家首次提出实施科教兴国战略，科技、教育便成为经济社会发展的两个重要方面。党的十九大以来，科教兴国战略被列为决胜全面建成小康社会需要坚定实施的七个重要战略之一。党的二十大从国家战略高度强调"实施科教兴国战略，强化现代化建设人才支撑"。科学技术是第一生产力，教育是基础，新时代实施科教兴国战略就是要把教育摆在优先发展的战略位置，把科技创新作为提高社会生产力和综合国力的重要路径，强化现代化建设人才支撑。

人才强国战略是从国家战略的高度对人才是第一资源理念的部署和落实。2002 年，中共中央、国务院办公厅印发《2002—2005 年全国人才队伍建设规划纲要》，提出实施人才强国战略。党的十八大以来，人才工作摆在国家发展全局更为重要的位置，强调"人才是第一资源"，为党和国家事业提供了强有力的人才支撑。党的二十大报告将人才战略与科教兴国战略、创新驱动发展战略集中论述并作专题部署，着重强调"强化现代化建设人才支撑"，提出深入实施人才强国战略，完善人才战略布局，加快建设国家战略人才力量，实现从人口大国到人才资源强国的转变。

创新驱动发展战略是将创新是第一动力贯彻到整个社会主义现代化国家的建设中，坚持把科技创新放在国家发展全局的核心位置。在世界百年未有之大变局和中华民族伟大复兴的战略全局"两个大局"的背景下，不创新要落后，创新慢了也要落后，所以创新是国运所系、大势所趋。从党的十八大提出实施创新驱动发展战略到党的二十大提出加快实施创新驱动发展战略，党对创新驱动发展重

---

① 《习近平谈治国理政》（第四卷），外文出版社 2022 年版，第 197 页。

要性的认识在不断加深，面对复杂的国际国内形势，要以创新为内驱，点燃"内芯"，把科技发展的轮子转动起来，才能打赢关键核心技术攻坚战，实现高水平科技自立自强，支撑国家重大战略需求。

（三）国家战略科技力量的重要引领作用

实现高水平科技自立自强必须增强自主创新能力，自主创新依赖于国家战略科技力量。强化国家战略科技力量是实现高水平科技自立自强的关键。国家战略科技力量代表了国家科技创新的最高水平，是国家创新体系的中坚力量，是促进经济社会发展、保障国家安全的"压舱石"。党和国家历来高度重视国家战略科技力量，把建设一支体现国家意志、服务国家需求、代表国家水平的"国家队"作为科技事业发展的重中之重。新中国科技事业之所以能够在"一穷二白"的基础上，用短短70多年的时间，就取得"两弹一星"、载人航天、探月探火、深海深地探测、超级计算机、卫星导航、量子信息、核电技术、新能源技术、大飞机制造、生物医药等一系列举世瞩目的重大成就，进入创新型国家行列，一个重要原因就在于打造了一支党领导下的国家战略科技力量，在党和国家最需要的时候能够挺身而出、迎难而上，发挥不可替代的核心骨干和引领带动作用。

以习近平同志为核心的党中央坚持把科技创新摆在国家发展全局的核心位置，把跻身创新型国家前列作为2035年我国基本实现社会主义现代化的重要目标，在我国科技事业发展的每一个关键节点都作出重大战略部署，牢牢把握科技创新的正确方向。从把创新作为引领发展的第一动力到把科技自立自强作为国家发展的战略支撑，从建设创新型国家到建设世界科技强国，从"三个面向"到"四个面向"——面向世界科技前沿、面向经济主战场、面向国家重大需求、面向人民生命健康，习近平总书记围绕加快推进科技创新、建设世界科技强国提出一系列新思想新观点新论断新要求，亲自谋划、部署和推动一系列重大举措，推动科技事业密集发力、加速跨越，实现了历史性、整体性、格局性重大变化，重要技术领域进入跟跑、并跑、领跑"三跑"并存阶段，并跑、领跑的比例不断扩大。国家创新能力综合排名稳步提升，由2017年的世界第22位上升至2022年的第11位。

构建好国家战略科技力量，要坚持系统观念，分类定位、优势互补，整合优化科技资源配置。紧跟世界科技发展大势，紧密结合我国发展对科技发展提出的使命任务，高标准建设国家实验室体系，使之成为战略性、关键性重大科技成果的诞生地。以国家战略需求为导向建设国家科研机构，突出原始创新能力，着力解决影响制约国家发展全局和长远利益的重大科技问题。发挥高水平研究型大学基础研究深厚、学科交叉融合的优势，加速建成一大批基础研究的主力军和重大科技突破的生力军。发挥企业在技术创新中的主体作用，突出市场需求、集成创新、组织平台的优势，增强企业创新能力，打通从科技强到企业强、产业强、经济强的通道。

在重大创新领域高标准组建一批国家实验室，是强化国家战略科技力量的重要抓手，是一项对我国科技创新具有战略意义的举措；国家科研机构关系国家长远发展和战略全局，是国家竞争力的集中体现；高水平研究型大学，是我国科技发展的主要基础所在，也是科技创新人才的摇篮；科技领军企业是国家战略科技力量的重要支撑，也是加快建设世界一流企业的主力军。

（四）国家战略科技力量支撑重大战略需求

习近平总书记指出："进入 21 世纪以来，全球科技创新进入空前密集活跃的时期，新一轮科技革命和产业变革正在重构全球创新版图、重塑全球经济结构。"[①] 新一轮科技革命和产业变革加速演进，科技创新进入大融通时代，学科交叉更加紧密、产业变革深度拓展，科技创新范式加速变革。把握新一轮科技革命和产业变革的机遇，需要统筹布局、协同发力。这就需要构建和强化国家实验室、国家科研机构、高水平研究型大学、科技领军企业等各重大创新领域优势科技力量，推动科技、教育、产业、金融紧密融合，促进各类创新主体紧密合作、创新要素有序流动、创新生态持续优化，提升体系化能力和重点突破能力，支撑我国在新一轮科技革命和产业变革中抢占先机，实现产业链创新链迭代升级。

实践证明，关键核心技术是国之重器。只有把关键核心技术牢牢掌握在自己手中，才能真正掌握竞争和发展主动权，才能从根本上保障国家经济安全、国

---

① 《在中国科学院第十九次院士大会、中国工程院第十四次院士大会上的讲话》，《人民日报》2018 年 5 月 29 日。

防安全和其他安全。习近平总书记反复强调，"关键核心技术是要不来、买不来、讨不来的"，要"努力实现关键核心技术自主可控，把创新主动权、发展主动权牢牢掌握在自己手中"。①

1. 面向国家重大需求，突破核心技术

关键核心技术是国之重器，对推动我国经济高质量发展、保障国家安全具有十分重要的意义。习近平总书记对打好打赢关键核心技术攻坚战作出一系列重要论述，强调"加强原创性、引领性科技攻关，坚决打赢关键核心技术攻坚战"②，"我们要充分发挥我国社会主义制度能够集中力量办大事的显著优势，打好关键核心技术攻坚战"③，"要面向世界科技前沿、面向经济主战场、面向国家重大需求、面向人民生命健康，坚定创新自信，紧抓创新机遇，勇攀科技高峰，破解发展难题"④，这些都为加快推进高水平科技自立自强、实现建设世界科技强国的目标提供了遵循。

从国内发展看，打好关键核心技术攻坚战是立足新发展阶段、贯彻新发展理念、构建新发展格局的重大举措。需要紧扣我国经济社会发展的战略安排，坚持需求导向和问题导向，全面增强科技创新能力，加快形成以创新为主要引领和支撑的经济体系和发展模式。从外部环境看，打好关键核心技术攻坚战是积极应对新一轮科技革命和产业变革以及外部风险的先手棋。当今世界正经历百年未有之大变局，我国既面临赶超跨越的重大机遇，也面临差距拉大的严峻挑战，需要在重要科技领域有所作为，实现更多"从0到1"的突破，在国际竞争中赢得主动。在此背景下，深刻理解集中力量打好关键核心技术攻坚战的重要意义，进而深入研究面临的主要难题十分重要。

我国面临的主要核心技术难点有如下几个方面：⑤

---

① 《在中国科学院第十九次院士大会、中国工程院第十四次院士大会上的讲话》，《人民日报》2018年5月29日。
② 《〈求是〉杂志发表习近平总书记重要文章　加快建设科技强国，实现高水平科技自立自强》，《人民日报》2022年5月1日。
③ 《在经济社会领域专家座谈会上的讲话》，《人民日报》2020年8月25日。
④ 《习近平在参观国家"十三五"科技创新成就展时强调　坚定创新自信紧抓创新机遇　加快实现高水平科技自立自强》，《人民日报》2021年10月27日。
⑤ 参见张于喆：《集中力量打好关键核心技术攻坚战》，《经济日报》2022年3月15日。

第一，科技领域"卡脖子"问题。既有面向产业发展的问题，也有基础理论研究不足的问题。在行业层面，一些产业链的部分关键环节依赖国外供给，存在产业链、供应链断链风险。在基础材料、关键元器件等关键共性技术领域，我国与发达国家的差距也比较大。由于我国市场需求和数据积累的缺乏、产业生态体系的不完善，我国工业企业"重应用、轻研发"的观念较重，造成了我国工业软件企业竞争力不足等问题。

第二，基础科学研究短板依然突出。根本原因是基础理论研究跟不上，源头和底层的东西没有搞清楚。当前，我国重大原创性成果缺乏，底层基础技术、基础工艺能力不足，工业母机、高端芯片、基础软硬件、开发平台、基本算法、基础元器件、基础材料等方面的瓶颈依然突出，关键核心技术受制于人的局面没有得到根本性改变。可以说，越往产业链、价值链上游延伸，我们的自主可控能力就越弱，一些环节的自给率就越低。要改变这种局面，关键在于持续加大基础科学研究，力争在新架构、新材料等方面实现突破。

第三，内需潜力难以有效转化为关键核心技术研发的动力。我国超大规模市场和巨大内需潜力能为科技创新提供丰富的应用场景和广阔的发展空间，推动新技术实现快速迭代和产业化规模化应用。但是，如何用好用足这一优势是个重要问题。现实地看，当前我国巨大的内需潜力尚难以有效转化为关键核心技术研发的动力。

第四，科技创新的组织方式面临新的要求。如何把握新一轮科技革命和产业变革新机遇，是世界各国普遍关注的问题。新技术新趋势对科技创新的组织方式提出了更高要求。新环境下，科学的组织化程度将进一步加强，关键核心技术攻坚也越来越取决于产业链生态系统的完整性和开放性。特别是数字技术迅猛发展，科技创新的范式和组织模式正在发生系统性变化。

2．强化国家战略科技力量[①]

我国最大的优势是在社会主义制度下集中力量办大事。这也是我们长期以来取得历史性成就的重要法宝。党的二十大提出，要健全新型举国体制，强化国家

[①]　参见《中华人民共和国国民经济和社会发展第十四个五年规划和 2035 年远景目标纲要》，《人民日报》2021 年 3 月 13 日。

战略科技力量，优化配置创新资源，提升国家创新体系整体效能。

第一，整合优化科技资源配置。以国家战略性需求为导向推进创新体系优化组合，加快构建以国家实验室为引领的战略科技力量。聚焦量子信息、光子与微纳电子、网络通信、人工智能、生物医药、现代能源系统等重大创新领域组建一批国家实验室，重组国家重点实验室，形成结构合理、运行高效的实验室体系。优化提升国家工程研究中心、国家技术创新中心等创新基地。推进科研院所、高等院校和企业科研力量优化配置和资源共享。支持发展新型研究型大学、新型研发机构等新型创新主体，推动投入主体多元化、管理制度现代化、运行机制市场化、用人机制灵活化。

第二，加强原创性引领性科技攻关。在事关国家安全和发展全局的基础核心领域，制订实施战略性科学计划和科学工程。瞄准人工智能、量子信息、集成电路、生命健康、脑科学、生物育种、空天科技、深地深海等前沿领域，实施一批具有前瞻性、战略性的国家重大科技项目。从国家急迫需要和长远需求出发，集中优势资源攻关新发突发传染病和生物安全风险防控、医药和医疗设备、关键元器件零部件和基础材料、油气勘探开发等领域关键核心技术。

第三，持之以恒加强基础研究。强化应用研究带动，鼓励自由探索，制定实施基础研究十年行动方案，重点布局一批基础学科研究中心。加大基础研究财政投入力度、优化支出结构，对企业投入基础研究实行税收优惠，鼓励社会以捐赠和建立基金等方式多渠道投入，形成持续稳定投入机制，基础研究经费投入占研发经费投入比重提高到8%以上。建立健全符合科学规律的评价体系和激励机制，对基础研究探索实行长周期评价，创造有利于基础研究的良好科研生态。

第四，建设重大科技创新平台。支持北京、上海、粤港澳大湾区形成国际科技创新中心，建设北京怀柔、上海张江、粤港澳大湾区、安徽合肥综合性国家科学中心，支持有条件的地方建设区域科技创新中心。强化国家自主创新示范区、高新技术产业开发区、经济技术开发区等创新功能。适度超前布局国家重大科技基础设施，提高共享水平和使用效率。集约化建设自然科技资源库、国家野外科学观测研究站（网）和科学大数据中心。加强高端科研仪器设备研发制造。构建国家科研论文和科技信息高端交流平台。

二、科技创新成为建设创新型国家的关键要素和依靠力量

科技是国家强盛之基，创新是民族进步之魂。坚持创新在我国现代化建设全局中的核心地位，把科技自立自强作为国家发展的战略支撑，为新时代建设创新型国家提供了重要遵循。科技事业实现历史性、整体性、格局性重大变化，创新驱动发展战略深入实施，重大创新成果竞相涌现，国家创新体系更加高效顺畅，科技创新的体系化能力不断增强，有力支撑了国家发展和安全。

2022年全国两会期间，习近平总书记再次强调科技创新，信心满怀地指出："只要完整、准确、全面贯彻新发展理念，加快构建新发展格局，推动高质量发展，加快实现科技自立自强，我们就一定能够不断提高我国发展的竞争力和持续力，在日趋激烈的国际竞争中把握主动、赢得未来。"[①] 如今，我国已转向高质量发展阶段，科技创新已经成为建设创新型国家的关键要素和依靠力量。站在新的历史起点上，我们要坚定创新自信，努力实现高水平科技自立自强，以一往无前的奋进姿态，向着科技强国建设的目标阔步前进。

（一）科技创新成为建设创新型国家的关键要素

党的十八大以来，是我国科技进步最大、科技实力提高最快的十年，科技事业发生了历史性、整体性、格局性变化，成功跨入创新型国家的行列。科技创新成为建设创新型国家的关键要素。

我国经济正处在转变发展方式、优化经济结构、转换增长动力的攻关期，建设现代化经济体系是跨越关口的迫切要求和我国发展的战略目标。创新是引领发展的第一动力，是建设现代化经济体系的战略支撑。国家创新体系是现代化经济体系的筋骨。当前，我国已初步建成中国特色国家创新体系，但还存在整体效能不高、解决重大科技问题的"硬实力"不强、科技创新资源配置不够合理等诸多问题。破解这些突出问题，亟须以强化国家战略科技力量为抓手，实现国家创新体系深度重构。以国家战略需求为导向、以国家战略任务为牵引，统筹布局强化

---

① 《习近平在参加内蒙古代表团审议时强调　不断巩固中华民族共同体思想基础　共同创造美好生活》，《人民日报》2022年3月6日。

国家战略科技力量，破除限制科技创新水平提升的体制机制障碍，重塑我国科技创新资源配置格局，提高科技创新资源配置效率，大幅增强我国创新体系支撑现代化经济体系建设以及高质量发展的能力。

（二）科技创新成为跻身创新型国家前列的依靠力量[①]

当前，我国已由高速增长阶段转向高质量发展阶段，把握新发展阶段、贯彻新发展理念、构建新发展格局，实现质量变革、效率变革、动力变革，迫切需要更多高质量的科技创新供给，以科技自立自强提供"筋骨"支撑，塑造更多依靠创新驱动、更多发挥先发优势的引领型发展。

在以习近平同志为核心的党中央坚强领导下，在习近平总书记亲自谋划、亲自部署、亲自推动下，我国科技事业实现历史性、整体性、格局性重大变化，创新驱动发展战略深入实施，重大创新成果竞相涌现，国家创新体系更加高效顺畅，科技创新的体系化能力不断增强，有力支撑了国家发展和安全。

基础前沿领域取得一批重大原创成果，科技创新加速赋能高质量发展，科技有力支撑社会民生福祉改善。建成运行稳态强磁场、散裂中子源等一批"国之重器"。在量子计算原型机、三维量子霍尔效应、凯勒几何核心猜想等科学前沿领域取得重大原创性突破。在新一代超高强度钢、异构融合类脑计算芯片、人工合成淀粉等应用领域取得突破性进展。新能源汽车、新型显示产业规模均居全球第一，人工智能产业跻身世界前列。新药创制、重大传染病防治等重大项目取得重要进展，癌症、白血病、耐药菌防治等领域打破国外专利药垄断，一批高端医疗装备加速国产化。水稻、玉米、大豆等一大批农作物新品种示范推广，农作物良种增产贡献率超过45%。支撑绿色低碳发展，大力发展先进煤电技术，引领煤炭高效清洁利用。大气、水、土壤污染防治科技攻关力度不断加大，公共安全和防灾减灾科技保障能力不断增强。

科技创新体制机制不断优化完善，高水平科技人才和创新团队加速涌现，科技开放合作能力日益增强。全国重点实验室加快重组，高水平研究型大学的科技创新组织化程度进一步提高，科研院所改革不断深化，企业创新主体地位有效提

[①]　参见《以科技强国引领现代化强国建设》，《求是》2022年第9期。

升。科技人才发展的体制机制和政策环境更加完善。高层次人才队伍年轻化，越来越多的青年人才在科技第一线"冒尖"，逐步成为科研主力军。持续推动政府间科技合作有序开展，与160多个国家建立科技合作关系，加入200多个政府间国际科技合作组织。

三、培养造就一大批高水平创新人才

我国要建设世界科技强国，关键是要建设一支规模宏大、结构合理、素质优良的创新人才队伍，激发各类人才创新活力和创造潜力。

党的十八大以来，习近平总书记把人才工作摆在治国理政的关键位置，亲自关怀、亲自谋划、亲自部署、亲自推动，作出一系列重要论述和指示批示，为新时代人才工作指明了前进方向、注入了强劲动力。2022年4月19日，习近平总书记在中央全面深化改革委员会第二十五次会议上的讲话中提出："要坚持面向世界科技前沿、面向经济主战场、面向国家重大需求、面向人民生命健康，树立勇担使命、潜心研究、创造价值的激励导向，营造有利于原创成果不断涌现、科技成果有效转化的创新生态，激励广大科技人员各展其能、各尽其才。"[1]

（一）培养造就高水平人才队伍

习近平总书记高度重视人才、渴求人才、尊重人才，鲜明提出加快建设人才强国和全球人才高地的战略目标。高度概括党关于人才工作"八个坚持"的重要论断：坚持党对人才工作的全面领导，坚持人才引领发展的战略地位，坚持面向世界科技前沿、面向经济主战场、面向国家重大需求、面向人民生命健康，坚持全方位培养用好人才，坚持深化人才发展体制机制改革，坚持聚天下英才而用之，坚持营造识才爱才敬才用才的环境，坚持弘扬科学家精神；深刻阐释科学家精神时代内涵，强化做好人才工作的精神引领和思想保证；强调不断优化创新生态，形成天下英才聚神州、万类霜天竞自由的创新局面；提出科技创新和科学普

---

[1] 《习近平主持召开中央全面深化改革委员会第二十五次会议强调 加强数字政府建设 推进省以下财政体制改革》，《人民日报》2022年4月20日。

及并重，不断提高全民科学素质。习近平总书记关于人才工作的重要论述，为我国建设全球人才高地指明了前进方向。

战略人才站在国际科技前沿、引领科技自主创新、承担国家战略科技任务，是支撑我国高水平科技自立自强的重要力量。

1．大力培养使用战略科学家[①]

战略科学家是科学帅才，是国家战略人才力量中的"关键少数"。当前，全球进入大科学时代，科学研究的复杂性、系统性、协同性显著增强，战略科学家的重要性日益凸显。战略科学家从哪里来？归根到底要从科技创新主战场中涌现出来，从科技创新主力军中成长起来。要坚持实践标准，在国家重大科技任务担纲领衔者中发现具有深厚科学素养、长期奋战在科研第一线，视野开阔，前瞻性判断力、跨学科理解能力、大兵团作战组织领导能力强的科学家。要坚持长远眼光，有意识地发现和培养更多具有战略科学家潜质的高层次复合型人才，形成战略科学家成长梯队。党和国家要加强和完善对国家重大科研项目的领导和指导。

2．打造大批一流科技领军人才和创新团队[②]

要建立"卡脖子"关键核心技术攻关人才特殊调配机制，制定实施专项行动计划，跨部门、跨地区、跨行业、跨体制调集领军人才，组建攻坚团队。要发挥国家实验室、国家科研机构、高水平研究型大学、科技领军企业的国家队作用，加速集聚、重点支持一流科技领军人才和创新团队。要围绕国家重点领域、重点产业，组织产学研协同攻关，在重大科研任务中培养人才。要优化领军人才发现机制和项目团队遴选机制，探索新的项目组织方式，对领军人才实行人才梯队配套、科研条件配套、管理机制配套的特殊政策，加快"卡脖子"关键核心技术突破。

3．造就规模宏大的青年科技人才队伍[③]

青年人才是国家战略人才力量的源头活水。有研究表明，自然科学家发明创

---

① 习近平：《深入实施新时代人才强国战略　加快建设世界重要人才中心和创新高地》，《求是》2021 年第 24 期。

② 习近平：《深入实施新时代人才强国战略　加快建设世界重要人才中心和创新高地》，《求是》2021 年第 24 期。

③ 习近平：《深入实施新时代人才强国战略　加快建设世界重要人才中心和创新高地》，《求是》2021 年第 24 期。

造的最佳年龄段是 25 岁到 45 岁。我国青年科技人才存在担纲机会少、成长通道窄、生活压力大等问题。青年人才把精力过多投入到职称评审、项目申报、"帽子"竞争上，在薪酬待遇、住房、子女入学等方面还存在不少实际困难。要把培育国家战略人才力量的政策重心放在青年科技人才上，给予青年人才更多的信任、更好的帮助、更有力的支持，支持青年人才挑大梁、当主角。各类人才培养引进支持计划要向青年人才倾斜，扩大支持规模，优化支持方式。要重视解决青年科技人才面临的实际困难，让青年科技人才安身、安心、安业。要完善优秀青年人才全链条培养制度，组织实施高校优秀毕业生接续培养计划，从高校、科研院所、企业遴选高水平导师，赋予高端人才培养任务。

4．培养大批卓越工程师[①]

制造业是我国的立国之本、强国之基。我国是世界上唯一拥有全部工业门类的国家，同时我国制造业总体上仍处于全球价值链的中低端，许多产业面临工程师数量不足、质量不高问题。要探索形成中国特色、世界水平的工程师培养体系，努力建设一支爱党报国、敬业奉献、具有突出技术创新能力、善于解决复杂工程问题的工程师队伍。

培养卓越工程师，必须调动好高校和企业两个积极性。高校要深化工程教育改革，加大理工科人才培养分量，探索实行高校和企业联合培养高素质复合型工科人才的有效机制。这要作为高校特别是"双一流"大学建设的重要任务。企业要把培养环节前移，同高校一起设计培养目标、制定培养方案、实施培养过程，实行校企"双导师制"，实现产学研深度融合，解决工程技术人才培养与生产实践脱节的突出问题。

（二）加强基础学科人才培养[②]

2022 年 2 月 28 日，中央全面深化改革委员会第二十四次会议审议通过了《关于加强基础学科人才培养的意见》，强调"要全方位谋划基础学科人才培养"。系

---

① 习近平：《深入实施新时代人才强国战略 加快建设世界重要人才中心和创新高地》，《求是》2021 年第 24 期。

② 参见万劲波：《全方位培养引进用好基础学科人才》，《人民日报》（海外版）2022 年5 月 23 日。

列举措和要求是对中央人才工作会议精神的具体落实，为新时期全方位培养引进用好基础学科人才指明了努力方向。

1. 科学确定基础学科人才培养规模

基础学科人才毕业后，部分进入基础研究人才队伍，大部分进入各行各业创新人才队伍，都是国家急需的优秀人才。我国拥有世界上规模最大的高等教育体系和科技人才队伍。通过"211""985"工程和"双一流"建设，我国高等教育的整体水平大幅提升，为人才自主培养奠定了坚实基础。为增强国家创新发展动力和潜力，要切实加大研究投入和教育投入力度，增加高质量人才供给，重点加强高层次基础学科人才和急需创新人才的培养引进，厚实创新发展的人才根基。

2. 优化基础研究人才和创新人才结构布局

我国基础研究人才竞争力正在稳步提升。我国顶尖基础研究人才结构正在优化，但在最顶尖的诺贝尔科学奖、菲尔兹奖、图灵奖等国际科技大奖上差距较大。创新人才方面，中国理工科博士毕业生数量居世界首位，但结构性矛盾突出，人工智能等新兴前沿领域的人才缺口较大。据2020年全球AI人才报告，全球47.8万人，美国、印度排名前两位，分别占39.3%、18.0%，中国2.2万人，占4.6%，排名第四，差距明显。未来要走好基础学科人才自主培养之路，加大全球引才力度，聚天下英才而用之，持续优化基础研究和创新人才队伍。

3. 深化人才发展体制机制改革

未来要在人才识别、选拔、培养、引进、评价、使用、支持、激励、服务、保障等方面进行体系化、链条式设计，既要培养引进好人才，更要用好人才。全面贯彻党的教育方针，落实立德树人根本任务，遵循教育规律，加快建设高质量基础学科人才培养体系，打好基础、储备长远，发挥高校特别是"双一流"大学培养基础研究人才主力军作用。坚持正确政治方向，把理想信念教育贯穿人才培养全过程，引导人才深怀爱党爱国之心、砥砺报国之志，继承和发扬老一辈科学家胸怀祖国、服务人民的优秀品质。发挥战略科技力量"国家队"作用，大力培养使用战略科学家。优化科技领军人才和创新团队遴选机制，大幅提升优秀青年人才担纲领衔国家战略科技任务的比例，在攻坚克难的创新实践中源源不断地涌现出一批"青年科技领军人才"，形成战略科学家成长梯队。制定实施基础研究人才专项，长期稳定支持一批具有明显创新潜力的青年科技人才。调动好高校和企业推进校企联合、产教融合的积极性，培养大批高技能人才和卓越工程师。坚持重点布局、梯次推进，努力打造北京、上海、粤港澳大湾区创新人才高地示范区，依托中心城市形成引才聚才的战略支点和雁阵格局，搭建干事创业的广阔平台。

（三）加快建设世界重要人才中心和创新高地

综合国力的竞争归根到底是人才的竞争、劳动者素质的竞争。人才早已成为引领科技创新、驱动产业变革、促进区域发展的关键因素，也日益成为增强国家综合国力、赢得国际竞争主动的战略资源。面对中华民族伟大复兴战略全局和世界百年未有之大变局，人才作为第一资源越来越成为国际竞争至关重要的变量。

2022年5月18日，习近平总书记回信勉励南京大学留学归国青年学者，对他们寄予殷切期望："希望同志们大力弘扬留学报国的光荣传统，以报效国家、服务人民为自觉追求，在坚持立德树人、推动科技自立自强上再创佳绩，在坚定文化自信、讲好中国故事上争做表率，为全面建设社会主义现代化国家、实现中华民族伟大复兴的中国梦积极贡献智慧和力量！"[1]

习近平总书记在中国科学院第二十次院士大会、中国工程院第十五次院士大会和中国科学技术协会第十次全国代表大会上指出，要"激发各类人才创新活力，建设全球人才高地"[2]。这为我们深入实施人才强国战略，实现科技高水平自立自强指明了前进方向、提供了根本遵循。

加快建设世界重要人才中心和创新高地，必须把握战略主动，做好顶层设计和战略谋划。我们的目标是：到2025年，全社会研发经费投入大幅增长，科技创新主力军队伍建设取得重要进展，顶尖科学家集聚水平明显提高，人才自主培养能力不断增强，在关键核心技术领域拥有一大批战略科技人才、一流科技领

---

① 《习近平回信勉励南京大学留学归国青年学者　在坚持立德树人推动科技自立自强上再创佳绩　在坚定文化自信讲好中国故事上争做表率》，《人民日报》2022年5月20日。

② 《在中国科学院第二十次院士大会、中国工程院第十五次院士大会、中国科协第十次全国代表大会上的讲话》，《人民日报》2021年5月29日。

军人才和创新团队；到 2030 年，适应高质量发展的人才制度体系基本形成，创新人才自主培养能力显著提升，对世界优秀人才的吸引力明显增强，在主要科技领域有一批领跑者，在新兴前沿交叉领域有一批开拓者；到 2035 年，形成我国在诸多领域人才竞争比较优势，国家战略科技力量和高水平人才队伍位居世界前列。

我国将坚持重点布局、梯次推进，加快建设世界重要人才中心和创新高地。北京、上海、粤港澳大湾区要坚持高标准，努力打造成创新人才高地示范区。一些高层次人才集中的中心城市要采取有力措施，着力建设吸引和集聚人才的平台，加快形成战略支点和雁阵格局。要大力培养使用战略科学家，打造大批一流科技领军人才和创新团队，造就规模宏大的青年科技人才队伍，培养大批卓越工程师。要把人才培养的着力点放在基础研究人才的支持培养上，为他们提供长期稳定的支持和保障。要深化人才发展体制机制改革，为各类人才搭建干事创业的平台。各级党委（党组）要强化主体责任，完善党管人才工作格局，统筹推进人才工作重大举措落地生效，积极为用人主体和人才排忧解难，加强对人才的政治引领和政治吸纳，引导广大人才爱党报国、敬业奉献，胸怀祖国、服务人民。

四、把科技的命脉牢牢掌握在自己手中，不断提升我国发展独立性自主性安全性 [1]

2022 年 6 月 28 日下午，习近平总书记在湖北省武汉市考察时强调，科技自立自强是国家强盛之基、安全之要。我们必须完整、准确、全面贯彻新发展理念，深入实施创新驱动发展战略，把科技的命脉牢牢掌握在自己手中，在科技自立自强上取得更大进展，不断提升我国发展独立性、自主性、安全性，催生更多新技术新产业，开辟经济发展的新领域新赛道，形成国际竞争新优势。

---

[1]　参见《习近平在湖北武汉考察时强调　把科技的命脉牢牢掌握在自己手中　不断提升我国发展独立性自主性安全性》，《人民日报》2022 年 6 月 30 日。

（一）高端制造是经济高质量发展的重要支撑

习近平总书记指出，光电子信息产业是应用广泛的战略高技术产业，也是我国有条件率先实现突破的高技术产业。湖北武汉东湖新技术开发区在光电子信息产业领域独树一帜。要加强技术研发攻关，掌握更多具有自主知识产权的核心技术，不断延伸创新链、完善产业链，为推动我国光电子信息产业加快发展作出更大贡献。随着我国发展壮大，突破"卡脖子"关键核心技术刻不容缓，必须坚持问题导向，发挥新型举国体制优势，踔厉奋发、奋起直追，加快实现科技自立自强。

推动我国制造业转型升级，建设制造强国，必须加强技术研发，提高国产化替代率，把科技的命脉牢牢掌握在自己手中，国家才能真正强大起来。

（二）科技创新，一靠投入，二靠人才

习近平总书记指出，我国是世界第二大经济体，但还有不少短板，一些产业的基础还不是很牢固，进一步发展必须靠创新。全面建设社会主义现代化国家，实现第二个百年奋斗目标，创新是一个决定性因素。党中央高度重视科技创新，实施科教兴国战略和创新驱动发展战略。如果我们每一座城市、每一个高新技术开发区、每一家科技企业、每一位科研工作者都能围绕国家确定的发展方向扎扎实实推进科技创新，那么我们就一定能够实现既定目标。我们这一代人必须承担起这一光荣使命。

习近平总书记指出，党中央十分关心科技人才成长，各级党委和政府要尽可能创造有利于科技创新的体制机制和工作生活环境，让科技工作者为祖国和人民作贡献。希望大家继续努力，取得更大成绩。

美国科技霸权妨害创新和发展 ①

【引　言】为加码对华打压，美国近年来不择手段，打着维护"国家安全"的幌子出台"芯片法案"等一系列遏制中国科技和产业发展的举措，充分体现其霸权思维和"双标"做派。

【摘　要】当今世界正经历百年未有之大变局，党的二十大报告指出："我们必须增强忧患意识，坚持底线思维，做到居安思危、未雨绸缪，准备经受风高浪急甚至惊涛骇浪的重大考验。"来自外部的打压遏制随时可能升级，以美国为首的西方国家零和博弈执念根深蒂固，不惜利用科技霸权阻碍中国发展，我们只有坚持创新驱动发展战略、实现高水平科技自立自强，才能不惧"惊涛骇浪"，敢于"乘风破浪"。

【关键词】科技霸权打压　逆全球化

美方为维护科技霸权，已彻底抛弃公平竞争原则，不惜将科技和产业问题政治化、工具化、意识形态化，为全球科技合作创新设卡立障。

科技遏华战略用心险恶

近年来，中国科技发展取得举世瞩目的成就，美国则将自身在某些领域的科技实力和影响力相对下降归咎于中国，泛化"国家安全"概念，渲染"中国威胁"，鼓吹开展对华战略竞争。

特朗普执政时期，美国将科技纳入与中国战略竞争的核心领域，开始推行以对华"脱钩"为主要特征的战略，出台"中国行动计划"大规模清查中国籍和华裔科学家，将大量中国企业和机构列入"实体清单"，企图阻断知识、技术、人

---

①　案例来源：《美国科技霸权妨害创新和发展 —— 解构美国"市场经济"真相系列述评之三》，新华网 2022 年 8 月 16 日，有删改。

才等在两国间的流动。

拜登政府沿袭科技遏华战略,一方面将意识形态融入科技竞争,拉拢盟友共同围堵中国;一方面试图更精准地对中国封锁关键技术。美国推动成立"美国—欧盟贸易和技术委员会"、为组建"半导体四方联盟"进行游说等动作,图谋使全球技术体系和供应链"去中国化"。

2022年8月上旬,拜登正式签署"芯片法案"。根据这一法案,美国政府将投入巨额资金支持美国芯片制造和研发,但只要接受美国政府补贴,企业10年内不得在中国或任何其他国家扩大先进芯片产能。这是典型的差异化产业扶持政策,借推动芯片制造"回流"美国本土,打压其他国家发展、维系美国霸权。

以"芯片法案"为代表,美国与中国开展科技战略竞争的内核并非致力于激发自身竞争力,而是动用战略、经贸、外交等工具挤压中国发展空间,延续美国在关键技术和高科技产业等方面的优势。

科技霸权践踏市场经济规则

在根深蒂固的零和思维影响下,美国惯于用对抗的方式处理国际关系,依靠在军事、金融等领域的霸权,打压其认定的对手。多年来,美国为维护自身科技领先及产业优势地位,从实施技术封锁到征收高额关税,再到捕风捉影、栽赃诬陷,各种手段无所不用其极。

20世纪80年代,日本半导体产业蓬勃发展,一度压倒美国企业。为此,美国祭出高额关税和强制规定市场份额等"重拳",打击东芝、日立等日本半导体企业,导致它们至今元气未复。

法国阿尔斯通公司曾在核电、电气等领域一枝独秀。2013年,美国以违反《反海外腐败法》为由逮捕该公司高管弗雷德里克·皮耶鲁齐,随后对他提起诉讼并对阿尔斯通公司处以巨额罚款。在美方施压下,阿尔斯通最终将相关业务部门出售给主要竞争对手美国通用电气公司。

美国对中国科技竞争力的发展前景感到焦虑,又故技重施,以胁迫方式打压中国科技企业。除美国商务部将华为及相关实体列入"实体清单"外,美国联邦通信委员会去年要求用户数量在1000万以下的美国电信商"移除并更换"华为和中兴设备,并斥资19亿美元作为补贴。这些做法不惜"割肉"也要彻底"屏蔽"

中国科技企业，粗暴践踏了按技术、价格等要素自由竞争的市场经济规则。

法国国际关系和战略研究院研究员阿里·拉伊迪在《隐秘战争》一书中指出，美国通过"长臂管辖"堂而皇之地对任何国家施压，无论盟国还是对手，完全是"只手遮天"。

"脱钩断链"悖逆全球化潮流

经济全球化推动形成世界范围内的产业分工与协作。中美产业互补性强，即使在美方推行"脱钩"政策背景下，2021年中美贸易额仍达到创纪录的7500多亿美元；2022年1至6月，美国实际对华投资增长26.1%。

在科技创新产业方面，两国同样有着深厚的共同利益。英国《金融时报》报道曾指出，中美两个科技大国联系紧密，一旦"脱钩"将给数百家美国科技公司带来沉重打击。而美国强行割裂中美产业合作，人为制造创新"孤岛"，受害者包括美国自身甚至全世界，美国自身创新能力也必然受到严重削弱。美国前财长、保尔森基金会主席亨利·保尔森认为，"脱钩"政策将在全球经济中建立不兼容规则和标准，阻碍创新和经济增长。

众多美国企业也不愿和有利于资源优化配置的中国市场"脱钩"。中国美国商会发布的《美国企业在中国白皮书》显示，超过三分之二的受访企业认为中国仍是其在全球的前三大投资市场；83%的受访企业表示，没有考虑将生产或采购转移到中国以外。

全球化发展到今天，零和思维、冷战思维早已落后于时代。中美开展互利共赢的科技合作对促进全球发展与人类进步意义重大。美方应跳出零和博弈的执念，尊重其他国家的正当发展权利，停止对中方实施无底线打压遏制，推动中美产业界在开放市场条件下公平竞争、合作共赢、开拓创新。这符合中美双方利益，也符合国际社会共同期待。

◆ 案例分析 ◆

世界形势风云变幻，应对美国以科技霸权的遏华战略，我国唯有科技创新自立自强。在民族复兴的关键时刻，不能被"卡脖子"问题阻碍了国家发展。习近平总书记强调"关键技术是要不来、买不来、讨不来的"，"努力实现关键核心技术自主可控，把创新主动权、发展主动权牢牢掌握在自己手中"。① 中国要想进入创新型国家前列，必须坚持创新驱动发展战略、实现高水平科技自立自强。习近平总书记指明了具体方向：一是加强基础研究；二是推动科技管理职能转变；三是大力培养使用战略科学家；四是优化配置创新资源；五是实现科教兴国、人才强国、创新驱动发展三大战略有效联动。在以习近平同志为核心的党中央坚强领导下，我们不惧怕风高浪急甚至惊涛骇浪，青年学子在全面建设社会主义现代化国家新征程上要更加明确自己的使命担当，学好专业技术知识，练就好真本领，争取助力我国早日步入创新型国家前列。

 实验实践思考题

1. 如何理解教育、科技、人才的基础性战略性支撑作用？

2. 为什么要坚持创新在我国现代化建设全局中的核心地位？

3. 为什么科技的命脉要牢牢把握在自己手中？

---

① 《在中国科学院第十九次院士大会、中国工程院第十四次院士大会上的讲话》，《人民日报》2018年5月29日。

专题六 以习近平法治思想为指导 全面推进中国特色社会主义法治体系建设

全面依法治国是国家治理的一场深刻革命，关系党执政兴国，关系人民幸福安康，关系党和国家长治久安。①

【引文】新时代坚持以习近平法治思想为指导，深入践行习近平法治思想，坚持走中国特色社会主义法治道路，完善中国特色社会主义法治体系、建设社会主义法治国家，围绕保障和促进社会公平正义，坚持依法治国、依法执政、依法行政共同推进，坚持法治国家、法治政府、法治社会一体建设，全面推进国家各方面工作法治化。

一、习近平法治思想的核心要义

在 2020 年 11 月召开的中央全面依法治国工作会议上，我们党正式提出"习近平法治思想"，不仅具有十分重大的理论和实践意义，而且具有非常深刻的政治和法治价值。习近平法治思想从我国革命、建设、改革的伟大实践出发，着眼全面建设社会主义现代化国家、实现中华民族伟大复兴的奋斗目标，深刻回答了新时代为什么实行全面依法治国、怎样实行全面依法治国等一系列重大问题，是

---

① 《中国共产党第二十次全国代表大会文件汇编》，人民出版社 2022 年版，第 33 页。

一个内涵丰富、论述深刻、逻辑严密、体系完备、博大精深的法治思想理论体系。概括起来，其核心要义如下。

1. 坚持党对全面依法治国的领导，是中国特色社会主义法治的本质特征和内在要求

党政军民学、东西南北中，党是领导一切的。中国共产党的领导是中国特色社会主义最本质的特征，是社会主义法治最根本的保证，是社会主义法治之魂。全面依法治国绝不是要削弱党的领导，而是要加强和改善党的领导，不断提高党领导依法治国的能力和水平，巩固党的执政地位。必须推进党的领导制度化、法治化，不断完善党的领导体制和工作机制，把党的领导贯彻到全面依法治国全过程和各方面，具体落实到党领导立法、保证执法、支持司法、带头守法的各环节。

2. 坚持以人民为中心，是全面推进依法治国的力量源泉

人民是国家的主人，依法治国的主体。社会主义法治建设必须为了人民、依靠人民、造福人民、保护人民。人民幸福生活是最大的人权。推进全面依法治国，根本目的是依法保障人民权益。要依法保障全体公民享有广泛的权利，保障公民的人身权、财产权、基本政治权利等各项权利不受侵犯，保证公民的经济、文化、社会等各方面权利得到落实，不断增强人民群众获得感、幸福感、安全感，用法治保障人民安居乐业。公平正义是我们党追求的崇高价值。要牢牢把握社会公平正义这一法治价值追求，努力让人民群众在每一项法律制度、每一个执法决定、每一宗司法案件中都感受到公平正义。

3. 坚持中国特色社会主义法治道路，是全面推进依法治国的发展道路和正确方向

道路决定命运，道路决定前途。中国特色社会主义法治道路本质上是中国特色社会主义道路在法治领域的具体体现。全面推进依法治国必须走对路。我们既不走封闭僵化的老路，也不走改旗易帜的邪路，而要从中国国情和实际出发，传承中华优秀传统法律文化，从我国革命、建设、改革的实践中探索适合自己的法治道路，为全面建设社会主义现代化国家、实现中华民族伟大复兴夯实法治基础。我们要学习借鉴人类法治文明的有益成果，但决不能照搬别国的模式和做法，决不能走西方"宪政""三权鼎立""司法独立"的路子。

4．坚持依宪治国、依宪执政，是全面推进依法治国的工作重点

宪法是国家的根本大法，是治国安邦的总章程，是党和人民意志的集中体现，具有最高的法律地位、法律权威、法律效力。坚持依法治国首先要坚持依宪治国，坚持依法执政首先要坚持依宪执政。党领导人民制定宪法法律，领导人民实施宪法法律，党自身必须在宪法法律范围内活动。要坚持宪法确定的中国共产党领导地位不动摇，坚持宪法确定的人民民主专政的国体和人民代表大会制度的政体不动摇，加强宪法实施和监督，推进合宪性审查工作，维护宪法权威。

5．坚持在法治轨道上推进国家治理体系和治理能力现代化，是实现良法善治的必由之路

坚持全面依法治国，是中国特色社会主义国家制度和国家治理体系的显著优势。法治是国家治理体系和治理能力的重要依托。宪法是国家根本大法，是国家制度和法律法规的总依据。通过宪法法律确认和巩固国家根本制度、基本制度、重要制度，并运用国家强制力保证实施，保障了国家治理体系的系统性、规范性、协调性、稳定性。实现国家治理现代化，必须推进国家治理的制度化、程序化、法治化，在宪法范围内和法治轨道上推进国家治理体系和治理能力现代化，充分实现国家和社会治理的有法可依、有法必依、执法必严、违法必究。

6．坚持建设中国特色社会主义法治体系，是全面推进依法治国的发展目标和总抓手

必须抓住建设中国特色社会主义法治体系这个总抓手，依法治国各项工作都要围绕这个总抓手来谋划、推进。努力形成完备的法律规范体系、高效的法治实施体系、严密的法治监督体系、有力的法治保障体系，形成完善的党内法规体系。充分发挥依法治国和依规治党的互补性作用，确保党既依据宪法法律治国理政，又依据党内法规管党治党、从严治党。坚持依法治国和以德治国相结合，法安天下，德润民心，实现法治和德治相辅相成、相得益彰。

7．坚持依法治国、依法执政、依法行政共同推进，法治国家、法治政府、法治社会一体建设，是全面推进依法治国的战略布局

全面依法治国是一个系统工程，必须统筹兼顾、把握重点、整体谋划，更加注重系统性、整体性、协同性。依法治国、依法执政、依法行政是一个有机整体，关键在于党要坚持依法执政、各级政府要坚持依法行政。法治国家、法治政府、法治社会三者各有侧重、相辅相成，法治国家是法治建设的目标，法治政府是建设法治国家的主体，法治社会是构筑法治国家的基础。法治政府建设是重点任务和主体工程，要重点推进，率先突破。

8.坚持全面推进科学立法、严格执法、公正司法、全民守法，是新时代法治建设的"十六字"方针

在全面推进依法治国的工作格局中，科学立法是前提条件，严格执法是关键环节，公正司法是重要任务，全民守法是基础工程。开启全面依法治国新征程，要完善中国特色社会主义法律体系，加强重点领域、新兴领域、涉外领域立法，提高依法行政水平，完善监察权、审判权、检察权运行和监督机制，促进司法公正，有效发挥法治固根本、稳预期、利长远的保障作用。全面推进依法治国需要全社会共同参与，需要全社会法治观念增强，必须深入开展法治宣传教育，在全社会弘扬社会主义法治精神，建设社会主义法治文化。

9.坚持统筹推进国内法治和涉外法治，是建设法治强国的必然要求

法治兴则国兴，法治强则国强，面对世界百年未有之大变局，必须统筹推进国内法治发展和涉外法治建设，积极参与全球治理体系改革和建设，加强涉外法治体系建设，加强国际法运用，维护以联合国为核心的国际体系和以国际法为基础的国际秩序，共同应对全球性挑战。中国走向世界，以负责任大国形象参与国际事务，必须善于运用法治，加强国际法治合作，推动全球治理体系变革，构建人类命运共同体。

10.坚持建设德才兼备的高素质法治工作队伍，是全面推进依法治国的组织保障

全面推进依法治国，必须着力建设一支忠于党、忠于国家、忠于人民、忠于法律的社会主义法治工作队伍，推进法治专门队伍正规化、专业化、职业化，提高职业素养和专业水平。坚持立德树人，德法兼修，努力培养造就一大批高素质法治人才及后备力量。

11.坚持抓住领导干部这个"关键少数"，是全面推进依法治国的关键问题

领导干部具体行使党的执政权和国家立法权、行政权、监察权、司法权，是全面依法治国的关键。全面推进依法治国必须抓住领导干部这个"关键少数"，不断提高他们运用法治思维和法治方式深化改革、推动发展、化解矛盾、维护稳定的能力，要求他们做尊法学法守法用法的模范。要坚持依法治权，用宪法和法律法规设定权力、规范权力、制约权力、监督权力，把权力关进法律和制度的笼子里。

二、践行习近平法治思想，坚持全面依法治国

全面依法治国是中国特色社会主义的本质要求和重要保障，是国家治理的一场深刻革命。习近平法治思想是中国特色社会主义法治理论的重大创新发展。习近平法治思想坚持马克思主义立场观点方法，坚持科学社会主义基本原理，植根于中华优秀传统法律文化和中国法治建设实践，借鉴人类法治文明有益成果，在解决中国法治实践问题的过程中为丰富马克思主义科学体系作出了重大原创性、集成性贡献。习近平法治思想是对马克思主义法治理论的重要思想传承，是中国特色社会主义法治理论的重大创新发展，是习近平新时代中国特色社会主义思想的重要组成部分，是新时代全面依法治国必须长期坚持的指导思想。

（一）践行习近平法治思想

习近平法治思想是党带领人民百年法治实践的重大成就和历史经验总结。党的百年法治史是党对马克思主义法治理论的践行史、发展史、深化史。特别是党的十八大以来，以习近平同志为核心的党中央，从关系党和国家前途命运、长治久安的战略全局高度，来定位法治、布局法治、厉行法治，明确将全面依法治国纳入"四个全面"战略布局予以有力推进，坚持依规治党、形成比较完善的党内法规体系，全面依法治国，在社会主义法治建设史上谱写新篇章。

1. 推动习近平法治思想学习教育培训取得新实效

持续强化理论武装，筑牢信仰之基、补足精神之钙、把稳思想之舵。要以习近平法治思想为指引，筑牢"关键少数"法治信仰之基，全面武装法治工作队伍

头脑，全方位指导法学教育和法学研究，凝聚全社会推进法治建设思想共识。要通过全面系统深入的学习教育培训，不断提高领导干部运用法治思维和法治方式应对重大挑战、抵御重大风险、克服重大阻力、解决重大矛盾的能力，提高法治工作队伍推进法治建设的水平，提高广大群众自觉守法、遇事找法、解决问题靠法的意识，真正使法治成为社会共识和基本准则。

2.推动习近平法治思想研究阐释取得新成果

持续深化研究阐释，准确把握核心要义、领会精神实质并不断丰富发展。要深化对习近平法治思想核心要义"十一个坚持"① 的研究阐释，深刻阐明蕴含其中的历史逻辑、理论渊源、实践价值、世界意义，推出一批有分量的研究成果。加强对习近平法治思想的原创性概念、判断、范畴、理论的研究，对具有时代性、标识性、融通性的新概念新论断作出深度解读，深刻阐明习近平法治思想的重大原创性贡献和开创性意义。加强统筹协调，坚持研用结合，突出实践特色，深化对习近平法治思想重大理论和实践问题研究，不断提高为全面建成社会主义现代化强国提供有力法治保障的能力。

3.推动开创全面依法治国新局面

坚持科学理论指导，深刻领悟习近平法治思想的实践要求，把学习贯彻习近平法治思想的成效转化为推动全面依法治国谋新篇、开新局的举措，扎实做好习近平法治思想的重大战略部署落实。围绕服务保障党和国家中心工作，紧扣国家"十四五"规划，加快重点领域、新兴领域和涉外领域立法，围绕服务和保障国家重大发展战略加强顶层设计，以良法善治保障经济持续健康发展、社会大局长期稳定。加快建设中国特色社会主义法治体系，统筹推进法律规范、法治实施、法治监督、法治保障和党内法规体系建设。深化法治领域全面改革，深入贯彻中央全面依法治国工作会议精神，聚焦重大部署、重要任务、重点工作，制定工作

---

① 十一个坚持：坚持党对全面依法治国的领导；坚持以人民为中心；坚持中国特色社会主义法治道路；坚持依宪治国、依宪执政；坚持在法治轨道上推进国家治理体系和治理能力现代化；坚持建设中国特色社会主义法治体系；坚持依法治国、依法执政、依法行政共同推进，法治国家、法治政府、法治社会一体建设；坚持全面推进科学立法、严格执法、公正司法、全民守法；坚持统筹推进国内法治和涉外法治；坚持建设德才兼备的高素质法治工作队伍；坚持抓住领导干部这个"关键少数"。

方案，细化任务要求，务求取得突破。加快涉外法治工作战略布局，协调推进国内治理和国际治理，把法治应对摆在更加突出的位置，更好地维护国家主权、安全、发展利益。

（二）全面推进依法治国

党的十九届六中全会指出的"明确全面推进依法治国总目标是建设中国特色社会主义法治体系、建设社会主义法治国家"，充分彰显我们党领导人民坚定不移推进社会主义法治建设的坚强意志和决心，对于全面推进依法治国具有举旗定向、纲举目张的重大意义。

1．坚持全面推进依法治国的正确方向

全面推进依法治国总目标是建设中国特色社会主义法治体系、建设社会主义法治国家，我国将坚定不移走中国特色社会主义法治道路，始终坚持我国法治的社会主义性质和正确方向，使全党全国各族人民进一步凝聚共识、坚定决心，扎实有序推进全面依法治国各项工作，在法治轨道上推进国家治理体系和治理能力现代化。

实践已经证明，中国特色社会主义法治道路是社会主义法治建设成就和经验的集中体现，是建设社会主义法治国家的唯一正确道路，从根本上保证了我国社会主义法治建设的正确方向。党的领导是中国特色社会主义最本质的特征，是社会主义法治最根本的保证。中国特色社会主义制度是中国特色社会主义法治体系的根本制度基础，是全面推进依法治国的根本制度保障。中国特色社会主义法治理论是中国特色社会主义法治体系的理论指导和学理支撑，是全面推进依法治国的行动指南。以上三个方面构成了中国特色社会主义法治道路的核心要义，规定和确保了中国特色社会主义法治体系的制度属性和前进方向。

2．准确把握全面推进依法治国的总抓手

全面推进依法治国涉及很多方面，在实际工作中必须有一个总揽全局、牵引各方的总抓手，这个总抓手就是建设中国特色社会主义法治体系。依法治国各项工作，都要围绕这个总抓手来谋划、来推进。中国特色社会主义法治体系，既是国家治理体系的骨干工程，也是建设社会主义法治国家的基础工程。全面推进依法治国，必须抓住建设中国特色社会主义法治体系这个总抓手，加快形成完备的

法律规范体系、高效的法治实施体系、严密的法治监督体系、有力的法治保障体系，形成完善的党内法规体系，不断开创法治中国建设新局面。

3．围绕总目标统筹推进全面依法治国

作为一个系统工程，全面依法治国重在"全面"。党的十八大以来，习近平总书记在深刻总结我国社会主义法治建设实践的基础上对新时代推进法治中国建设作出重大战略部署和总体安排，明确提出要"准确把握全面推进依法治国工作布局，坚持依法治国、依法执政、依法行政共同推进，坚持法治国家、法治政府、法治社会一体建设"[①]。习近平总书记的指示使我们进一步明确了实现全面推进依法治国总目标的具体路径和工作方法。依法治国、依法执政、依法行政是一个有机整体，法治国家、法治政府、法治社会各有侧重、相辅相成，必须共同推进、一体建设。我们既要在谋划上通盘考虑、整体部署，在推进上协同发力、形成合力，又要把握重点，牢牢抓住依法执政和依法行政这两个关键。在一体建设中，法治政府建设是重点任务和主体工程，要在坚持法治国家、法治社会建设力度不减的前提下，进一步加大法治政府建设力度，实现率先突破。

三、法治体系不断健全，法治中国建设阔步前行

在向第二个百年奋斗目标进军的新征程上，我国不断健全社会主义法治体系，充分发挥社会主义法治体系的鲜明特点和突出优势，将法治中国建设向纵深推进，为全面建成社会主义现代化强国、实现中华民族伟大复兴提供坚强的法治保障。

（一）中国特色社会主义法治体系的鲜明特点和突出优势[②]

党的十八大以来，习近平总书记提出"中国特色社会主义法治体系"，作为全面推进依法治国的总抓手和总目标，并发表一系列重要论述深刻揭示了其重大

---

① 《习近平谈治国理政》（第二卷），外文出版社 2017 年版，第 119 页。
② 参见《中国特色社会主义法治体系的鲜明特点和突出优势》，《红旗文稿》2022 年第4 期。

意义和基本内涵。中国特色社会主义法治体系的特点和优势极为丰富，其鲜明特点和突出优势有四个方面。

1. 坚持党的领导

党的领导是中国特色社会主义法治之魂。中国共产党的领导是中国特色社会主义最本质的特征，是中国特色社会主义制度的最大优势。建设中国特色社会主义法治体系作为全面推进依法治国的总抓手和总目标，必须坚持党的领导。党的领导是建设中国特色社会主义法治体系区别于其他西方国家的鲜明特点。唯有坚持党的领导这个突出优势，中国特色社会主义法治体系才能得以建立。正如习近平总书记指出，我们必须牢记，"党的领导是中国特色社会主义法治之魂，是我们的法治同西方资本主义国家的法治最大的区别"[①]。

党的领导是社会主义法治最根本的保证。党的领导能够保证中国特色社会主义法治体系建设的正确方向和切实落实。建设中国特色社会主义法治体系是一个庞大的系统性工程，涉及党和国家、社会治理各方面。只有在党的领导下，中国特色社会主义法治体系建设才能顺利进行。

党的领导能够保证中国特色社会主义法治体系建设始终以人民为中心。习近平总书记指出："要始终坚持以人民为中心，坚持法治为了人民、依靠人民、造福人民、保护人民，把体现人民利益、反映人民愿望、维护人民权益、增进人民福祉落实到法治体系建设全过程。"[②] 党的领导、人民当家作主和依法治国是有机统一的，其中党的领导是根本政治保证，也是实现三者有机统一的核心力量。党的性质和宗旨决定了党的意志和人民意志高度统一。

加强党的领导是推进中国特色社会主义法治体系建设的重要目的。要推进党的领导融入法治体系，善于使党的主张通过法定程序成为国家意志、转化为法律法规，把党的领导制度法治化体系贯彻到国家治理各领域、各方面和各环节，通过法治体系推进党的基本理论、基本路线和基本方略有效实施。

2. 坚持中国特色社会主义制度

中国特色社会主义法治道路的核心要义规定和确保了中国特色社会主义法治

---

① 《习近平关于全面依法治国论述摘编》，中央文献出版社 2015 年版，第 35 页。

② 《习近平在中共中央政治局第三十五次集体学习时强调　坚定不移走中国特色社会主义法治道路　更好推进中国特色社会主义法治体系建设》，《人民日报》2021 年 12 月 8 日。

体系的制度属性和前进方向。其中，坚持中国特色社会主义制度是三大核心要义之一。

习近平总书记指出，"中国特色社会主义法治体系是中国特色社会主义制度的重要组成部分"①。党的十九届四中全会明确提出了坚持和完善中国特色社会主义制度、推进国家治理体系和治理能力现代化的"十三个坚持和完善"。其中一个就是"坚持和完善中国特色社会主义法治体系，提高党依法治国、依法执政能力"。可见，中国特色社会主义法治体系围绕巩固中国特色社会主义制度的战略需要来进行建设。中国特色社会主义制度是中国特色社会主义法治体系的根本制度基础。我国国家治理的一切工作和活动都依照中国特色社会主义制度展开，全面依法治国作为我国国家治理的一场深刻革命，其建设也必须依照中国特色社会主义制度展开。

锚定社会主义方向。中国特色社会主义法治体系是中国特色社会主义制度的法律表现形式，这就决定了它的属性必然是社会主义。因此，坚持中国特色社会主义制度，要求建设中国特色社会主义法治体系必须锚定社会主义方向。中国特色社会主义法治体系是社会主义的，必须同社会主义属性相配套。只有坚定社会主义方向不动摇，才能彰显中国特色社会主义法治体系的鲜明特点和突出优势。对此，习近平总书记指出，建设中国特色社会主义法治体系，"不能被西方错误思潮所误导"，在谈到深化法治领域改革时，强调，"决不能把改革变成'对标'西方法治体系、'追捧'西方法治实践"。②

牢牢把握中国特色。中国特色社会主义制度之所以具有强大生命力和巨大优越性、深得广大人民群众拥护，其中一个重要原因就是它具有"中国特色"，是立足中国国情、植根中国大地、汲取中华优秀文化形成的科学制度体系。走什么样的法治道路、建设什么样的法治体系，是由一个国家的基本国情决定的。我们要建设的中国特色社会主义法治体系，必须是扎根中国文化、立足中国国情、解决中国问题的法治体系。

---

① 《习近平在中共中央政治局第三十五次集体学习时强调 坚定不移走中国特色社会主义法治道路 更好推进中国特色社会主义法治体系建设》，《人民日报》2021年12月8日。

② 《〈求是〉杂志发表习近平总书记重要文章 坚持走中国特色社会主义法治道路，更好推进中国特色社会主义法治体系建设》，《人民日报》2022年2月16日。

3．坚持依法治国和依规治党有机统一

以"大法治"格局谋划中国特色社会主义法治体系。党的十八届四中全会强调，要形成完备的法律规范体系、高效的法治实施体系、严密的法治监督体系、有力的法治保障体系，形成完善的党内法规体系，明确把党内法规体系纳入中国特色社会主义法治体系。可见，"大法治"格局下的中国特色社会主义法治体系，同时包括国家法治体系和党内法规体系。这在世界法治实践中独一无二，是中国特色社会主义法治体系相较其他国家法治体系的鲜明特点和突出优势。党的十八大以来，以习近平同志为核心的党中央坚持依法治国与制度治党、依规治党统筹推进、一体建设，使两套相对独立又密切联系的法治体系协同形成国家治理的强大合力。尤其是党内法规制度建设取得前所未有的大发展，党内法规作为党领导人民探索出来的政党治理新道路，彰显出强大的执政兴国治理效能，成为"中国之治"的一个独特治理密码、呈现中国特色社会主义制度优势的一张金色名片。

依法治国为依规治党提供坚实基础。党领导人民进行法治建设积累的宝贵实践经验，为坚持依规治党、推进党内法规制度建设提供了有力支撑。坚持依规治党、党内法规制度建设是全面依法治国在管党治党领域的具体体现，是党运用法治思维和法治方式推进全面从严治党的生动实践，本质上也属于法治建设。党的十八大以来依规治党、党内法规制度建设之所以成效卓著，一个重要原因就是党把法治建设的宝贵经验有效运用其中。

依规治党为依法治国提供政治保障。习近平总书记明确指出："要发挥依规治党对党和国家事业发展的政治保障作用。"[①] 依法治国的顺利推进需要依靠依规治党提供政治保障。中国共产党作为中国的执政党，要发挥先锋队的模范带头作用。各级党组织和广大党员要具有坚定的法治信仰，树立牢固的制度意识，以更为严格的纪律规矩要求自己，方能带领人民凝聚起建设法治中国的强大力量。党员领导干部是全面推进依法治国的"关键少数"，坚持依规治党能有效增强其法治素养和提升其法治能力。

---

① 《习近平在中共中央政治局第三十五次集体学习时强调　坚定不移走中国特色社会主义法治道路　更好推进中国特色社会主义法治体系建设》，《人民日报》2021 年 12 月 8 日。

4．坚持依法治国和以德治国相结合

中国共产党不仅把法治作为领导人民治国理政的基本方式，还创造性地提出并坚持依法治国和以德治国相结合。习近平总书记反复强调并深刻阐释了依法治国和以德治国为何相结合、如何相结合等一系列重大理论和实践问题，为中国特色社会主义法治体系更好彰显法治与德治合力提供了根本遵循。

法律与道德密切相关、属性兼容。习近平总书记指出："法律是成文的道德，道德是内心的法律。"[①] 可见，法律和道德虽然不同，但具有内在一致性；法律是底线的道德，道德可以蕴含在法律之中。从本质上来说，法律和道德都属于规则范畴，皆具有规范社会行为、调节社会关系、维护社会秩序的重要作用。在功能上，法治和德治能够相互补充、相互促进、相得益彰。两者协同发力能够在国家治理中发挥"1+1>2"的系统集成效能。这是党以史为鉴、在治国实践中探索出来的法治规律。党领导人民探索出来的"中国特色社会主义法治道路的一个鲜明特点，就是坚持依法治国和以德治国相结合，强调法治和德治两手抓、两手都要硬"[②]。

要以道德支撑法治。习近平总书记指出，坚持依法治国和以德治国相结合，就要重视发挥道德的教化作用，提高全社会文明程度，为全面依法治国创造良好人文环境。[③] 道德是法律的基础，道德滋养对于法律信仰、法治观念、规则意识的培养具有基础性作用。合乎道德、具有深厚道德基础的法律，才能为更多人所自觉遵行。也就是说，只有以道德支撑法治，法治之治才能具备坚实的社会基础。同时，要以法治保障道德。习近平总书记强调："要注意把一些基本道德规范转化为法律规范，使法律法规更多体现道德理念和人文关怀，通过法律的强制力来强化道德作用、确保道德底线，推动全社会道德素质提升。"[④]

① 《习近平关于全面依法治国论述摘编》，中央文献出版社 2015 年版，第 29 页。

② 《习近平在中国政法大学考察时强调 立德树人德法兼修抓好法治人才培养 励志勤学刻苦磨炼 促进青年成长进步》，《人民日报》2017 年 5 月 4 日。

③ 《习近平在中共中央政治局第三十七次集体学习时强调 坚持依法治国和以德治国相结合 推进国家治理体系和治理能力现代化》，《人民日报》2016 年 12 月 11 日。

④ 《习近平关于全面依法治国论述摘编》，中央文献出版社 2015 年版，第 30 页。

（二）不断健全社会主义法治体系，加快建设法治中国

法治兴则民族兴，法治强则国家强。当前，我国正处在实现中华民族伟大复兴的关键时期，世界百年未有之大变局加速演进，改革发展稳定任务艰巨繁重，对外开放深入推进，需要更好发挥法治固根本、稳预期、利长远的作用。

从国内看，我们已经踏上了全面建设社会主义现代化国家、向第二个百年奋斗目标进军的新征程，立足新发展阶段，贯彻新发展理念，构建新发展格局，推动高质量发展，满足人民对民主、法治、公平、正义、安全、环境等方面日益增长的要求，提高人民生活品质，促进共同富裕，都对法治建设提出了新的更高要求。我们必须提高法治中国建设的能力和水平，为全面建设社会主义现代化国家、实现第二个百年奋斗目标提供有力法治保障。

从国际看，世界进入动荡变革期，国际竞争越来越体现为制度、规则、法律之争。我们必须加强涉外法律法规体系建设，提升涉外执法司法效能，坚决维护国家主权、安全、发展利益。

1. 坚持法治体系建设正确方向

"全面推进依法治国这件大事能不能办好，最关键的是方向是不是正确、政治保证是不是坚强有力，具体讲就是要坚持党的领导，坚持中国特色社会主义制度，贯彻中国特色社会主义法治理论。"[1] "中国特色社会主义法治体系是中国特色社会主义制度的重要组成部分，必须牢牢把握中国特色社会主义这个定性，正确处理政治和法治、改革和法治、依法治国和以德治国、依法治国和依规治党的关系，在坚持党的全面领导、保证人民当家作主等重大问题上做到头脑特别清晰、立场特别坚定。要始终坚持以人民为中心，坚持法治为了人民、依靠人民、造福人民、保护人民，把体现人民利益、反映人民愿望、维护人民权益、增进人民福祉落实到法治体系建设全过程。"[2]

---

[1] 《习近平关于协调推进"四个全面"战略布局论述摘编》，中央文献出版社 2015 年版，第 92—93 页。

[2] 《习近平在中共中央政治局第三十五次集体学习时强调 坚定不移走中国特色社会主义法治道路 更好推进中国特色社会主义法治体系建设》，《人民日报》2021 年 12 月 8 日。

2．加快重点领域立法

要加强国家安全、科技创新、公共卫生、生物安全、生态文明、防范风险等重要领域立法，加快数字经济、互联网金融、人工智能、大数据、云计算等领域立法步伐，努力健全国家治理急需、满足人民日益增长的美好生活需要必备的法律制度。要发挥依规治党对党和国家事业发展的政治保障作用，形成国家法律和党内法规相辅相成的格局。要聚焦人民群众急盼，加强民生领域立法。对人民群众反映强烈的电信网络诈骗、新型毒品犯罪和"邪教式"追星、"饭圈"乱象、"阴阳合同"等娱乐圈突出问题，要从完善法律入手进行规制，补齐监管漏洞和短板，决不能放任不管。这些年来，资本无序扩张问题比较突出，一些平台经济、数字经济野蛮生长、缺乏监管，带来了很多问题。要加快推进反垄断法、反不正当竞争法等修订工作，加快完善相关法律制度。

要抓住立法质量这个关键，深入推进科学立法、民主立法、依法立法，统筹立改废释纂，提高立法效率，增强立法系统性、整体性、协同性。维护国家法治统一是严肃的政治问题，各级立法机构和工作部门要遵循立法程序、严守立法权限，切实避免越权立法、重复立法、盲目立法，有效防止部门利益和地方保护主义影响。

"天下之事，不难于立法，而难于法之必行。"推进法治体系建设，在完善立法的基础上，重点和难点在于通过严格执法、公正司法、全民守法，推进法律正确实施，把"纸上的法律"变为"行动中的法律"。要健全法律面前人人平等保障机制，维护国家法制统一、尊严、权威。

3．深化法治领域改革

当前，法治领域存在的一些突出矛盾和问题，原因在于改革还没有完全到位。要围绕让人民群众在每一项法律制度、每一个执法决定、每一宗司法案件中都感受到公平正义这个目标，深化司法体制综合配套改革，加快建设公正高效权威的社会主义司法制度。要健全执法权、监察权、司法权运行机制，加强权力制约和监督。要加快构建系统完备、规范高效的执法司法制约监督体系，加强对立法权、执法权、监察权、司法权的监督，健全纪检监察机关、公安机关、检察机关、审判机关、司法行政机关各司其职，侦查权、检察权、审判权、执行权相互制约的体制机制，确保执法司法各环节、全过程在有效制约监督下进行。要加强统筹谋划，完善法治人才培养体系，加快发展律师、公证、司法鉴定、仲裁、调解等法律服务队伍，着力建设一支忠于党、忠于国家、忠于人民、忠于法律的社会主义法治工作队伍。要深化执法司法人员管理体制改革，加强法治专门队伍管理教育和培养。要深化政法队伍教育整顿，继续依法打击执法司法领域腐败行为，推动扫黑除恶常态化。

4. 运用法治手段开展国际斗争

党的十八大以来，我们统筹推进国内法治和涉外法治，运用法治方式维护国家和人民利益的能力明显提升。要坚持统筹推进国内法治和涉外法治，按照急用先行原则，加强涉外领域立法，进一步完善反制裁、反干涉、反制"长臂管辖"法律法规，推动我国法域外适用的法律体系建设。要把拓展执法司法合作纳入双边多边关系建设的重要议题，延伸保护我国海外利益的安全链。同时要加强涉外法治人才建设。

5. 加强法治理论研究和宣传

习近平总书记2021年12月6日在十九届中央政治局第三十五次集体学习时强调："要加强对我国法治的原创性概念、判断、范畴、理论的研究，加强中国特色法学学科体系、学术体系、话语体系建设。要把新时代中国特色社会主义法治思想落实到各法学学科的教材编写和教学工作中，推动进教材、进课堂、进头脑，努力培养造就更多具有坚定理想信念、强烈家国情怀、扎实法学根底的法治人才。要加强对律师队伍的政治引领，教育引导广大律师自觉遵守拥护中国共产党领导、拥护我国社会主义法治等从业基本要求，努力做党和人民满意的好律师。要把推进全民守法作为基础工程，全面落实'谁执法谁普法'普法责任制。各级领导干部要带头尊法学法守法用法，引导广大群众自觉守法、遇事找法、解决问题靠法。要总结我国法治体系建设和法治实践的经验，阐发我国优秀传统法治文化，讲好中国法治故事，提升我国法治体系和法治理论的国际影响力和话语权。"①

---

① 《习近平谈治国理政》（第四卷），外文出版社2022年版，第304页。

在法治轨道上全面建设社会主义现代化国家 [①]

【引　言】党的二十大报告提出，必须更好发挥法治固根本、稳预期、利长远的保障作用，在法治轨道上全面建设社会主义现代化国家。

【摘　要】党的二十大报告明确指出全面依法治国总体格局基本形成，并且对"坚持全面依法治国，推进法治中国建设"作出新的部署。我们必须深入学习贯彻党的二十大精神，进一步学深悟透习近平法治思想，坚定不移走中国特色社会主义法治道路，坚持党的领导、健全法治体系，增进人民福祉，打造过硬队伍，进一步推进全面依法治国，在法治轨道上全面建设社会主义现代化国家。

【关键词】依法治国　法治中国　治国理政

坚持党的领导

2020 年 5 月 28 日下午，人民大会堂，掌声如潮，《中华人民共和国民法典》诞生了。

这是新中国成立以来第一部以"法典"命名的法律，被誉为"新时代人民权利宣言书"，是推进全面依法治国的重大成果、生动缩影，对加快建设社会主义法治国家意义非凡。

党的十八大以来，以习近平同志为核心的党中央从全局和战略高度定位法治、布局法治、厉行法治，把全面依法治国纳入"四个全面"战略布局有力推进。

一系列"第一次"，深刻记录和生动见证了党中央推进全面依法治国的决心和信心。

2014 年 10 月，党的十八届四中全会首次以中央全会形式专门研究全面依法

[①] 案例来源：《在法治轨道上全面建设社会主义现代化国家》，《法治日报》2022 年 10 月 20 日，有删改。

治国，部署了 180 多项重大改革举措。

2020 年 11 月，党的历史上首次召开的中央全面依法治国工作会议，将习近平法治思想明确为全面依法治国的指导思想。

2021 年初，中共中央印发《法治中国建设规划（2020—2025 年）》，这是新中国成立以来第一个关于法治中国建设的专门规划。

…………

沧海横流显砥柱，万山磅礴看主峰。

伟大时代孕育伟大思想，伟大思想领航伟大征程。

在习近平法治思想指引下，《法治中国建设规划（2020—2025 年）》《法治政府建设实施纲要（2021—2025 年）》《法治社会建设实施纲要（2020—2025 年）》相继出台，构建起法治中国建设的"四梁八柱"，擘画了新时代全面依法治国的总蓝图、路线图和施工图，开启了良法善治的法治中国建设新征程。

历史一次次证明，越是关键时刻，越要坚持党的领导，越要发挥法治的引领、规范、保障作用。从作出"疫情防控越是到最吃劲的时候，越要坚持依法防控"的科学论断，到扫黑除恶专项斗争中坚守法治的生动实践，再到加强海南全面深化改革开放、京津冀协同发展、粤港澳大湾区建设等系列国家重大发展战略，法治从未缺位。

健全法治体系

举网以纲，千目皆张。

全面依法治国是国家治理的一场深刻革命，涉及方方面面，需要一个总揽全局、牵引各方的总抓手，而这个总抓手就是建设中国特色社会主义法治体系。

立善法于天下，则天下治。

从编纂民法典到设立国家宪法日，从制定香港特别行政区维护国家安全法到修改完善香港选举制度，十年来，我国不断完善立法规划，突出立法重点，坚持立改废释并举，截至今年 6 月底，制定、修改法律行政法规 730 余件次，现行有效法律 292 件、行政法规 598 件，中国特色社会主义法律体系日趋科学完善。

令在必信，法在必行。

党的十八大以来，执法司法改革深入推进，着力解决法治领域的突出问题，人民群众法治获得感、幸福感、安全感不断增强。

——深化行政体制改革，全面推行行政执法公示制度、执法全过程记录制度、重大执法决定法制审核制度，推动解决执法不严格、不规范、不文明、不透明等问题，加强示范创建和督察，法治政府建设扎实推进。

——深化以司法责任制为重点的司法体制改革，推进以审判为中心的刑事诉讼制度改革，推进民事诉讼程序繁简分流，严格落实防止干预司法"三个规定"，依法纠正冤错案件，社会公平正义法治保障更加有力。

——加大全民普法力度，推动形式多样的法治宣传走进千家万户，努力培育全社会办事依法、遇事找法、解决问题用法、化解矛盾靠法的法治环境，全社会法治观念、对法治的认同感明显提升。

增进人民福祉

国以民为本，社稷亦为民而立。

党的十八大以来，以习近平同志为核心的党中央坚持以人民为中心，把体现人民利益、反映人民愿望、维护人民权益、增进人民福祉落实到全面依法治国各领域全过程，全面提升新时代人民群众在法治领域的获得感、幸福感和安全感。

——曾经，"门难进、脸难看、事难办、话难听"是群众对办事难的形象比喻；如今，随着"放管服"改革的不断深入，群众"只进一扇门""最多跑一次"乃至"一网通办"就能办成事。

一个数字，印证了改革变迁：各地各部门清理证明事项 2.1 万多项，有效解决"奇葩证明""重复证明"等问题。

——曾经，立案难、执行难是长期困扰群众的"头号司法难题"；如今，通过立案登记制改革，超过 95.7% 的案件都能当场立案，通过执行改革切实解决执行难，有效杜绝"司法白条"。

——曾经，高空抛物、吃人窨井盖屡屡危害群众生命财产安全，社会反映强烈；如今，通过完善立法将高空抛物入刑、强化司法监督整治窨井盖问题，有力守护群众头顶和脚底的安全。

…………

民有所呼，我有所应。党的十八大以来，各地各部门聚焦老百姓"急难愁盼"，推进政法改革和法治建设，破解难点、痛点，有力维护人民群众合法权益、保障人民安居乐业。

打造过硬队伍

千古兴业，关键在人。

党的十八大之后特别是党的十九大以来，政法机关认真贯彻落实习近平总书记重要训词精神，深入开展党史学习教育和政法队伍教育整顿，加强执法司法队伍能力建设和职业保障，法治队伍革命化、正规化、专业化、职业化水平迈上新台阶。

领导干部是"关键少数"。2021年2月，中央全面依法治国委员会印发《关于党政主要负责人履行推进法治建设第一责任人职责情况列入年终述职内容工作的意见》，进一步完善党政主要负责人述法工作，推动习近平法治思想在"关键少数"中更加入脑入心。

胜人者有力，自胜者强。

全国政法系统坚持权力与责任相统一、责任与保障相匹配、问责与免责相结合，完善职业保障、履职保护、科技支撑等制度机制，不断增强政法队伍创造力、凝聚力、战斗力。

为筑牢清正廉洁的"防火墙"，检察机关驰而不息深化落实"三个规定"，从源头上防止关系案、人情案、金钱案发生。仅今年上半年，全国检察机关就记录报告过问或干预、插手检察办案等重大事项7.5万余件。

长风万里，奋楫笃行。

党的二十大报告为"坚持全面依法治国，推进法治中国建设"指明了前进方向。新征程上，让我们坚定信心、增强主动、砥砺前行，筑法治之基、行法治之力、积法治之势，为在法治轨道上全面建设社会主义现代化国家而不懈奋斗。

◆ 案例分析 ◆

　　依法治国是党领导人民治理国家的基本方略，法治是治国理政的基本方式。在法治轨道上全面建设社会主义现代化国家要求我们，首先坚持党的领导。党的领导是中国特色社会主义最本质的特征，是推进全面依法治国的根本保证，是中国特色社会主义法治之魂。其次要加快中国特色社会主义法治体系建设，不断夯实维护社会公平正义的根基。形成完备的法律规范体系、高效的法治实施体系、严密的法治监督体系、有力的法治保障体系。再次要站稳人民立场。推进全面依法治国，根本目的是依法保障人民权益，把以人民为中心的发展思想贯穿立法、执法、司法、守法各个环节，用法治保障人民获得感、幸福感、安全感。最后要重视法治人才的培养。建设一支德才兼备的高素质法治队伍，确保法治队伍革命化、正规化、专业化、职业化。

实验实践思考题

　　1. 中国特色社会主义法治体系的特点和优势有哪些？

　　2. 全面推进依法治国总目标是什么？

专题七 以习近平文化思想为引领 自觉担负新的文化使命

全面建设社会主义现代化国家，必须坚持中国特色社会主义文化发展道路，增强文化自信，围绕举旗帜、聚民心、育新人、兴文化、展形象建设社会主义文化强国，发展面向现代化、面向世界、面向未来的，民族的科学的大众的社会主义文化，激发全民族文化创新创造活力，增强实现中华民族伟大复兴的精神力量。①

【引文】文化是一个国家、一个民族的灵魂。党的十八大以来，以习近平同志为核心的党中央高度重视文化建设，准确把握新形势下世界范围内思想文化相互激荡、我国社会思想观念和舆论环境深刻变化等趋势，把文化建设提升到一个新的历史高度，推动我国文化建设在正本清源、守正创新中取得历史性成就、发生历史性变革，为新时代坚持和发展中国特色社会主义、开创党和国家事业全新局面提供了强大正能量。文化兴则国运兴，文化强则民族强。党的二十大报告进一步提出"推进文化自信自强，铸就社会主义文化新辉煌"的目标和任务，强调通过社会主义文化强国建设赋能以中国式现代化全面推进中华民族的伟大复兴。"因自信而谋更强，由自强而愈笃信"，习近平文化思想是新时代文化建设的强大思想武器和科学行动指南。青年大学生要坚定文化自信，在新的起点上继续推动文化繁荣、建设文化强国、建设中华民族现代文明，是我们在新时代新的文化使命。

---

① 《中国共产党第二十次全国代表大会文件汇编》，人民出版社2022年版，第35—36页。

一、建设具有强大凝聚力和引领力的社会主义意识形态

意识形态决定着一个政党的性质，也决定着一个国家文化前进的方向和道路。习近平总书记高度重视意识形态领域的建设，就意识形态领域的方向性、根本性、全局性问题作出了一系列重要论述和重大部署。2017 年 9 月 29 日，习近平总书记在中共中央政治局第四十三次集体学习时强调"在坚持以马克思主义为指导这一根本问题上，我们必须坚定不移，任何时候任何情况下都不能动摇"[①]。2019 年 10 月 31 日，党的十九届四中全会通过的《中共中央关于坚持和完善中国特色社会主义制度、推进国家治理体系和治理能力现代化若干重大问题的决定》，提出把坚持马克思主义在意识形态领域的指导地位作为繁荣发展社会主义先进文化的根本制度，这一重大制度创新和理论创新，充分体现了文化建设要坚持以马克思主义为指导。

（一）以高度文化自觉推进马克思主义中国化时代化

在中华民族发展史上，马克思主义的传入是一件具有革命性意义的大事。对于中国共产党来说，如何看待从西方传入的马克思主义，如何看待已经融入中华民族骨髓的传统文化，不仅事关马克思主义能否在中华大地生根开花，也事关中国革命道路的选择。

新民主主义革命以来，在 1938 年召开的党的六届六中全会上，毛泽东同志在深刻反思教条主义给中国革命带来巨大危害的基础上，提出"马克思主义中国化"这一科学命题，强调既要把马克思主义应用于中国的具体的环境，又要推进马克思主义与中国传统文化相结合，使马克思主义具有为中国老百姓所喜闻乐见的中国作风和中国气派。

在改革开放的历史征程中，我们党坚持马克思主义指导地位不动摇，勇敢推进各方面创新，不仅赋予了马克思主义中国化时代化更加鲜明的实践特色、理论特色、时代特色，也赋予了马克思主义中国化时代化更加鲜明的民族特色。

进入中国特色社会主义新时代，习近平总书记深刻指出："我们从来认为，

---

① 《习近平谈治国理政》（第二卷），外文出版社 2017 年版，第 66 页。

马克思主义基本原理必须同中国具体实际紧密结合起来，应该科学对待民族传统文化，科学对待世界各国文化，用人类创造的一切优秀思想文化成果武装自己。"① 这一重要论述旗帜鲜明地阐述了中国共产党的历史文化观，为我们新时代推动马克思主义中国化时代化提供了根本遵循。

回顾马克思主义中国化时代化的恢宏历程，我们不难发现，中国共产党始终秉持高度的理论自觉和文化自觉，既始终高举马克思主义旗帜不动摇，又主动担当起传承和弘扬中华优秀传统文化的历史责任，积极推动马克思主义基本原理同中华优秀传统文化相结合，不仅极大地拓展了马克思主义中国化时代化的境界，也极大地升华了中华优秀传统文化的境界。

（二）旗帜鲜明反对和抵制各种错误观点

党的十八大以来，国内外意识形态领域的斗争形势十分复杂严峻。国际上，单边主义、保护主义、霸权主义势头明显上升，强权政治对世界和平与发展的时代主题形成威胁，某些西方国家假借政治、人权、民族宗教以及国际公共卫生事件等名义，对我国进行意识形态、发展模式和价值理念等方面肆意攻击和抹黑，妄图渗透其所谓的"人权""民主"等价值观念；国内方面，改革开放后，思想文化领域也出现了许多新的特点、新的问题。意识形态领域多元多样的趋势日益明显，人们的思想更加活跃，差异性显著增强，也有不少错误的思想观念影响着人们的思想和行为，特别是网络舆论乱象丛生，拜金主义、享乐主义、极端个人主义和历史虚无主义等错误思潮不时出现，对马克思主义在意识形态领域的指导地位形成严重冲击。

以习近平同志为核心的党中央科学判断时代特征和国际形势，深刻指出中华民族伟大复兴的战略全局和世界百年未有之大变局的"两个大局"是党谋划工作的基本出发点。党发扬斗争精神，团结带领全党全国人民与西方敌对势力展开坚决斗争，敢于亮剑，给予坚决有力的回击，持续加强对各种错误思潮的辨析引导，针对意识形态领域纷繁复杂的错误社会思潮给予坚决有力的斗争，坚决捍卫

---

① 《在纪念孔子诞辰 2565 周年国际学术研讨会暨国际儒学联合会第五届会员大会开幕会上的讲话》，人民出版社 2014 年版，第 13 页。

国家和人民的利益，维护我国意识形态安全和政治安全，推动了我国意识形态领域形势发生根本性转变。2021 年 11 月 11 日，党的十九届六中全会通过的《中共中央关于党的百年奋斗重大成就和历史经验的决议》指出："党的十八大以来，我国意识形态领域形势发生全局性、根本性转变，全党全国各族人民文化自信明显增强，全社会凝聚力和向心力极大提升，为新时代开创党和国家事业新局面提供了坚强思想保证和强大精神力量。"

（三）正本清源廓清文化建设导向

坚持以马克思主义为指导，是当代中国文化区别于其他文化的根本标志。实践一再证明，只有坚持马克思主义指导地位，才能形成文化繁荣兴盛的生动局面，推动党和人民事业发展，否则会造成思想文化上的混乱，给党和人民事业带来损害。2016 年 4 月 19 日，习近平总书记在网络安全和信息化工作座谈会上指出："如果一个社会没有共同理想，没有共同目标，没有共同价值观，整天乱哄哄的，那就什么事也办不成。"[①]

坚持马克思主义在意识形态领域指导地位的根本制度，使当代中国文化建设能够有强有力的指引，从而巩固全党全国各族人民团结奋斗的共同思想基础，构筑起全党全国各族人民团结奋斗的最大同心圆，促进全党和全国人民在理想信念、价值理念、道德观念上紧紧团结在一起，动员全体人民投身到实现中华民族伟大复兴中国梦的历史进程中来。

二、以中华文化立场彰显文化特色

中国共产党是有着深厚文化情怀的马克思主义政党，以习近平同志为核心的党中央指出文化是民族的血脉和人民的精神家园，赓续并光大了中华文明。习近平总书记强调："没有中华文化繁荣兴盛，就没有中华民族伟大复兴。"[②]

---

① 《习近平谈治国理政》（第二卷），外文出版社 2017 年版，第 335 页。
② 《在文艺工作座谈会上的讲话》，人民出版社 2015 年版，第 5 页。

（一）中华优秀传统文化的创造性转化和创新性发展

党的十八大以来，习近平总书记高度重视传承和弘扬中华优秀传统文化，早在 2012 年 11 月 15 日，习近平总书记在十八届中央政治局常委同中外记者见面时的讲话中就指出："在五千多年的文明发展历程中，中华民族为人类文明进步作出了不可磨灭的贡献。"①习近平总书记在不同场合多次提出："要推动中华文明创造性转化、创新性发展，激活其生命力，让中华文明同各国人民创造的多彩文明一道，为人类提供正确精神指引。"②2017 年 1 月，中共中央办公厅、国务院办公厅印发《关于实施中华优秀传统文化传承发展工程的意见》，指出中华优秀传统文化是中国特色社会主义植根的文化沃土，是当代中国发展的突出优势，对延续和发展中华文明、促进人类文明进步，发挥着重要作用。

"欲流之远者，必浚其泉源。"一个民族的文化源远流长，方可彰显自信的底气。实现中国特色社会主义文化繁荣兴盛，要把握马克思主义基本原理同中华优秀传统文化相结合的实质，理解中华优秀传统文化绵延数千年的独特价值体系，使之得到创造性转化和创新性发展。在新时代，进一步丰富马克思主义中国化时代化的文化内涵，使之促进中国式现代化的实践探索，在中华民族伟大复兴的新征程上彰显马克思主义的中国气派，是发展中国马克思主义理论与推进中国特色社会主义事业的双重需要。

（二）中国共产党是中华优秀传统文化的忠实传承者和实践者

2016 年 7 月，习近平同志在庆祝中国共产党成立 95 周年大会上的讲话中指出："文化自信，是更基础、更广泛、更深厚的自信。在 5000 多年文明发展中孕育的中华优秀传统文化，在党和人民伟大斗争中孕育的革命文化和社会主义先进文化，积淀着中华民族最深层的精神追求，代表着中华民族独特的精神标识。"③在党的十九大报告中，习近平总书记进一步强调"中国共产党从成立之日起，既是中国先进文化的积极引领者和践行者，又是中华优秀传统文化的忠实传承者和

①《习近平谈治国理政》（第一卷），外文出版社 2018 年版，第 3 页。
②《在哲学社会科学工作座谈会上的讲话》，人民出版社 2016 年版，第 17 页。
③《习近平谈治国理政》（第二卷），外文出版社 2017 年版，第 36 页。

弘扬者"，明确了党对优秀传统文化的主体推动作用。

马克思主义因同中华优秀传统文化相结合而获得了中国人民的高度认同。马克思主义是我们认识世界、改造世界的强大思想武器，具有普遍的指导意义。但正如马克思指出的"历史是不能靠公式来创造的"那样，要发挥马克思主义的指导作用，必须同具体实际相结合、同民族文化相结合。历史地看，近代西学虽曾几度传入中国，但大都因与中华文化无法结合而折戟沉沙。马克思主义之所以能够脱颖而出，既在于其科学回应了中国的问题，也在于其与中华优秀传统文化的内在融通。习近平总书记深刻指出："马克思主义传入中国后，科学社会主义的主张受到中国人民热烈欢迎，并最终扎根中国大地、开花结果，决不是偶然的，而是同我国传承了几千年的优秀历史文化和广大人民日用而不觉的价值观念融通的。"[①] 正是在不断同中华优秀传统文化的结合中，马克思主义不仅获得了为中国老百姓所喜闻乐见的中国作风和中国气派，也获得了最深层次的文化认同。

中华优秀传统文化也因同马克思主义相结合而不断焕发新的生机活力。在近代中国最危急的时刻，中国共产党人找到了马克思列宁主义，并坚持把马克思列宁主义同中国具体实际相结合，用马克思主义真理的力量激活了中华民族历经几千年创造的伟大文明，使中华文明再次迸发出强大精神力量。在新时代，中国共产党坚持马克思主义的立场观点方法，不仅提出了"创造性转化、创新性发展"等文化发展原则，更将中华优秀传统文化与中国特色社会主义结合起来，强调中华优秀传统文化是中国特色社会主义道路的历史文化渊源，是涵养社会主义核心价值观的重要源泉，是中国特色社会主义制度和国家治理体系形成和发展的基础，从而赋予了中华优秀传统文化更为深刻的政治意义。通过与马克思主义相结合，中华优秀传统文化不仅弦歌不绝，而且放射出了更加灿烂的时代光芒，成为中国特色社会主义先进文化不可或缺的组成部分，成为中华儿女共有的精神家园，成为新时代鼓舞人民奋勇前进的精神之源。

（三）"两个结合"实现了马克思主义中国化时代化新的飞跃

2021 年 7 月 1 日，习近平总书记在庆祝中国共产党成立 100 周年大会上的讲

---

① 习近平：《坚持和完善中国特色社会主义制度推进国家治理体系和治理能力现代化》，《求是》2020 年第 1 期。

话中提出"坚持把马克思主义基本原理同中国具体实际相结合、同中华优秀传统文化相结合"①的"两个结合"理论创新。

党的二十大报告深刻指出:"中国共产党人深刻认识到,只有把马克思主义基本原理同中国具体实际相结合、同中华优秀传统文化相结合,坚持运用辩证唯物主义和历史唯物主义,才能正确回答时代和实践提出的重大问题,才能始终保持马克思主义的蓬勃生机和旺盛活力。""两个结合"的重大理论观点,为新时代继续推进马克思主义中国化时代化指明了方向和路径,充分体现了我们党对马克思主义发展规律和民族文化传承规律的深刻把握,对于进一步以高度文化自觉推进马克思主义中国化时代化具有重要意义。

"中国有坚定的道路自信、理论自信、制度自信,其本质是建立在5000多年文明传承基础上的文化自信。"②党的二十大报告指出:"中华优秀传统文化源远流长、博大精深,是中华文明的智慧结晶,其中蕴含的天下为公、民为邦本、为政以德、革故鼎新、任人唯贤、天人合一、自强不息、厚德载物、讲信修睦、亲仁善邻等,是中国人民在长期生产生活中积累的宇宙观、天下观、社会观、道德观的重要体现,同科学社会主义价值观主张具有高度契合性。"马克思主义同我国传承了几千年的优秀历史文化和广大人民日用而不觉的价值观念融通的,中华民族创造和延续的中华优秀传统文化,是中华民族的根和魂,是中国特色社会主义植根的文化沃土。

(四)建设中华民族现代文明③

只有全面深入了解中华文明的历史,才能更有效地推动中华优秀传统文化创造性转化、创新性发展,更有力地推进中国特色社会主义文化建设,建设中华民族现代文明。

中华优秀传统文化有很多重要元素,共同塑造出中华文明的突出特性。中华文明的连续性,从根本上决定了中华民族必然走自己的路。如果不从源远流长的历史连续性来认识中国,就不可能理解古代中国,也不可能理解现代中国,更不

① 《习近平谈治国理政》(第四卷),外文出版社2022年版,第10页。
② 《阔步走在中华民族伟大复兴的历史征程上》,《人民日报》2016年1月5日。
③ 参见《在文化传承发展座谈会上的讲话》,人民出版社2023年版,第1—9页。

可能理解未来中国。中华文明的创新性，从根本上决定了中华民族守正不守旧、尊古不复古的进取精神，决定了中华民族不惧新挑战、勇于接受新事物的无畏品格。中华文明的统一性，从根本上决定了中华民族各民族文化融为一体、即使遭遇重大挫折也牢固凝聚，决定了国土不可分、国家不可乱、民族不可散、文明不可断的共同信念，决定了国家统一永远是中国核心利益的核心，决定了一个坚强统一的国家是各族人民的命运所系。中华文明的包容性，从根本上决定了中华民族交往交流交融的历史取向，决定了中国各宗教信仰多元并存的和谐格局，决定了中华文化对世界文明兼收并蓄的开放胸怀。中华文明的和平性，从根本上决定了中国始终是世界和平的建设者、全球发展的贡献者、国际秩序的维护者，决定了中国不断追求文明交流互鉴而不搞文化霸权，决定了中国不会把自己的价值观念与政治体制强加于人，决定了中国坚持合作、不搞对抗，决不搞"党同伐异"的小圈子。

在五千多年中华文明深厚基础上开辟和发展中国特色社会主义，把马克思主义基本原理同中国具体实际、同中华优秀传统文化相结合是必由之路。这是我们在探索中国特色社会主义道路中得出的规律性认识。我们一直强调把马克思主义基本原理同中国具体实际相结合，现在我们又提出"第二个结合"。第一，"结合"的前提是彼此契合。马克思主义和中华优秀传统文化来源不同，但彼此存在高度的契合性。相互契合才能有机结合。第二，"结合"的结果是互相成就，造就了一个有机统一的新的文化生命体。"第二个结合"让马克思主义成为中国的，中华优秀传统文化成为现代的，让经由"结合"而形成的新文化成为中国式现代化的文化形态。第三，"结合"筑牢了道路根基。"第二个结合"让中国特色社会主义道路有了更加宏阔深远的历史纵深，拓展了中国特色社会主义道路的文化根基。中国式现代化赋予中华文明以现代力量，中华文明赋予中国式现代化以深厚底蕴。第四，"结合"打开了创新空间。"第二个结合"让我们掌握了思想和文化主动，并有力地作用于道路、理论和制度。更重要的是，"第二个结合"是又一次的思想解放，让我们能够在更广阔的文化空间中，充分运用中华优秀传统文化的宝贵资源，探索面向未来的理论和制度创新。第五，"结合"巩固了文化主体性。创立新时代中国特色社会主义思想就是这一文化主体性的最有力体现。

三、以社会主义核心价值观引领文化建设

党的十八大以来，习近平总书记高度重视文化建设，坚持以人民为中心的工作导向，举旗帜、聚民心、育新人、兴文化、展形象，特别强调文化建设赋能中华民族伟大复兴的作用，通过培育和践行社会主义核心价值观，逐步推动社会主义核心价值观融入法治建设、社会发展和日常生活来加强思想道德建设，推动全社会文明程度的提高；坚持以人民为中心的创作导向来发展文化事业、高质量推动文化产业发展；培育堪当民族复兴大任的时代新人，发挥文化建设在社会发展中凝聚人心、汇聚民力的价值导向作用。

（一）以社会主义核心价值观夯实中国梦的价值基础

党的十八大开启了为实现中华民族伟大复兴的中国梦而团结奋斗的新征程，社会主义核心价值观是中国梦最深厚的价值基础。党的十八大以来，以习近平同志为核心的党中央将培育和践行社会主义核心价值观作为重大战略任务，以社会主义核心价值观引领文化建设。

社会主义核心价值观是中国梦的动力源泉。2014 年 5 月 30 日，习近平总书记在北京海淀区民族小学主持召开座谈会时指出："一个民族的文明进步，一个国家的发展壮大，需要一代又一代人接力努力，需要很多力量来推动，核心价值观是其中最持久最深沉的力量。"[①] 一个民族、一个国家如果没有共同的核心价值观，那这个民族、这个国家就无法前进。核心价值观是推动一个民族、一个国家发展进步的最深沉的力量，是文化软实力的灵魂。

社会主义核心价值观包含了国家层面的价值目标、社会层面的价值取向、公民个人层面的价值准则，标明了中国梦应有的价值维度，是中国特色社会主义道路、理论、制度自信的重要支撑，也是中国梦最深厚的价值基础。

社会主义核心价值观是中国梦的道德支撑。2014 年五四青年节，习近平总书记在北京大学师生座谈会上的讲话中指出："核心价值观，其实就是一种德，既

---

① 《习近平谈治国理政》（第一卷），外文出版社 2018 年版，第 180 页。

是个人的德，也是一种大德，就是国家的德、社会的德。"①社会主义核心价值观作为一种核心意识形态，代表着当前我国价值观的"最大公约数"，社会主义核心价值观的培育与践行，就是社会主义道德的培育与践行。如果没有道德精神，人的完善与社会的和谐将无从追寻，国家和民族的兴旺将无法实现，中华民族伟大复兴将无法实现。2019 年 12 月，中共中央、国务院印发的《新时代公民道德建设实施纲要》指出，推进新时代公民道德建设，要坚持以社会主义核心价值观为引领。新时代公民道德建设的不同领域，都应自觉紧扣社会主义核心价值观这一主线展开丰富的建设实践，共同聚力于担当民族复兴大任的时代新人的培养和造就。

（二）繁荣发展文化事业和文化产业

党的十八大以来，随着社会主义核心价值观的持续培育和广泛践行，文化事业和文化产业日渐繁荣，通过推进文化创新，提振文化优势，不断满足人民精神文化需求，为实现民族复兴伟业构筑了更为主动的精神力量。

文化事业是培根铸魂的全民工程，是保障人民基本文化权益、提高社会文明程度的内在要求。党的十八大以来，以习近平同志为核心的党中央明确提出提升公共文化服务水平的要求，习近平总书记多次强调"促进基本公共文化服务标准化均等化"②。中共中央办公厅、国务院办公厅印发《关于加快构建现代公共文化服务体系的意见》《国家基本公共文化服务指导标准（2015—2020 年）》等文件，逐步推动我国公共文化服务体系建设取得显著进展。"村晚"等群众性文化活动广泛开展，智慧图书馆体系、公共文化云建设加快推进，新型公共文化空间不断涌现，覆盖城乡的六级公共文化服务网络日益完善，使广大人民群众成为文化建设的参与者、展示者、欣赏者、分享者，为建设文化强国注入不竭动力。

文艺是时代前进的号角，衡量文化事业发展状况，最重要的标尺是文艺作品的整体质量。党的十八大以来，习近平总书记先后主持召开文艺工作座谈会，两次出席中国文联、中国作协代表大会开幕式，强调广大文艺工作者要"从时代之

---

① 《论党的青年工作》，中央文献出版社 2022 年版，第 71 页。

② 《中华人民共和国第十二届全国人民代表大会第二次会议文件汇编》，人民出版社 2014 年版，第 26 页。

变、中国之进、人民之呼中提炼主题、萃取题材，展现中华历史之美、山河之美、文化之美，抒写中国人民奋斗之志、创造之力、发展之果，全方位全景式展现新时代的精神气象"①。党中央印发《关于繁荣发展社会主义文艺的意见》、国务院办公厅印发《关于支持戏曲传承发展的若干政策》等文件，推动我国文艺事业进入新的发展阶段。

现代文化产业体系和文化市场体系是社会主义市场经济重要组成部分，发展文化产业是坚定民族文化自信、提升文化软实力的必然选择。强大的文化软实力是中国持续稳定长远发展的重要基石。党的十八大以来，以习近平同志为核心的党中央高度重视文化产业发展。2018年8月习近平总书记在全国宣传思想工作会议上强调："要推动文化产业高质量发展，健全现代文化产业体系和市场体系，推动各类文化市场主体发展壮大，培育新型文化业态和文化消费模式，以高质量文化供给增强人们的文化获得感、幸福感。"②2019年国务院办公厅印发《关于进一步激发文化和旅游消费潜力的意见》，2022年5月中央办公厅、国务院办公厅印发《关于推进实施国家文化数字化战略的意见》《关于深化文化市场综合行政执法改革的指导意见》等文件，推动我国文化产业和文化市场健康发展。文化产业体系逐步健全，数字文化产业快速发展，网络直播、沉浸式体验等新业态快速崛起，文化产业快速发展，占国内生产总值的比重不断提高，新业态发展动能显著增强，文化产业韧性得到彰显，市场规模持续扩大，产业链条进一步延伸，精品力作不断涌现，文化市场更加繁荣、规范、有序。

（三）以社会主义核心价值观培育时代新人

青年兴则民族兴，青年强则国家强。党的十八大以来，以习近平同志为核心的党中央对青年一代寄予殷切期望，高度重视青年、关怀青年、信任青年。习近平总书记多次与青年学生交流对话，强调社会主义核心价值观与青年成长成才的关系，指出社会主义核心价值观是青年价值选择的价值标准，"因为青年的价值取向决定了未来整个社会的价值取向，而青年又处在价值观形成和确立的时期，

---

① 《习近平谈治国理政》（第四卷），外文出版社2022年版，第322页。
② 《习近平谈治国理政》（第三卷），外文出版社2020年版，第314页。

抓好这一时期的价值观养成十分重要。这就像穿衣服扣扣子一样，如果第一粒扣子扣错了，剩余的扣子都会扣错。人生的扣子从一开始就要扣好。"①勉励广大青年要做社会主义核心价值观的坚定信仰者、积极传播者、模范践行者，向英雄学习、向前辈学习、向榜样学习，争做堪当民族复兴重任的时代新人，在实现中华民族伟大复兴的时代洪流中踔厉奋发、勇毅前进。

四、增强中华文明传播力影响力

在两个大局相互交织、相互影响、相互激荡的今天，中国和世界关系正发生历史性变化，中国日益走近世界舞台中央。在这一时代背景下，文化自信自强建设一个重大时代任务就是加强中华文明国际传播能力和影响力。党的十九大报告中强调："推进国际传播能力建设，讲好中国故事，展现真实、立体、全面的中国，提高国家文化软实力。"党的二十大报告中进一步要求，"坚守中华文化立场，提炼展示中华文明的精神标识和文化精髓，加快构建中国话语和中国叙事体系，讲好中国故事、传播好中国声音，展现可信、可爱、可敬的中国形象。加强国际传播能力建设，全面提升国际传播效能，形成同我国综合国力和国际地位相匹配的国际话语权"，从而让全世界更加客观、全面地认识、了解中国，以中国文化、中国精神、中国价值、中国智慧影响世界，为人类文明的多样性贡献更为绚丽的中国色彩。

（一）以讲好中国故事传播中国价值理念

党的十八大以来，党积极创新中国故事传播的话语体系，增强文化传播亲和力，讲好中国梦的故事，讲好中国人的故事，讲好中华优秀文化的故事，讲好中国和平发展的故事；探索用好新闻发布机制，用好高端智库交流渠道，用好重大活动、赛事平台，中华传统节日载体，海外文化阵地等文化形式，让中

---

① 《青年要自觉践行社会主义核心价值观——在北京大学师生座谈会上的讲话》，人民出版社2014年版，第9页。

国故事成为国际舆论关注的话题，让中国声音赢得国际社会理解和认同。以北京冬奥会为例，中国凭借着独具匠心的设计和特有的浪漫情怀，为世人呈上一场视觉盛宴，体现了人类社会"更团结"的良好愿望，得到了国际社会的广泛支持。

一是展现了中国文化之魅力。冬奥会奥运场馆的设计理念"雪如意""雪飞燕""雪游龙"、奥运吉祥物雪容融结合大红灯笼的造型和剪纸艺术、奥运会徽运用了书法艺术的"冬"来展现滑冰和滑雪运动员的英姿、李白《将进酒》"黄河之水天上来"的舞美设计构思等，体现了深厚的中国文化积淀和独有的中国文化想象力，更是向世界淋漓尽致地展示了中国人的价值观和审美意象。

二是讲述了中国发展的理念。科技和绿色是本次冬奥会的特色，冬奥会主媒体中心智慧餐厅的机器人可自动烹饪、传菜，体现了科技在冬奥服务中的运用。克服地势、地质和低温建设的奥运场馆更体现了中国作为"基建强国"的技术实力。冬奥火种灯的造型采用了西汉王朝宫灯的创意，无尘契合"绿色冬奥"的环保理念。本次冬奥会也是奥运历史上首次全部使用绿色清洁能源的奥运会，100%使用可再生能源。开幕式上冰雪冬奥五环应用裸眼3D、激光技术等，以"破冰而出"的方式亮相而出，更是科技感十足。"零排供能、绿色出行、5G共享、智慧观赛、运动科技、清洁环境、安全办赛、国际合作"的科技冬奥理念体现在整个冬奥会的筹备和举办过程中。

（二）以构建人类命运共同体提升中国文化影响力

人类命运共同体理念是在全球化背景下中国对于回答和解决人类面临的共同问题所提供的"中国方案"。党的十八大报告首次提出"人类命运共同体"理念。2013年3月23日，习近平主席在莫斯科国际关系学院发表演讲，首次在国际场合阐明当今世界"越来越成为你中有我、我中有你的命运共同体"。习近平总书记强调，"要深刻认识新形势下加强和改进国际传播工作的重要性和必要性，下大气力加强国际传播能力建设，形成同我国综合国力和国际地位相匹配的国际话语权，为我国改革发展稳定营造有利外部舆论环境，为推动构建人类命运共同体作出积极贡献"；"要广泛宣介中国主张、中国智慧、中国方案，我国日益走近世界舞台中央，有能力也有责任在全球事务中发挥更大作用，同各国一道为解决全人类问题作出更大贡献。要高举人类命运共同体大旗，依托我国发展的生动实践，立足五千多年中华文明，全面阐述我国的发展观、文明观、安全观、人权观、生态观、国际秩序观和全球治理观"。①

为推动人类命运共同体理念的影响力，习近平总书记多次发表演讲，带动"人类命运共同体"理念的国际传播。如：2015 年 3 月，习近平总书记在博鳌亚洲论坛开幕式上发表《通过迈向亚洲命运共同体　开创亚洲新未来》的演讲；同年 9 月在纽约联合国总部发表《携手构建合作共赢新伙伴　同心打造人类命运共同体》的演讲；2017 年 1 月，在联合国日内瓦总部发表《共同构建人类命运共同体》的主旨演讲，第一次明确而系统地将人类命运共同体的理念阐述为五大支柱：持久和平、普遍安全、共同繁荣、开放包容、清洁美丽。让世界听到中国声音，传播中国智慧和中国方案。

（三）以中国式现代化展现人类文明新形态

中国共产党是为中国人民谋幸福、为中华民族谋复兴的党，也是为人类谋进步、为世界谋大同的党。中国的实践证明我们的道路、理论体系、制度、文化是成功的。

党的二十大报告指出，在新中国成立特别是改革开放以来长期探索和实践基础上，经过十八大以来在理论和实践上的创新突破，我们党成功推进和拓展了中国式现代化。中国式现代化，是中国共产党领导的社会主义现代化，既有各国现代化的共同特征，更有基于自己国情的中国特色。中国式现代化是人口规模巨大的现代化，是全体人民共同富裕的现代化，是物质文明和精神文明相协调的现代化，是人与自然和谐共生的现代化，是走和平发展道路的现代化，破解了人类社会发展的诸多难题，摒弃了西方以资本为中心的现代化、两极分化的现代化、物

---

① 《习近平在中共中央政治局第三十次集体学习时强调　加强和改进国际传播工作　展示真实立体全面的中国》，《人民日报》2021 年 6 月 2 日。

质主义膨胀的现代化、对外扩张掠夺的现代化老路。

习近平总书记指出："中国式现代化，深深植根于中华优秀传统文化，体现科学社会主义的先进本质，借鉴吸收一切人类优秀文明成果，代表人类文明进步的发展方向，展现了不同于西方现代化模式的新图景，是一种全新的人类文明形态。中国式现代化，打破了'现代化＝西方化'的迷思，展现了现代化的另一幅图景，拓展了发展中国家走向现代化的路径选择，为人类对更好社会制度的探索提供了中国方案。"①

中国式现代化具有丰富的价值内涵和鲜明的价值导向，彰显出巨大的时代价值和世界贡献。构建中国式现代化的世界叙事，展现中国式现代化作为人类文明新形态，实现了中华文明的丰富发展，也必将在与全球其他文明交流互鉴中丰富世界文明百花园。新时代的中国正在并将持续以自己的现代化实践，为人类提供启示：实现现代化的发展道路是多样的而不是单一的，现代化进程可以与传统文明的革故鼎新统一起来。中国式现代化的理论与实践，必将书写人类文明和世界历史的崭新篇章。

习近平文化思想在理论和实践的结合与创新中形成，具有独特的理论优势和鲜明的实践品格，是推进中华民族现代文明建设的理论遵循。当前，我国经济社会的发展为文化强国建设提供了日益强大的实力支撑，特别是经过全党全国各族人民持续奋斗，我们已经实现了第一个百年奋斗目标，在中华大地上全面建成了小康社会，历史性地解决了绝对贫困问题，有了雄厚的物质文明和精神文明基础，同时，自信自强的文化强国建设也进一步赋能以中国式现代化全面推进中华民族的伟大复兴。对历史最好的继承就是创造新的历史，对人类文明最大的礼敬就是创造人类文明新形态。青年大学生要以习近平文化思想为引领，共同努力创造属于我们这个时代的新文化，建设中华民族现代文明。

---

① 《习近平在学习贯彻党的二十大精神研讨班开班式上发表重要讲话强调　正确理解和大力推进中国式现代化》，《人民日报》2023 年 2 月 8 日。

成都大运会，一场体育与国风邂逅的文化盛宴 ①

【引　言】 以巴蜀韵味为代表的中华文化，承载着丰富的中华文明遗产，是中华文化的重要代表之一。成都大运会的举办，不仅促进了体育事业的发展，也让来自世界各地的运动员和观众们感受到中华文化的魅力。这种文化的交流和互鉴，促进了不同文明之间的相互理解和友谊。成都大运会的成功，将进一步搭建起一座桥梁，让世界，特别是各国青年大学生群体更加了解和喜爱中华文化。

【摘　要】 成都大运会作为一项重要的国际体育盛事，不仅是体育竞技的舞台，更是人类文明交流互鉴的精彩平台。通过这次盛会，成都向世界展示了中华文明独特的文化魅力和活力。无论是开幕式的精彩表演，还是各项比赛的激烈角逐，都让人们感受到中华民族现代文明的热情和活力。

【关键词】 中国元素　传统文化　魅力

火热七月，盛夏流光，2023 年 7 月 28 日，第 31 届世界大学生夏季运动会将在四川省成都市开幕，作为中国西部首次举办的综合性国际体育赛事，成都大运会不仅是一场运动风采与青春活力的精彩碰撞，更是一次古蜀文化与现代文明的交相辉映。从磅礴设计到细节巧思，大运会以中国传统文化为底色，以创新形态为表征，向世界彰显出天府之国的独特魅力。

大运会赛场别具一格的场馆设计是中国传统文化的传承与发扬。东安湖体育公园主体育场由 12000 多块彩釉玻璃拼成的 "太阳神鸟" 穹顶熠熠生辉；凤凰山体育公园酷似盖碗茶的造型蕴含着中国人的待客之道；简阳市文化体育中心的外立面造型是对非遗工艺 "瓷胎竹编" 的抽象简化，寻根溯源，从造型到内核，世界得以窥见古典文明的韵味风华。

---

① 案例来源：《成都大运会，一场体育与国风邂逅的文化盛宴》，人民网 2023 年 7 月 27 日，有删改。

大运会丰富多元的形象元素是川蜀美学的经典超越。大运会会徽主体在世界大学生运动会对应英文首字母"U"的基础上，糅合了"太阳神鸟"与"凤凰"这两种典型中国元素，与国际大体联标志元素一脉相承。火炬"蓉火"，取"包容"之意，用朱红、明黄、翠绿、湖蓝四个渐变色块和"太阳神鸟"、三星堆青铜立人与熊猫元素凸现热情和朝气；奖牌以"蓉光"为名，运用蜀锦工艺制成的奖牌绶带表面可拼接的芙蓉花纹寓意团结合作、成双成对。除此之外，川剧脸谱样式的吉祥物"蓉宝"手办、"太空蓉宝"虚拟数字文创更是为地域特色插上了时尚和科技的翅膀。

大运村妙趣横生的全方位、沉浸式体验是中国文化的一场盛大展演。在大运村互动体验中心，全球健儿可以体验皮影、蜀绣、竹编等多项四川非物质文化遗产代表性项目技艺，也可以在画脸谱、扎风筝、穿汉服中亲身感受中国文化。在大运村展览中心，蜀锦、自贡扎染、宜宾蜡染等非遗文化展览和书法美术展品从不同视角反映着地域文化的多姿多彩和生活气息。在运动员餐厅里，除了世界各地的美食，火锅、串串、熊猫造型的赖汤圆等非遗小吃种类繁多，让各国运动员在比赛之余，能够品尝地道的川味特色。"好逛""好玩""好吃"，大运村在承担后勤保障、休闲放松的功能之外，也传达出"多元文化，美美与共"的理念。

接棒北京冬奥会，成都大运会用创新的姿态开启了一场国风与体育的邂逅。通过与绚丽的巴蜀文化交流互鉴，让世界青年真实感受宽窄巷子里的人间烟火、玉林路上的小酒馆、春熙路的繁花似锦、成都南的熙攘人潮，了解一个真实、立体、全面的成都。让源远流长的历史文明重新焕发生机，让世界再一次看见独特的东方之美。成都成就梦想，青春乘梦启航，期待运动健儿们在大运会赛场上奋力拼搏、超越自我。

◆ 案例分析 ◆

新时代自信自强的文化强国建设在理论层面上以文化自信的原创性理论为内核，构建马克思主义在意识形态领域指导地位的根本制度，将中华优秀传统文化、革命文化和社会主义先进文化统一于中华民族伟大复兴历史进程。在实践层面，强调文化建设赋能中华民族伟大复兴的重要作用，通过社会主义核心价值观的培育和践行来加强思想道德建设，推动全社会文明程度的提高；坚持以人民为中心的创作导向来发展文化事业、高质量推动文化产业发展；培育堪当民族复兴大任的时代新人，发挥文化建设在社会发展中凝聚人心、汇聚民力的价值导向作用。在理论和实践基础上，加强中华文明国际传播能力建设，形成同我国综合国力和国际地位相匹配的国际话语权，讲好中国故事让全世界更加客观全面地认识、了解中国；以人类命运共同体的中国方案影响世界，并在新形势下宣传好中国式现代化的人类文明新模式，为人类文明的多样性贡献更为绚丽的中国色彩。

 实验实践思考题

1. 为什么说"两个结合"是我们在探索中国特色社会主义道路中取得的规律性认识，是我们取得成功的最大法宝？

2. 青年大学生应如何讲好中国故事，传播中国价值理念？

专题八 全面推进乡村振兴战略 促进共同富裕

加快建设农业强国，扎实推动乡村产业、人才、文化、生态、组织振兴；全方位夯实粮食安全根基，牢牢守住十八亿亩耕地红线；确保中国人的饭碗牢牢端在自己手中；巩固拓展脱贫攻坚成果。[1]

【引文】民族要复兴，乡村必振兴。各级党委和政府要坚决贯彻党中央关于"三农"工作的大政方针和决策部署，以更高的站位、更大的力度、更实的举措，加快农业农村现代化。唯有汇聚全党上下、社会各方的强大合力，乡村才能聚要素、添人气、增活力，广大农民生活才能芝麻开花节节高，我们才能书写好中华民族伟大复兴的"三农"新篇章。

一、实施乡村振兴战略的重点工作[2]

2023 年 1 月，中共中央、国务院发布《中共中央国务院关于做好 2023 年全面推进乡村振兴重点工作的意见》，提出"必须坚持不懈把解决好'三农'问题作为全党工作重中之重，举全党全社会之力全面推进乡村振兴，加快农业农

---

① 参见《中国共产党第二十次全国代表大会文件汇编》，人民出版社 2022 年版，第 26 页。

② 参见《中共中央国务院关于做好 2023 年全面推进乡村振兴重点工作的意见》，人民出版社 2023 年版，第 1—20 页。

村现代化。强国必先强农，农强方能国强。要立足国情农情，体现中国特色，建设供给保障强、科技装备强、经营体系强、产业韧性强、竞争能力强的农业强国"。

（一）抓紧抓好粮食和重要农产品稳产保供

1. 全力抓好粮食生产

确保全国粮食产量保持在1.3万亿斤以上，全方位夯实粮食安全根基，强化藏粮于地、藏粮于技的物质基础，健全农民种粮挣钱得利、地方抓粮担责尽义的机制保障。实施新一轮千亿斤粮食产能提升行动。开展吨粮田创建。推动南方省份发展多熟制粮食生产，鼓励有条件的地方发展再生稻。支持开展小麦"一喷三防"。实施玉米单产提升工程。继续提高小麦最低收购价，合理确定稻谷最低收购价，稳定稻谷补贴，完善农资保供稳价应对机制。健全主产区利益补偿机制，增加产粮大县奖励资金规模。逐步扩大稻谷小麦玉米完全成本保险和种植收入保险实施范围。实施好优质粮食工程。鼓励发展粮食订单生产，实现优质优价。严防"割青毁粮"。严格省级党委和政府耕地保护和粮食安全责任制考核。推动出台粮食安全保障法。

2. 加力扩种大豆油料

深入推进大豆和油料产能提升工程。扎实推进大豆玉米带状复合种植，支持东北、黄淮海地区开展粮豆轮作，稳步开发利用盐碱地种植大豆。完善玉米大豆生产者补贴，实施好大豆完全成本保险和种植收入保险试点。统筹油菜综合性扶持措施，推行稻油轮作，大力开发利用冬闲田种植油菜。支持木本油料发展，实施加快油茶产业发展三年行动，落实油茶扩种和低产低效林改造任务。深入实施饲用豆粕减量替代行动。

3. 发展现代设施农业

实施设施农业现代化提升行动。加快发展水稻集中育秧中心和蔬菜集约化育苗中心。加快粮食烘干、农产品产地冷藏、冷链物流设施建设。集中连片推进老旧蔬菜设施改造提升。推进畜禽规模化养殖场和水产养殖池塘改造升级。在保护生态和不增加用水总量前提下，探索科学利用戈壁、沙漠等发展设施农业。鼓励地方对设施农业建设给予信贷贴息。

4．构建多元化食物供给体系

树立大食物观，加快构建粮经饲统筹、农林牧渔结合、植物动物微生物并举的多元化食物供给体系，分领域制定实施方案。建设优质节水高产稳产饲草料生产基地，加快苜蓿等草产业发展。大力发展青贮饲料，加快推进秸秆养畜。发展林下种养。深入推进草原畜牧业转型升级，合理利用草地资源，推进划区轮牧。科学划定限养区，发展大水面生态渔业。建设现代海洋牧场，发展深水网箱、养殖工船等深远海养殖。培育壮大食用菌和藻类产业。加大食品安全、农产品质量安全监管力度，健全追溯管理制度。

5．统筹做好粮食和重要农产品调控

加强粮食应急保障能力建设。强化储备和购销领域监管。落实生猪稳产保供省负总责，强化以能繁母猪为主的生猪产能调控。严格"菜篮子"市长负责制考核。完善棉花目标价格政策。继续实施糖料蔗良种良法技术推广补助政策。完善天然橡胶扶持政策。加强化肥等农资生产、储运调控。发挥农产品国际贸易作用，深入实施农产品进口多元化战略。深入开展粮食节约行动，推进全链条节约减损，健全常态化、长效化工作机制。提倡健康饮食。

（二）加强农业基础设施建设

1．加强耕地保护和用途管控

严格耕地占补平衡管理，实行部门联合开展补充耕地验收评定和"市县审核、省级复核、社会监督"机制，确保补充的耕地数量相等、质量相当、产能不降。严格控制耕地转为其他农用地。探索建立耕地种植用途管控机制，明确利用优先序，加强动态监测，有序开展试点。加大撂荒耕地利用力度。做好第三次全国土壤普查工作。

2．加强高标准农田建设

完成高标准农田新建和改造提升年度任务，重点补上土壤改良、农田灌排设施等短板，统筹推进高效节水灌溉，健全长效管护机制。制定逐步把永久基本农田全部建成高标准农田的实施方案。加强黑土地保护和坡耕地综合治理。严厉打击盗挖黑土、电捕蚯蚓等破坏土壤行为。强化干旱半干旱耕地、红黄壤耕地产能提升技术攻关，持续推动由主要治理盐碱地适应作物向更多选育耐盐碱植物适应

盐碱地转变，做好盐碱地等耕地后备资源综合开发利用试点。

3. 加强水利基础设施建设

扎实推进重大水利工程建设，加快构建国家水网骨干网络。加快大中型灌区建设和现代化改造。实施一批中小型水库及引调水、抗旱备用水源等工程建设。加强田间地头渠系与灌区骨干工程连接等农田水利设施建设。支持重点区域开展地下水超采综合治理，推进黄河流域农业深度节水控水。在干旱半干旱地区发展高效节水旱作农业。强化蓄滞洪区建设管理、中小河流治理、山洪灾害防治，加快实施中小水库除险加固和小型水库安全监测。深入推进农业水价综合改革。

4. 强化农业防灾减灾能力建设

研究开展新一轮农业气候资源普查和农业气候区划工作。优化完善农业气象观测设施站网布局，分区域、分灾种发布农业气象灾害信息。加强旱涝灾害防御体系建设和农业生产防灾救灾保障。健全基层动植物疫病虫害监测预警网络。抓好非洲猪瘟等重大动物疫病常态化防控和重点人兽共患病源头防控。提升重点区域森林草原火灾综合防控水平。

（三）强化农业科技和装备支撑

1. 推动农业关键核心技术攻关

坚持产业需求导向，构建梯次分明、分工协作、适度竞争的农业科技创新体系，加快前沿技术突破。支持农业领域国家实验室、全国重点实验室、制造业创新中心等平台建设，加强农业基础性长期性观测实验站（点）建设。完善农业科技领域基础研究稳定支持机制。

2. 深入实施种业振兴行动

完成全国农业种质资源普查。构建开放协作、共享应用的种质资源精准鉴定评价机制。全面实施生物育种重大项目，扎实推进国家育种联合攻关和畜禽遗传改良计划，加快培育高产高油大豆、短生育期油菜、耐盐碱作物等新品种。加快玉米大豆生物育种产业化步伐，有序扩大试点范围，规范种植管理。

3. 加快先进农机研发推广

加紧研发大型智能农机装备、丘陵山区适用小型机械和园艺机械。支持北斗智能监测终端及辅助驾驶系统集成应用。完善农机购置与应用补贴政策，探索与作业量挂钩的补贴办法，地方要履行法定支出责任。

4．推进农业绿色发展

加快农业投入品减量增效技术推广应用，推进水肥一体化，建立健全秸秆、农膜、农药包装废弃物、畜禽粪污等农业废弃物收集利用处理体系。推进农业绿色发展先行区和观测试验基地建设。健全耕地休耕轮作制度。加强农用地土壤镉等重金属污染源头防治。强化受污染耕地安全利用和风险管控。建立农业生态环境保护监测制度。出台生态保护补偿条例。严格执行休禁渔期制度，实施好长江十年禁渔，巩固退捕渔民安置保障成果。持续开展母亲河复苏行动，科学实施农村河湖综合整治。加强黄土高原淤地坝建设改造。加大草原保护修复力度。巩固退耕还林还草成果，落实相关补助政策。严厉打击非法引入外来物种行为，实施重大危害入侵物种防控攻坚行动，加强"异宠"①交易与放生规范管理。

（四）巩固拓展脱贫攻坚成果

1．坚决守住不发生规模性返贫底线

压紧压实各级巩固拓展脱贫攻坚成果责任，确保不松劲、不跑偏。强化防止返贫动态监测。对有劳动能力、有意愿的监测户，落实开发式帮扶措施。健全分层分类的社会救助体系，做好兜底保障。巩固提升"三保障"和饮水安全保障成果。

2．增强脱贫地区和脱贫群众内生发展动力

把增加脱贫群众收入作为根本要求，把促进脱贫县加快发展作为主攻方向，更加注重扶志扶智，聚焦产业就业，不断缩小收入差距、发展差距。中央财政衔接推进乡村振兴补助资金用于产业发展的比重力争提高到60%以上，重点支持补上技术、设施、营销等短板。鼓励脱贫地区有条件的农户发展庭院经济。深入开展多种形式的消费帮扶，持续推进消费帮扶示范城市和产地示范区创建，支持脱贫地区打造区域公用品牌。财政资金和帮扶资金支持的经营性帮扶项目要健全利益联结机制，带动农民增收。管好用好扶贫项目资产。深化东西部劳务协作，实

---

① 异宠：另类宠物，有另类水族宠物、小型哺乳动物、昆虫等。

施防止返贫就业攻坚行动，确保脱贫劳动力就业规模稳定在3000万人以上。持续运营好就业帮扶车间和其他产业帮扶项目。充分发挥乡村公益性岗位就业保障作用。深入开展"雨露计划+"就业促进行动。在国家乡村振兴重点帮扶县实施一批补短板促振兴重点项目，深入实施医疗、教育干部人才"组团式"帮扶，更好发挥驻村干部、科技特派员产业帮扶作用。深入开展巩固易地搬迁脱贫成果专项行动和搬迁群众就业帮扶专项行动。

3．稳定完善帮扶政策

落实巩固拓展脱贫攻坚成果同乡村振兴有效衔接政策。开展国家乡村振兴重点帮扶县发展成效监测评价。保持脱贫地区信贷投放力度不减，扎实做好脱贫人口小额信贷工作。按照市场化原则加大对帮扶项目的金融支持。深化东西部协作，组织东部地区经济较发达县（市、区）与脱贫县开展携手促振兴行动，带动脱贫县更多承接和发展劳动密集型产业。持续做好中央单位定点帮扶，调整完善结对关系。深入推进"万企兴万村"行动。研究过渡期后农村低收入人口和欠发达地区常态化帮扶机制。

（五）推动乡村产业高质量发展

1．做大做强农产品加工流通业

实施农产品加工业提升行动，支持家庭农场、农民合作社和中小微企业等发展农产品产地初加工，引导大型农业企业发展农产品精深加工。引导农产品加工企业向产地下沉、向园区集中，在粮食和重要农产品主产区统筹布局建设农产品加工产业园。完善农产品流通骨干网络，改造提升产地、集散地、销地批发市场，布局建设一批城郊大仓基地。支持建设产地冷链集配中心。统筹疫情防控和农产品市场供应，确保农产品物流畅通。

2．加快发展现代乡村服务业

全面推进县域商业体系建设。加快完善县乡村电子商务和快递物流配送体系，建设县域集采集配中心，推动农村客货邮融合发展，大力发展共同配送、即时零售等新模式，推动冷链物流服务网络向乡村下沉。发展乡村餐饮购物、文化体育、旅游休闲、养老托幼、信息中介等生活服务。鼓励有条件的地区开展新能源汽车和绿色智能家电下乡。

3. 培育乡村新产业新业态

继续支持创建农业产业强镇、现代农业产业园、优势特色产业集群。支持国家农村产业融合发展示范园建设。深入推进农业现代化示范区建设。实施文化产业赋能乡村振兴计划。实施乡村休闲旅游精品工程，推动乡村民宿提质升级。深入实施"数商兴农"和"互联网＋"农产品出村进城工程，鼓励发展农产品电商直采、定制生产等模式，建设农副产品直播电商基地。提升净菜、中央厨房等产业标准化和规范化水平。培育发展预制菜产业。

4. 培育壮大县域富民产业

完善县乡村产业空间布局，提升县城产业承载和配套服务功能，增强重点镇集聚功能。实施"一县一业"强县富民工程。引导劳动密集型产业向中西部地区、向县域梯度转移，支持大中城市在周边县域布局关联产业和配套企业。支持国家级高新区、经开区、农高区托管联办县域产业园区。

（六）拓宽农民增收致富渠道

1. 促进农民就业增收

强化各项稳岗纾困政策落实，加大对中小微企业稳岗倾斜力度，稳定农民工就业。促进农民工职业技能提升。完善农民工工资支付监测预警机制。维护好超龄农民工就业权益。加快完善灵活就业人员权益保障制度。加强返乡入乡创业园、农村创业孵化实训基地等建设。在政府投资重点工程和农业农村基础设施建设项目中推广以工代赈，适当提高劳务报酬发放比例。

2. 促进农业经营增效

深入开展新型农业经营主体提升行动，支持家庭农场组建农民合作社、合作社根据发展需要办企业，带动小农户合作经营、共同增收。实施农业社会化服务促进行动，大力发展代耕代种、代管代收、全程托管等社会化服务，鼓励区域性综合服务平台建设，促进农业节本增效、提质增效、营销增效。引导土地经营权有序流转，发展农业适度规模经营。总结地方"小田并大田"等经验，探索在农民自愿前提下，结合农田建设、土地整治逐步解决细碎化问题。完善社会资本投资农业农村指引，加强资本下乡引入、使用、退出的全过程监管。健全社会资本通过流转取得土地经营权的资格审查、项目审核和风险防范制度，切实保障农民利益。坚持为农服务和政事分开、社企分开，持续深化供销合作社综合改革。

3．赋予农民更加充分的财产权益

深化农村土地制度改革，扎实搞好确权，稳步推进赋权，有序实现活权，让农民更多分享改革红利。研究制定第二轮土地承包到期后再延长 30 年试点工作指导意见。稳慎推进农村宅基地制度改革试点，切实摸清底数，加快房地一体宅基地确权登记颁证，加强规范管理，妥善化解历史遗留问题，探索宅基地"三权分置"有效实现形式。深化农村集体经营性建设用地入市试点，探索建立兼顾国家、农村集体经济组织和农民利益的土地增值收益有效调节机制。保障进城落户农民合法土地权益，鼓励依法自愿有偿转让。巩固提升农村集体产权制度改革成果，构建产权关系明晰、治理架构科学、经营方式稳健、收益分配合理的运行机制，探索资源发包、物业出租、居间服务、资产参股等多样化途径发展新型农村集体经济。健全农村集体资产监管体系。保障妇女在农村集体经济组织中的合法权益。继续深化集体林权制度改革。深入推进农村综合改革试点示范。

（七）扎实推进宜居宜业和美乡村建设

1．加强村庄规划建设

坚持县域统筹，支持有条件有需求的村庄分区分类编制村庄规划，合理确定村庄布局和建设边界。将村庄规划纳入村级议事协商目录。规范优化乡村地区行政区划设置，严禁违背农民意愿撤并村庄、搞大社区。推进以乡镇为单元的全域土地综合整治。积极盘活存量集体建设用地，优先保障农民居住、乡村基础设施、公共服务空间和产业用地需求，出台乡村振兴用地政策指南。编制村容村貌提升导则，立足乡土特征、地域特点和民族特色提升村庄风貌，防止大拆大建、盲目建牌楼亭廊"堆盆景"。实施传统村落集中连片保护利用示范，建立完善传统村落调查认定、撤并前置审查、灾毁防范等制度。制定农村基本具备现代生活条件建设指引。

2．扎实推进农村人居环境整治提升

加大村庄公共空间整治力度，持续开展村庄清洁行动。巩固农村户厕问题摸排整改成果，引导农民开展户内改厕。加强农村公厕建设维护。以人口集中村镇

和水源保护区周边村庄为重点，分类梯次推进农村生活污水治理。推动农村生活垃圾源头分类减量，及时清运处置。推进厕所粪污、易腐烂垃圾、有机废弃物就近就地资源化利用。持续开展爱国卫生运动。

3. 持续加强乡村基础设施建设

加强农村公路养护和安全管理，推动与沿线配套设施、产业园区、旅游景区、乡村旅游重点村一体化建设。推进农村规模化供水工程建设和小型供水工程标准化改造，开展水质提升专项行动。推进农村电网巩固提升，发展农村可再生能源。支持农村危房改造和抗震改造，基本完成农房安全隐患排查整治，建立全过程监管制度。开展现代宜居农房建设示范。深入实施数字乡村发展行动，推动数字化应用场景研发推广。加快农业农村大数据应用，推进智慧农业发展。落实村庄公共基础设施管护责任。加强农村应急管理基础能力建设，深入开展乡村交通、消防、经营性自建房等重点领域风险隐患治理攻坚。

4. 提升基本公共服务能力

推动基本公共服务资源下沉，着力加强薄弱环节。推进县域内义务教育优质均衡发展，提升农村学校办学水平。落实乡村教师生活补助政策。推进医疗卫生资源县域统筹，加强乡村两级医疗卫生、医疗保障服务能力建设。统筹解决乡村医生薪酬分配和待遇保障问题，推进乡村医生队伍专业化规范化。提高农村传染病防控和应急处置能力。层层压实责任，加强农村老幼病残孕等重点人群医疗保障，最大程度维护好农村居民身体健康和正常生产生活秩序。优化低保审核确认流程，确保符合条件的困难群众"应保尽保"。深化农村社会工作服务。加快乡镇区域养老服务中心建设，推广日间照料、互助养老、探访关爱、老年食堂等养老服务。实施农村妇女素质提升计划，加强农村未成年人保护工作，健全农村残疾人社会保障制度和关爱服务体系，关心关爱精神障碍人员。

（八）健全党组织领导的乡村治理体系

1. 强化农村基层党组织政治功能和组织功能

突出大抓基层的鲜明导向，强化县级党委抓乡促村责任，深入推进抓党建促乡村振兴。全面培训提高乡镇、村班子领导乡村振兴能力。派强用好驻村第一书记和工作队，强化派出单位联村帮扶。开展乡村振兴领域腐败和作风问题整治。

持续开展市县巡察，推动基层纪检监察组织和村务监督委员会有效衔接，强化对村干部全方位管理和经常性监督。对农村党员分期分批开展集中培训。通过设岗定责等方式，发挥农村党员先锋模范作用。

2．提升乡村治理效能

坚持以党建引领乡村治理，强化县乡村三级治理体系功能，压实县级责任，推动乡镇扩权赋能，夯实村级基础。全面落实县级领导班子成员包乡走村、乡镇领导班子成员包村联户、村干部经常入户走访制度。健全党组织领导的村民自治机制，全面落实"四议两公开"制度。加强乡村法治教育和法律服务，深入开展"民主法治示范村（社区）"创建。坚持和发展新时代"枫桥经验"，完善社会矛盾纠纷多元预防调处化解机制。完善网格化管理、精细化服务、信息化支撑的基层治理平台。推进农村扫黑除恶常态化。开展打击整治农村赌博违法犯罪专项行动。依法严厉打击侵害农村妇女儿童权利的违法犯罪行为。完善推广积分制、清单制、数字化、接诉即办等务实管用的治理方式。深化乡村治理体系建设试点，组织开展全国乡村治理示范村镇创建。

3．加强农村精神文明建设

深入开展社会主义核心价值观宣传教育，继续在乡村开展"听党话、感党恩、跟党走"宣传教育活动。深化农村群众性精神文明创建，拓展新时代文明实践中心、县级融媒体中心等建设，支持乡村自办群众性文化活动。注重家庭家教家风建设。深入实施农耕文化传承保护工程，加强重要农业文化遗产保护利用。办好中国农民丰收节。推动各地因地制宜制定移风易俗规范，强化村规民约约束作用，党员、干部带头示范，扎实开展高价彩礼、大操大办等重点领域突出问题专项治理。推进农村丧葬习俗改革。

（九）强化政策保障和体制机制创新

1．健全乡村振兴多元投入机制

坚持把农业农村作为一般公共预算优先保障领域，压实地方政府投入责任。稳步提高土地出让收益用于农业农村比例。将符合条件的乡村振兴项目纳入地方政府债券支持范围。支持以市场化方式设立乡村振兴基金。健全政府投资与金融、社会投入联动机制，鼓励将符合条件的项目打捆打包按规定由市场主体实施,撬动金融和社会资本按市场化原则更多投向农业农村。用好再贷款再贴现、差别化存款准备金、差异化金融监管和考核评估等政策,推动金融机构增加乡村振兴相关领域贷款投放,重点保障粮食安全信贷资金需求。引导信贷担保业务向农业农村领域倾斜,发挥全国农业信贷担保体系作用。加强农业信用信息共享。发挥多层次资本市场支农作用,优化"保险＋期货"。加快农村信用社改革化险,推动村镇银行结构性重组。鼓励发展渔业保险。

2. 加强乡村人才队伍建设

实施乡村振兴人才支持计划,组织引导教育、卫生、科技、文化、社会工作、精神文明建设等领域人才到基层一线服务,支持培养本土急需紧缺人才。实施高素质农民培育计划,开展农村创业带头人培育行动,提高培训实效。大力发展面向乡村振兴的职业教育,深化产教融合和校企合作。完善城市专业技术人才定期服务乡村激励机制,对长期服务乡村的在职务晋升、职称评定方面予以适当倾斜。引导城市专业技术人员入乡兼职兼薪和离岗创业。允许符合一定条件的返乡回乡下乡就业创业人员在原籍地或就业创业地落户。继续实施农村订单定向医学生免费培养项目、教师"优师计划"、"特岗计划"、"国培计划",实施"大学生乡村医生"专项计划。实施乡村振兴巾帼行动、青年人才开发行动。

3. 推进县域城乡融合发展

健全城乡融合发展体制机制和政策体系,畅通城乡要素流动。统筹县域城乡规划建设,推动县城城镇化补短板强弱项,加强中心镇市政、服务设施建设。深入推进县域农民工市民化,建立健全基本公共服务同常住人口挂钩、由常住地供给机制。做好农民工金融服务工作。梯度配置县乡村公共资源,发展城乡学校共同体、紧密型医疗卫生共同体、养老服务联合体,推动县域供电、供气、电信、邮政等普遍服务类设施城乡统筹建设和管护,有条件的地区推动市政管网、乡村微管网等往户延伸。扎实开展乡村振兴示范创建。

二、构建国家粮食安全发展新格局

仓廪实,天下安。保障粮食安全是一个永恒的课题,手中有粮、心中不慌在任何时候都是真理。2022年3月6日,习近平总书记在看望参加全国政协十三届五次会议的农业界、社会福利和社会保障界委员，并参加联组会时，就抓好粮食生产、确保粮食安全作出深刻阐述，强调"粮食安全是'国之大者'"，"在粮食安全这个问题上不能有丝毫麻痹大意，不能认为进入工业化，吃饭问题就可有可无，也不要指望依靠国际市场来解决"，"要未雨绸缪，始终绷紧粮食安全这根弦，始终坚持以我为主、立足国内、确保产能、适度进口、科技支撑"。[①]

经过艰苦努力，我国以占世界 9% 的耕地、6% 的淡水资源，养育了世界近 1/5 的人口，从当年 4 亿人吃不饱到今天 14 亿多人吃得好，有力回答了"谁来养活中国"的问题。党的十八大以来，以习近平同志为核心的党中央把粮食安全作为治国理政的头等大事，提出了新粮食安全观，确立了国家粮食安全战略，引领推动了粮食安全理论创新、制度创新和实践创新，中国特色粮食安全之路越走越宽广。

当前，国际形势继续发生深刻复杂变化，国内改革发展稳定任务艰巨繁重，"三农"压舱石作用进一步凸显。面向未来，我国粮食安全的基础需要进一步巩固增强，保障粮食安全的任务十分艰巨。习近平总书记在《坚持把解决好"三农"问题作为全党工作重中之重 举全党全社会之力推动乡村振兴》文章中，深入分析我国粮食安全面临的主要问题和矛盾，深刻指出，"我国粮食供求紧平衡的格局没有改变，结构性矛盾刚着手解决，总量不足问题又重新凸显"，明确要求"确保粮食安全的弦要始终绷得很紧很紧，宁可多生产、多储备一些"，"粮食生产年年要抓紧，面积、产量不能掉下来，供给、市场不能出问题"。[②]

（一）落实最严格的耕地保护制度

2022 年 3 月 6 日，习近平总书记在看望参加全国政协十三届五次会议的农业界、社会福利和社会保障界委员时指出："耕地是粮食生产的命根子，是中华民族永续发展的根基。农田就是农田，只能用来发展种植业特别是粮食生产，要

---

① 《习近平在看望参加政协会议的农业界社会福利和社会保障界委员时强调 把提高农业综合生产能力放在更加突出的位置 在推动社会保障事业高质量发展上持续用力》，《人民日报》2022 年 3 月 7 日。

② 《坚持把解决好"三农"问题作为全党工作重中之重 举全党全社会之力推动乡村振兴》，《求是》2022 年第 7 期。

落实最严格的耕地保护制度，加强用途管制，规范占补平衡，强化土地流转用途监管，推进撂荒地利用，坚决遏制耕地'非农化'、基本农田'非粮化'。农田必须是良田，要建设国家粮食安全产业带，加强农田水利建设，实施黑土地保护工程，分类改造盐碱地，努力建成十亿亩高标准农田。"①

（二）加快推进农业关键核心技术攻关

耕地数量有限，解决吃饭问题，根本出路在科技。当前，以生物技术和信息技术为特征的新一轮农业科技革命正在孕育大的突破。作为一个农业大国，我们绝不能落后。习近平总书记深刻指出："要坚持农业科技自立自强，加快推进农业关键核心技术攻关"，"农业现代化，种子是基础"，"拿出攻破'卡脖子'技术的干劲，明确方向和目标，加快实施农业生物育种重大科技项目，早日实现重要农产品的种源自主可控"，"在严格监管、风险可控前提下，加快推进生物育种研发应用"，"要加快打通科技进村入户的通道，促进政府公益性服务和市场社会化服务协同发力。既要用物联网、大数据等现代信息技术发展智慧农业，也要加快补上烘干仓储、冷链保鲜、农业机械等现代农业物质装备短板，特别是要加大农业重要装备自主研制力度，加强动植物防疫检疫体系、防灾减灾体系等建设"。②

（三）调动农民种粮积极性

亿万农民是粮食生产的主体，保障粮食安全，必须调动农民种粮积极性。习近平总书记强调，"关键是让农民种粮有钱挣"，并从三个方面提出具体要求：一是要稳定和加强种粮农民补贴，提升收储调控能力，坚持完善最低收购价政策，扩大完全成本保险和收入保险范围；二是要创新经营方式，培育好家庭农场、农民合作社，发展适度规模经营，健全专业化社会化服务体系；三是要加强农民农业生产技术和管理能力培训，促进管理现代化。③

---

① 《论"三农"工作》，中央文献出版社 2022 年版，第 331—332 页。
② 《坚持把解决好"三农"问题作为全党工作重中之重　举全党全社会之力推动乡村振兴》，《求是》2022 年第 7 期。
③　参见《坚持把解决好"三农"问题作为全党工作重中之重　举全党全社会之力推动乡村振兴》，《求是》2022 年第 7 期。

（四）实行党政同责

确保粮食安全，需要压实各方责任。习近平总书记深刻指出："不能把粮食当成一般商品，光算经济账、不算政治账，光算眼前账、不算长远账。主产区、主销区、产销平衡区都有责任保面积、保产量，饭碗要一起端、责任要一起扛。"他还明确要求"地方各级党委和政府要扛起粮食安全的政治责任"，"粮食安全要实行党政同责，'米袋子'省长要负责，书记也要负责"。习近平总书记还对长期以来为保障国家粮食安全作出重要贡献的产粮大省、大市、大县提出表扬，要求"完善粮食主产区利益补偿机制，加大奖补力度，决不能让重农抓粮吃亏"。①

（五）既要保数量，也要保多样、保质量

习近平总书记指出："城乡居民食物消费结构在不断升级，今后农产品保供，既要保数量，也要保多样、保质量。"围绕这一目标，他明确要求：要深入推进农业供给侧结构性改革，推动品种培优、品质提升、品牌打造和标准化生产；要促进生猪产业稳定发展；要抓紧研究部署大豆、棉花、玉米、小麦等大宗农产品生产；要打好农产品贸易这张牌，实施农产品进口多元化战略，支持企业走出去，增强供应链韧性。保粮食安全要一个品种一个品种深入研究、制定方案、落实下去。制止餐饮浪费意义重大，必须长期抓下去，推动全社会形成勤俭节约的良好风尚。②

三、巩固拓展脱贫攻坚成果，夯实共同富裕基础

全体人民共同富裕基本实现，是贯彻落实党的十九大提出的战略安排的迫切要求。党的二十大报告提出，全面建成社会主义现代化强国，总的战略安排分两步走："从二〇二〇年到二〇三五年基本实现社会主义现代化；从二〇三五

---

① 《坚持把解决好"三农"问题作为全党工作重中之重　举全党全社会之力推动乡村振兴》，《求是》2022 年第 7 期。

② 《坚持把解决好"三农"问题作为全党工作重中之重　举全党全社会之力推动乡村振兴》，《求是》2022 年第 7 期。

年到本世纪中叶把我国建成富强民主文明和谐美丽的社会主义现代化强国。"党的十八大以来，党中央把逐步实现全体人民共同富裕摆在更加重要的位置，采取有力措施保障和改善民生，打赢脱贫攻坚战，全面建成小康社会，为促进共同富裕创造了良好条件。从"全面建成小康社会，一个不能少"，到"共同富裕路上，一个不能掉队"，这是准确把握社会主要矛盾变化而作出的科学判断，归根到底是为了解决好发展不平衡不充分问题，大力提升发展质量和效益，更好满足人民日益增长的美好生活需要，不断增强人民的获得感、幸福感、安全感。

促进共同富裕，最艰巨最繁重的任务仍然在农村。农村共同富裕工作要抓紧，但不宜像脱贫攻坚那样提出统一的量化指标。要巩固拓展脱贫攻坚成果，对易返贫致贫人口要加强监测、及早干预，对脱贫县要扶上马送一程，确保不发生规模性返贫和新的致贫。要全面推进乡村振兴，加快农业产业化，盘活农村资产，增加农民财产性收入，使更多农村居民勤劳致富。要加强农村基础设施和公共服务体系建设，改善农村人居环境。

（一）推动农村资源资产转化，助力实现乡村共同富裕①

促进共同富裕，最艰巨最繁重的任务仍然在农村。从现实情况看，推进农村地区共同富裕的重点之一，是在绿水青山就是金山银山理念指引下，把以往的资产收益扶贫制度改造提升为接续推进乡村振兴工作的长效机制，构建绿水青山转化为金山银山的政策制度体系，助力实现全民共富。

2015年11月颁布的《中共中央国务院关于打赢脱贫攻坚战的决定》明确提出要"探索资产收益扶贫"，即"在不改变用途的情况下，财政专项扶贫资金和其他涉农资金投入设施农业、养殖、光伏、水电、乡村旅游等项目形成的资产，具备条件的可折股量化给贫困村和贫困户，尤其是丧失劳动能力的贫困户"。自此，资产收益扶贫成为国家精准扶贫精准脱贫基本方略的重要内容，并取得了显著的脱贫减贫成效。从深层次看，资产收益扶贫的核心在于赋权，实质是通过市场化方式增加农户的财产性收入，旨在实现可持续生计能力的提升。进入新时

---

① 参见胡彩娟：《推动农村资源资产转化　助力实现乡村共同富裕》，《光明日报》2022年2月28日。

代，如何扩面、提质、增效，使资产收益扶贫制度在绿水青山就是金山银山理念指引下助力实现共同富裕，具有重大理论和现实意义。

资产收益扶贫制度的初衷，是将财政支持产业发展等方面的涉农投入所形成的资产折股量化，拥有股权的贫困户据此分享收益，提高财产性收入。这是在特定阶段、特定地区，针对特定人群的资源量化与收益分配制度，是将"绿水青山"转化为"金山银山"的具体实践，有效带动了生态资源资产化与产业化发展，在促进贫困群体增收、助力满足贫困人口基本生存需求方面发挥了积极作用。

在脱贫攻坚战取得全面胜利之后，站在全面建成小康社会、迈向共同富裕的历史新起点上，如何跳出扶贫的低端"生存型需求"，转向对更美好生活追求的高端"发展型需求"，对增强乡村内生发展能力、持续增加农民收入提出了更高要求。为此，必须放眼乡村振兴的全局，将资产收益扶贫制度拓展为科学利用一切可能资源构建的以生态富民为重点的长期性制度安排，为农民持续增收提供可靠支撑。把资产收益扶贫制度在绿水青山就是金山银山理念指引下拓展提升为接续推进乡村振兴和实现共同富裕的长效机制，是将乡村"绿水青山"转化为"金山银山"的有力举措，这既是对资产收益扶贫制度的延伸与拓展，也是对绿水青山就是金山银山理念在更大区域、更广范围和更深程度上的实践。

习近平总书记强调，促进农民农村共同富裕"要全面推进乡村振兴，加快农业产业化，盘活农村资产，增加农民财产性收入，使更多农村居民勤劳致富"[1]。农村资源丰富，但有很多尚未唤醒或完全唤醒，亟须进行深度挖掘，形成包括自然资源、非物质文化遗产等在内的最广泛的生产资源要素体系，推动农村产业发展和经济持续增长，夯实农村共同富裕的基础。绿水青山转化为金山银山的基本路径，是实现从资源到资产再到资本的转变，具体方式可以是农户、农民合作社或农村集体直接开发经营，也可以是吸引社会资本参与、合作开发。推动农村资源资产转化在不同地区、不同阶段有不同的特征，需要因势利导、因地制宜，找准推进转化的关键点，在提升资源资产的市场价值中实现农村居民收入增长。

1. 全面盘点包括扶贫资金在内的全部乡村资源，并建立体系化的制度规范

建议以全周期规范化建设为基本思路，一是建立资产核算制度，尽快完成扶贫资产核算，摸清家底，明晰产权归属；二是完善资产运营管护制度，引进专业

---

[1] 《扎实推动共同富裕》，《求是》2021年第20期。

性资产管理机构和经营主体，盘活用好乡村资产；三是完善资产收益分配制度，实现扶贫资产的倾斜性受益向乡村资产的普遍性收益转变，同时对新困难群体实施兜底保障；四是完善资产监督审计制度，重点防范资产流失和经营风险。

2. 深度挖掘开发乡村一切可转化资源，着力推进多功能农业的发展，构建多功能农业发展的基本框架

明确不同地区农业产业在农产品供给、增收和"托底"、生态建设和环境保护、观光休闲和旅游服务、就业保障、文化传承、能源保障等方面的功能，努力形成差异化多功能农业的发展定位，在注重"稳民心""传文化""悦身心""美环境"的基础上，科学研判不同主体、不同区域和不同发展阶段对现代农业功能定位的影响，实现差异化发展，不断延伸农业产业链和价值链。

3. 充分利用和发挥市场机制的作用，吸引优秀人才和优质市场主体

实现农村资源的深入开发，一个基本策略是提升参与者的能力进而提高资金投入的收益。一是必须充分发挥市场机制的作用，努力创建更加公平宽松的农村市场环境，提供更多的发展机会，重点是深入贯彻《关于构建更加完善的要素市场化配置体制机制的意见》精神，统筹部署完善要素价格形成机制和市场运行机制，着力抓好农村土地资源市场化配置，探索农村居民住宅、集体建筑、基础设施等市场化运行机制，赋予优秀人才和优质市场主体更多的市场选择权。二是着力推进更高水平的农村社会建设，向农村提供优质的社会服务，探索社会资本支持农村资源开发的路径，明确可参与经营的范围及具体方式并推进落地实施，特别是不断提升农村教育、医疗等基本公共服务的水平，给优秀人才和优质市场主体以稳定的发展预期，促使其扎根乡村、谋划长远发展。三是探索建立包括返乡创业人员在内的"新村民"参与乡村资源开发利用的新机制，重点明确"新村民"的权利保障和收益分配制度，同时通过聘请职业经理人、引进专业团队、吸纳社会资本参股等多元化方式，提高集体经济经营管理水平和资产收益率。

（二）数字化转型促农民农村共同富裕①

近年来，互联网、大数据、云计算、人工智能、区块链等技术加速创新，日

---

① 参见陈振娇、邹士年：《数字化转型促农民农村共同富裕》，《经济日报》2021年12月28日。

益融入经济社会发展各领域全过程，数字经济发展速度之快、辐射范围之广、影响程度之深前所未有，正在深刻影响和塑造农民农村的生产生活方式。更好把握数字经济发展趋势和规律、推动我国数字经济健康发展，将对促进农民农村共同富裕提供重要助力。在全面推进乡村振兴的进程中，抓住机遇、顺势而为，以数字经济驱动农业农村现代化，促进农民农村共同富裕。

1. 推动数字技术与乡村产业融合，夯实产业基础

推动乡村振兴，产业兴旺是重点。乡村产业兴旺，是保障农民收入的基本盘。在数字经济发展大潮中，一些地方积极推动数字技术与乡村产业融合，有力促进了农业生产智能化、绿色化发展，数字经济赋能乡村产业的成效不断显现。当前，"蔬菜工厂""棚联网""数字鱼"等新型数字化种养模式正在涌现，"环境—作物（动物）—管理"关系不断优化，传统农业的生产要素效率持续提升，取得了降低消耗、提升品质、增加产量等多方面成效。数字科技的创新应用，不仅能够改变农业的传统面貌，还能有力带动农村一二三产业融合发展，催生出创意农业、认养农业、农旅融合等新业态新模式，创造出更多高质量就业岗位。

我国农业生产的数字化水平总体上还不够高，以数字化转型促进农民农村共同富裕，应在数字技术与乡村产业融合上下功夫。一方面，要加快补齐农村地区信息基础设施短板，建立健全农业数据采集系统，完善信息终端和服务供给，扩大数字技术对乡村产业特别是农业的覆盖。另一方面，要强化面向农业农村的数字科技创新供给，特别是要结合不同区域、不同规模的农业生产特点，以先进适用为主攻方向，发展智能化农业装备，改进农业科技信息服务，推动更多数字技术深度融合到乡村产业中。

2. 以发展农村电商为抓手，提升农产品价值链水平

农村电商蓬勃发展，推动农产品市场化实现了质的飞跃，重塑了农产品价值链。依托于数字技术的新业态不断涌现，农产品的市场规模被极大拓展，特别是为小规模农业对接全国大市场创造了有利条件。值得注意的是，大型电商平台企业还正在向农业的生产端延伸，一些地方探索运用消费大数据引导产业结构、产品结构调整。伴随着农村电商发展，冷链物流、快递业等也加快发展，大幅降低了农产品出村进城的损耗和成本。在数据流、资金流、物流的交互作用下，农产品优质优价市场机制加快形成，农业增产增收的市场条件更加完善。

以数字化转型促进农民农村共同富裕，要更好发挥农村电商在提升农产品价值链方面的作用，坚持系统观念，着眼于生产、流通、消费全链条发力，实现更低成本、更高效率、能创造更多价值的供需对接。在促进生产方面，建议更好鼓励电商平台企业在重点产区建设产地仓、直采基地，加快分拣、包装、冷储等消费前"一公里"产业在乡村落地，不断拉长产业链条。同时，强化对消费端大数据的研发应用，引导乡村种养业结构调整，扩大优质绿色产品供给，培育区域性农业品牌，提升农产品价值。在畅通物流方面，建议促进农村电商与农村寄递物流融合发展，鼓励城市商超、物流企业与农户、合作社、农业企业等对接合作，支持冷链仓储、乡村道路等基础设施建设，努力破解配送成本高的难题。在扩大内需方面，建议加强政策统筹，推动农村电商高质量发展，更好支撑农产品出村进城。

3．运用数字技术提升基层服务和治理水平，做好兜底保障工作

扎实推进共同富裕，促进基本公共服务均等化是重要一环。在这方面，可以更好发挥数字技术的支撑作用，推动优质资源共享、提升服务效能、促进多元治理，让广大农民在乡村善治中享受更高品质生活。

一要促进优质资源共享，以加强医疗、教育、文化等基本公共服务为重点，引导城市的高水平服务机构积极对接乡村、走近农民，鼓励乡村教育、医疗等线上线下融合发展，让城市优质服务资源在更大范围上辐射农村地区，更好满足农村居民的精神文化需求。二要提升服务管理效能，以推动服务高效便捷为方向，推进农村公共服务体系数字化改造，强化涉农服务数据的采集和共享，深化数据开发和应用，实现更多服务场景应用。三要促进多元联动治理，在基层党组织领导下，充分发挥网络的平台作用，拓宽渠道和丰富方式方法，引导留守村民、外出务工人员、入乡创业人员等群体参与基层治理，在共商共建中促进共同富裕。

充分发挥数字化转型促进农民农村共同富裕的重要作用是一项系统工程，应立足我国基本国情农情，积极稳妥推进。一是要遵循发展规律。着力深化乡村数字化改革，以促进各类涉农数据有序高效利用为重点，促进网络、数据、技术和知识等新要素的价值充分释放。完善政策支持体系，聚焦关键领域和薄弱环节，推动数字化转型从以政策驱动为主向政策、市场共同驱动转变。推动传统农业数字化转型，尤其要注重经济上的可持续性，防止建而不用、用而无效。二是要完善利益分配机制。要健全乡村数字经济治理体系，完善各类市场主体与农民农村的利益联结机制，鼓励大型企业加大对公益性技术和服务的支持力度，保障农民合理分享数字化转型的红利。三是要增强转型的包容性。在推动数字化转型的过程中，要特别重视我国"大国小农"的基本农情，实施互联网＋小农户计划。同时，要创新农民培训体系，多渠道提升农民群体的数字素养，让他们在数字化转型中有更多获得感。

要深刻领会习近平总书记关于贯彻落实党的二十大对深化农村改革部署的重要指示精神，深入实施"百千万工程"，巩固和完善农村基本经营制度，健全粮食安全保障制度，完善乡村振兴体制机制和城乡融合发展政策体系，扎实推进农业农村现代化。

案例

"百校联百县兴千村"行动启动
汇聚高校力量　助力乡村建设 ①

【引　言】党的二十大报告指出：全面建设社会主义现代化国家，最艰巨最繁重的任务仍然在农村。坚持农业农村优先发展，坚持城乡融合发展，畅通城乡要素流动。加快建设农业强国，扎实推动乡村产业、人才、文化、生态、组织振兴。

【摘　要】全面贯彻落实党的二十大精神和习近平总书记视察广东重要讲话重要指示精神。按照我省实施百千万工程。习近平总书记对这项工作给予肯定，指出广东实施"百县千镇万村高质量发展工程"，有利于补上农村发展短板。总体部署，组织化、系统化、项目化。推进"双百行动"，推动高校院所作为纵向帮扶的重要力量，深度参与百千万工程。在县域产业发展、城乡建设规划、集体

---

① 案例来源：《百校联百县兴千村"行动启动　汇聚高校力量　助力乡村建设》，广东省人民政府门户网站 2023 年 3 月 22 日，有删改。

经济发展、基本公共服务、人才培养和改革创新等领域加强共建。为全面推进乡村振兴、推动县域高质量发展注入新的动能，助力解决城乡区域发展不平衡不充分问题。2023年3月21日，"三农"工作者、教育工作者、基层实践者齐聚华南农业大学，积极响应国家"百校联百县兴千村"号召，结合我省深入实施"百县千镇万村高质量发展工程"，共同启动广东省"百校联百县兴千村"行动。

【关键词】双百行动　乡村振兴　城乡融合

2023年2月，广东省印发了《"百校联百县兴千村"行动试点方案》，将"百校联百县兴千村"作为推进乡村建设行动的重点工作，充分利用驻镇帮镇扶村、全域推进生态宜居美丽乡村建设等成果，在协商自愿基础上确定了首批7对校地合作试点单位，同时支持华南农业大学牵头发起省乡村建设高校联盟。

"百校联百县兴千村"行动启动后，将聚焦关键环节，加快形成校地合作工作思路，7对签约校县结合实际情况制定工作方案，优先选择基层党组织战斗力强、常住人口多、产业基础好和群众积极性高的村庄开展共建服务。加快推动校地合作基地建设，依托基地开展社会实践、培养乡村人才、开展驻村服务。加快推动解决乡村建设难点堵点问题，加强村庄规划建设咨询、乡村产业规划发展指导、乡村治理改革研究。加快打造校地合作样板，形成一批可复制推广的经验模式。

接下来，省乡村振兴局、教育厅将加强组织协调，省乡村建设高校联盟、签约高校与签约县（区、市）发挥各自职能，积极探索校地共建、科技下乡的广东经验，以实际行动加快建设宜居宜业和美乡村，推动广东乡村全面振兴和高质量发展。

国家乡村建设高校联盟特聘专家出席启动仪式，省教育厅、乡村振兴局及4位校地代表发言，启动仪式还为7所高校"百校联百县兴千村"行动工作队授旗，广州市从化区、河源市东源县、揭阳市惠来县、梅州兴宁市、清远连州市、佛冈县、韶关市乳源县相关负责人分别与中山大学、华南理工大学、华南农业大学、广东工业大学、广东外语外贸大学、广东财经大学、仲恺农业工程学院7所高校代表签约。

2023年7月，广东省教育厅办公室关于征求广东省百校联百县助力"百千万工程"行动实施方案意见的通知，为深入贯彻落实省委、省政府关于实施百县千镇万村高质量发展工程决策部署，推动高校院所深度参与。"百千万工程"组织高校院所与109个涉农县市区结对共建，双向奔赴，合作共赢。强化县镇村高质量发展的人才、智力和科技支撑，推动高校师生在更广阔空间施展才华，把论文写在大地上，使教学科研成果更好转化为县镇村高质量发展的强劲动力。

◆ **案例分析** ◆

实施"双百行动"，推动校县结对、合作共建，是优势互补、合作共赢的协作，既助力县域高质量发展，也有利于高校实现高质量发展。要把县域所需和高校所能结合起来，找准合作共建结合点，增强合作的针对性、实效性。把项目化推进与重心下移结合起来，把合作共建落到具体项目上、落到驻镇驻村服务上、落到解决难点堵点问题上。把主动作为和协同联动结合起来，县校无缝对接，高校组团紧密合作，各方协同发力，形成乘数效应。把示范探索与久久为功结合起来，在建立机制、探索经验、形成示范上下功夫求实效。

拓展

双百行动落实 —— 广东省百校联百县助力 "百县千镇万村高质量发展工程" 行动协议书①

甲方：梅州市大埔县人民政府

乙方：广东金融学院

为深入实施百校联百县助力"百县千镇万村高质量发展工程"（以下简称"双

---

① 广东金融学院组织部提供。

百行动"），强化县镇村发展的人才、智力和科技支撑，按照"县域所需、高校所能"的原则，甲乙丙三方在平等、自愿、公平、诚信的基础上，决定开展结对共建，并就合作事宜达成如下协议。

一、合作目标

聚焦开展多样化、多领域的合作共建，为全面推进乡村振兴、推动县域高质量发展注入新动能，推动城乡区域协调发展向更高水平和更高质量迈进。到2027年，共建共享、互利互惠的合作格局基本形成，结对高校院所的人才培养、成果转化和服务社会能力明显提升，结对县县域发展的科技、人才和智力支撑更加有力，"双百行动"取得显著成效。

二、合作方式

甲乙丙三方在县域产业发展、城乡建设规划、集体经济发展、基本公共服务、人才培养和改革创新等领域加强共建。乙丙方共同组建驻县服务队，乙方安排1名副处级以上领导干部担任队长、兼任省纵向帮扶驻县工作队副队长，丙方安排1名干部担任副队长，常驻结对县开展工作。乙丙方每年要组织师生技术服务团队，每个组团服务对象不少于3个乡镇12个行政村，累计驻点服务时间不少于60天。甲方要与乙丙方共建"双百行动"实践基地，支持乙丙方开展科技创新、技术培训、创新创业、实习锻炼等。甲方要加大对乙丙方建设和发展的支持力度，帮助解决实际问题。

三、合作内容

（一）强化产业发展科技支撑。鼓励乙丙方根据甲方需要，加强现代化产业体系构建、产业培育和转型升级的技术支持，加大良种良法、先进农机、绿色农业等科技推广力度。甲方支持乙丙方在县域布局设点，建立产学研用协同创新机制。

（二）强化城乡规划建设服务。鼓励乙丙方推动规划设计师、建筑师、工程师"三师"下乡，协助甲方做好乡村布局规划、村庄建设规划、农房风貌规划编制，在美丽圩镇建设、农村人居环境整治提升、公共基础设施建设与管护、绿美广东生态建设等方面提供技术支持。

（三）突出基本公共服务支持。鼓励乙丙方结合实施基础教育高质量发展行动，建设数字化学习资源平台，开展送教下乡和援教支教。乙丙方有条件的可与甲方县级医院、乡镇卫生所开展帮扶对接，加大县乡医生的培养力度。乙丙方参与文明实践、文明创建、文明培育，开展普法宣传、法律咨询等服务。

（四）突出基层人才培养培训。鼓励乙丙方与甲方县域内中职学校、技工学校开展结对帮扶，探索乡村振兴人才定向培育机制，联合组团院校每年至少举办2期"双百行动"人才培训班，帮助甲方培育建筑师、工程师、乡村规划师及乡村工匠、职业经理人等专业人才。

（五）参与集体经济运营。鼓励乙丙方组织师生团队利用专业优势，挖掘乡村价值，盘活集体资产，协助甲方发展农文旅产业。甲方有条件的集体经济组织可聘请乙丙方专家或团队担任职业经理人、参与经营管理，探索建立收益共享机制。

（六）参与基层改革创新探索。鼓励乙丙方聚焦县域经济、城镇建设、乡村振兴、城乡融合等方面的体制机制障碍，参与改革试点，总结经验做法，推动改革创新成果在全省推广应用。

（七）提供决策咨询服务。鼓励乙丙方围绕"百千万工程"重点问题开展高质量的咨询服务，为甲方提供决策参考。借鉴上海财经大学"千村调查"经验做法，结合大学生"三下乡"活动，组织大学生走千村、访万户，开展社会调查研究。

…………

实验实践思考题

1. 如何理解"促进共同富裕，最艰巨最繁重的任务仍然在农村"？

2. 实现农村共同富裕的途径有哪些？

3. 青年大学生在乡村振兴战略中如何大显身手？

专题九 以习近平生态文明思想为引领 共建生态良好的地球美好家园

大自然是人类赖以生存发展的基本条件。尊重自然、顺应自然、保护自然，是全面建设社会主义现代化国家的内在要求。必须牢固树立和践行绿水青山就是金山银山的理念，站在人与自然和谐共生的高度谋划发展。我们要推进美丽中国建设，坚持山水林田湖草沙一体化保护和系统治理，统筹产业结构调整、污染治理、生态保护、应对气候变化，协同推进降碳、减污、扩绿、增长，推进生态优先、节约集约、绿色低碳发展。[①]

【引文】生态文明建设是关系中华民族永续发展的根本大计。中华民族向来尊重自然，热爱自然，绵延五千多年的中华文明孕育着丰富的生态文化。党的十八大以来，以习近平同志为核心的党中央坚定贯彻新发展理念，推进生态文明建设的决心之大、力度之大、成效之大前所未有。我们要坚持绿水青山就是金山银山理念，坚持尊重自然、顺应自然、保护自然，坚持节约优先、保护优先、自然恢复为主，实施可持续发展战略，完善生态文明领域统筹协调机制，构建生态文明体系，推动经济社会发展全面绿色转型，建设美丽中国。

---

① 《中国共产党第二十次全国代表大会文件汇编》，人民出版社 2022 年版，第 41 页。

一、坚定不移走以生态优先、绿色发展为导向的高质量发展新路子

2023 年 1 月，国务院新闻办公室发布了《新时代的中国绿色发展》白皮书。白皮书向国内外讲述新时代推动绿色发展的中国故事，全景式反映党的十八大以来我国推动经济社会绿色低碳发展遵循的理念、采取的重大举措和取得的历史性成就，展示我国坚定不移走绿色低碳高质量发展道路、建设人与自然和谐共生现代化的决心，体现我国推动构建人类命运共同体、共谋全球可持续发展的大国担当。

生态文明建设是关乎中华民族永续发展的根本大计，绿色发展是生态文明建设的必然要求。党的十八大以来，以习近平同志为核心的党中央深刻把握生态文明建设在新时代中国特色社会主义事业中的重要地位和战略意义，创造性地提出一系列新理念新思想新战略，形成了习近平生态文明思想，为新时代生态文明建设、绿色低碳发展提供了根本遵循和行动指南。党的十八大把生态文明建设纳入中国特色社会主义事业"五位一体"总体布局，上升到了前所未有的战略高度。党的十八届五中全会提出创新、协调、绿色、开放、共享的新发展理念，其中绿色是永续发展的必要条件和人民对美好生活追求的重要体现。党的十九大把"坚持人与自然和谐共生"纳入新时代坚持和发展中国特色社会主义的基本方略，把"美丽中国"纳入社会主义现代化强国目标。党的二十大报告要求，站在人与自然和谐共生的高度谋划发展，把推动经济社会发展绿色化、低碳化作为实现高质量发展的关键环节。

（一）深入贯彻习近平生态文明思想，不断提升自然资源保护和利用水平[①]

自然资源部是建设生态文明的重要部门。其坚持以习近平新时代中国特色社会主义思想为指导，认真贯彻习近平总书记重要指示批示精神，开展一系列工作，确保党中央、国务院决策部署落地见效。

[①]　参见陆昊：《全面推动建设人与自然和谐共生的现代化》，《求是》2022 年第 11 期。

1. 推动重大制度建设

贯彻党中央顶层设计，牵头起草并报请中央审定印发自然资源资产产权、国土空间规划、统筹划定落实三条控制线、自然保护地体系、所有权委托代理、建设用地二级市场、不动产登记、围填海管控、生态保护修复等10多项事关生态文明建设的重大制度。

2. 强化重大基础性工作

探索构建全面反映地下资源、地表基质、地表覆盖和管理要素四个层面信息的统一的自然资源调查监测体系，统一自然资源领域用地用海等重要分类标准。完成第三次全国国土调查，开展基础测绘、海岸线修测、地质灾害隐患、矿产、森林、红树林等专项调查。地质找矿取得新突破。

3. 稳妥推进重大改革

有序推进自然资源统一确权登记，开展全民所有自然资源资产所有权委托代理机制试点，探索建立生态产品价值实现机制，受国务院委托向全国人大常委会报告国有自然资源资产情况。将主体功能区规划、土地利用规划、城乡规划等融合为统一的国土空间规划，完成5省"三区三线"划定试点并向全国推开。对利益平衡、入市用途、市场调控、市场主体意愿、农民选择权等问题深入调查研究，提出稳妥推进农村集体经营性建设用地入市改革建议。出台鼓励和支持社会资本参与生态保护修复的政策。合理增加住宅用地供应，优化竞拍规则，向市场全面公开各类住宅用地存量信息和土地出让过程中关联地块重要信息，维护市场公平。全面推行矿业权竞争性出让，根据技术原理推动实现油气探采一体化制度。结合机构改革职能并入，土地、规划、测绘实行"多审合一、多证合一、多测合一"。

4. 整治突出问题，努力止住新问题，稳妥处理历史遗留问题

针对"大棚房"、破坏生态环境建"私家庄园"、农村乱占耕地建房等问题稳妥推进清查整治，同时出台政策规范设施农用地管理，保障农村村民合理宅基地用地需求。除国家重大项目外，严控新增围填海，2018年7月实施有关规定以来，违法围填海规模由以往一年几百上千公顷下降到近3年累计十多公顷。同时，分类处理历史遗留问题。建立建设用地增量安排与消化存量挂钩机制，与地方政府共同努力，2018—2022年共消化2018年之前批而未供土地1372万亩、闲置土地

436万亩。

5.坚守粮食与能源矿产资源安全底线

习近平总书记指出，"要增强国内资源生产保障能力"；"中国人的饭碗任何时候都要牢牢端在自己手中"。[①] 我们要严守18亿亩耕地红线，提升全部耕地保护强度，带位置下达耕地保护任务，确保"数、线、图"一致。强化和完善非农建设占用耕地占补平衡制度，新建立耕地转为其他农用地及农业设施建设用地"进出平衡"制度。加强战略性矿产资源国内安全供应，实施新一轮战略性矿产国内找矿行动，坚持并实施生态保护红线内矿产勘查开发差别化政策，积极推进"净矿"出让，开展煤炭露天开采用地改革试点。

6.持续深化国土空间治理改革

习近平总书记指出："要强化国土空间规划和用途管控，落实生态保护、基本农田、城镇开发等空间管控边界，实施主体功能区战略，划定并严守生态保护红线。"[②] 我们要以优化国土空间开发保护格局为目标，建立国家省市县乡五级上下贯通的国土空间规划"一张图"。坚持国土空间"唯一性"，在"一张图"上协调解决各类专项规划的空间需求和矛盾冲突。"三区三线"划定为全国国土空间规划编制奠定重要基础，要发挥国土空间规划的战略引领和刚性约束作用，严守三条控制线。制定差别化的国土空间用途管控规则，改革重大项目用地审批制度。

7.全面提升资源节约集约利用水平

习近平总书记指出："要抓住资源利用这个源头，推进资源总量管理、科学配置、全面节约、循环利用，全面提高资源利用效率。"[③] 当前土地资源利用矛盾已十分尖锐，未来10—15年将面临更大挑战，需要采取重大创新举措大力度推进节约集约用地。要严控超大、特大城市以及收缩型城市新增建设用地，全面修

---

① 《中央经济工作会议在北京举行，习近平李克强作重要讲话，栗战书汪洋王沪宁赵乐际韩正出席会议》，《人民日报》2021年12月11日。

② 《习近平在中共中央政治局第二十九次集体学习时强调　保持生态文明建设战略定力　努力建设人与自然和谐共生的现代化》，《人民日报》2021年5月2日。

③ 《习近平在中共中央政治局第二十九次集体学习时强调　保持生态文明建设战略定力　努力建设人与自然和谐共生的现代化》，《人民日报》2021年5月2日。

订各行各业用地标准，明显提升节约集约利用水平。在各类建设项目生成阶段或可行性研究阶段明确开展节约集约用地专门评价，新上项目应努力达到国内同行业节约集约用地先进水平。完善土地复合利用政策，推进多层厂房建设，明显提高园区建筑密度和容积率。充分发挥价格机制在土地要素配置中的作用，探索工业用地供应出让方式转变，完善盘活闲置和低效产业用地的市场机制。探索有效盘活农村存量建设用地路径。全面提升矿产和海洋资源保护利用水平。

8．加大生态保护和修复力度

习近平总书记指出，"坚持系统观念，从生态系统整体性出发，推进山水林田湖草沙一体化保护和修复，更加注重综合治理、系统治理、源头治理"[①]。我们要统筹生态建设布局，逐步调整不符合自然地理格局和水资源约束的土地利用方式。通盘安排未来生态退耕、国土绿化，带位置下达绿化任务。持续推进以国家公园为主体的自然保护地体系建设，强化野生动植物及生物多样性保护。统筹实施重要生态系统保护和修复重大工程，加强森林草原湿地保护修复，科学推进石漠化、荒漠化综合治理，开展历史遗留废弃矿山修复治理。严格管控围填海，对未开发的无居民海岛战略"留白"。健全地质灾害、海洋灾害等监测预警体系，继续实施自然灾害防治重点工程。以乡镇为单元推进全域国土空间综合整治。

9．巩固提升生态系统碳汇能力

2021年3月习近平总书记主持召开中央财经委员会第九次会议强调："要提升生态碳汇能力，强化国土空间规划和用途管控，有效发挥森林、草原、湿地、海洋、土壤、冻土的固碳作用。"[②]我们要努力减少对生态空间的占用及碳库损失，科学安排植树造林空间，合理开展森林经营和更新，发挥海洋"蓝碳"潜力，不断提升碳汇增量。积极探索岩溶作用固碳、基性—超基性岩矿化固碳、海洋渔业和微生物固碳、二氧化碳捕集利用与封存等固碳增汇新路径。

10．不断完善生态文明制度体系

习近平总书记强调："要深入推进生态文明体制改革，强化绿色发展法律和

---

① 《习近平在中共中央政治局第二十九次集体学习时强调　保持生态文明建设战略定力　努力建设人与自然和谐共生的现代化》，《人民日报》2021年5月2日。

② 《习近平主持召开中央财经委员会第九次会议强调　推动平台经济规范健康持续发展　把碳达峰碳中和纳入生态文明建设整体布局》，《人民日报》2021年3月16日。

政策保障，健全自然资源资产产权制度和法律法规。"①当前生态保护和自然资源开发利用中存在的突出问题，不能只通过事后处罚来处理，还要从更深层次、以更科学的治理机制去解决。要不断深化对党中央顶层设计的认识和实践探索，深入推进自然资源资产产权制度和要素市场化配置改革，全面落实全民所有自然资源资产所有权委托代理机制，完善自然资源执法督察体制。进一步健全生态保护修复财政资金和社会资金投入机制，深入探索生态保护补偿和生态产品价值实现机制。建立健全基于自然资源调查的生态系统调查评价监测体系。积极参与、配合出台有关法律法规。

（二）我国生态文明建设取得的历史性成就、发生的历史性变革

党的十八大以来，在习近平总书记亲自谋划、亲自部署、亲自推动下，我们党以前所未有的力度抓生态文明建设，开展了一系列根本性、开创性、长远性工作，决心之大、力度之大、成效之大前所未有，生态文明建设从认识到实践都发生了历史性、转折性、全局性的变化。

1. 生态文明理念不断深入人心

习近平生态文明思想准确把握人类社会发展规律，科学总结我们党关于社会主义现代化建设的宝贵经验，站在实现中华民族伟大复兴中国梦的战略高度，立足新时代生态文明建设实践，深刻回答了为什么建设生态文明、建设什么样的生态文明、怎样建设生态文明等重大理论和实践问题。生态文明相关内容相继写入党章、宪法。全党全社会对习近平生态文明思想尤其是人与自然和谐共生、绿水青山就是金山银山、山水林田湖草沙生命共同体的认识不断深入，保护环境和绿色发展意识显著增强。习近平总书记用"五个一"科学概括了生态文明建设在党和国家事业发展全局中的地位，即在"五位一体"总体布局中，生态文明建设是其中一位；在新时代坚持和发展中国特色社会主义的基本方略中，坚持人与自然和谐共生是其中一条；在新发展理念中，绿色是其中一项；在三大攻坚战中，污染防治是其中一战；在到本世纪中叶建成社会主义现代化强国目标中，美丽中国是其中一个。

---

① 《努力建设人与自然和谐共生的现代化》，《求是》2022年第11期。

2. 生态文明制度体系加快形成

党中央、国务院相继出台《关于加快推进生态文明建设的意见》《生态文明体制改革总体方案》，建立健全自然资源资产产权和有偿使用、"多规合一"的国土空间规划体系、以国家公园为主体的自然保护地体系、河湖长制、林长制、天然林草原湿地保护修复、生态保护补偿、环境保护"党政同责"和"一岗双责"、生态文明建设目标评价考核和责任追究等一系列法规制度。改革完善资源环境管理体制。制定修订环境保护法、土地管理法、森林法、长江保护法、湿地保护法等多部法律法规。

3. 生态保护和环境治理力度大幅提升

统筹划定耕地和永久基本农田、生态保护红线、城镇开发边界。大力推进资源节约集约利用，全国单位国内生产总值能耗、水耗、地耗显著下降。推进自然保护地优化整合，设立国家公园。编制实施全国重要生态系统保护和修复重大工程总体规划。持续开展国土绿化。加强长江、黄河等大江大河和重要湖泊湿地生态保护和系统治理，严格管控围填海，加强海岸带保护修复，实施"蓝色海湾"整治、红树林保护修复专项行动。深入实施大气、水、土壤污染防治三大行动计划。强化中央生态环境保护督察，加强自然资源执法督察。

4. 生态环境质量持续改善

第三次全国国土调查显示，2009—2019年，林地、草地、湿地、河流、湖泊等生态功能强的地类面积增加2.6亿亩。全国荒漠化和沙化土地面积持续缩减。2020年，全国森林覆盖率提高到23.04%，森林蓄积量提高到175.6亿立方米。一些濒危物种种群数量稳中有升。全国地表水优良水体比例由2012年的61.7%提高到2021年的84.9%，2021年全国地级及以上城市空气质量优良天数比例较2015年上升6.3个百分点，2020年单位国内生产总值碳排放较2005年下降48.4%。我国生态文明建设取得的成就，得到了广大人民的衷心拥护，也得到了国际社会广泛肯定。

5. 绿色经济加速发展

绿色是当今中国发展最鲜明的底色。不为追求短期经济效益牺牲资源环境，我国坚决遏制"两高"（高耗能、高排放）项目盲目发展，通过有序推进产业结构深度调整，产业结构进一步优化升级。严格执行钢铁、水泥等行业产能置换政策。2021年工业绿色低碳发展取得积极成效，全年压减粗钢产量超过2000万吨，规模以上工业单位增加值能耗同比下降5.5%。

通过逐步有序减少使用传统能源，推进能源结构调整有序展开。2021年，我国高技术制造业增加值占规模以上工业增加值的比重为15.1%，节能环保等战略性新兴产业快速壮大并逐步成为支柱产业，我国新能源汽车产销双双突破350万辆，新能源已成为汽车行业发展的大势。我国清洁能源消费量占比上升到25.5%，光伏、风能装机容量、发电量均居世界首位。我国持续加大太阳能、风能、氢能、生物质能等新能源技术研发和应用，提高能源产业中的新能源生产比重。目前，我国已建成全球规模最大的碳市场和清洁发电体系，可再生能源发电累计装机容量突破10亿千瓦大关，占全国发电总装机容量的43.5%。

二、以实际行动践行碳达峰碳中和目标

碳达峰分为自然达峰和政策驱动达峰。自然达峰与国家经济发展、产业结构及城镇化水平有着密切关系，一些发达国家达峰过程都是在经济发展过程中因产业结构变化、能源结构变化、城市化完成而自然形成的。相比发达国家，我国目前工业化、城镇化等进程远未结束，将近一半以上的城市第二产业占比超过50%，且主要以高耗能高碳排放的建材、钢铁、石化、化工、有色金属冶炼等产业为主。在此条件下，我国提出2030年前实现碳达峰，一方面要通过政策手段遏制高耗能高排放项目盲目发展，快速缩短达峰时间和降低达峰峰值，另一方面又要在这一过程中保持经济社会平稳健康发展，特别要保证能源安全、产业链供应链安全和粮食安全，这无疑是场硬仗。

尽管如此，我国政府仍在2009年哥本哈根气候变化会议上郑重承诺"2020年单位国内生产总值二氧化碳排放比2005年下降40%—45%"。经过坚持不懈努力，截至2020年底，我国单位国内生产总值二氧化碳排放比2005年降低48.4%，超过了向国际社会做出的承诺。作为制造业大国，2020年我国人均二氧化碳排放量约为美国的一半，历史累计排放量也约为美国的一半。我国工业化、城镇化还在深入发展，发展经济和改善民生的任务还很重，能源消费仍将保持刚性增长，

承诺实现从碳达峰到碳中和的时间仅有 30 年左右，远远短于发达国家所用时间，充分体现了大国担当的雄心和力度。

（一）碳达峰碳中和的实际行动 [①]

2021 年，中国新增光伏发电并网装机容量约为 5300 万千瓦，连续 9 年位居世界首位；光伏发电并网装机容量达到 3.06 亿千瓦，连续 7 年位居世界第一。随着可再生清洁能源的装机容量越来越大，我国一些省份目前正在利用沙漠、戈壁、荒漠地区，加强建设大型光伏和风电基地。同时，国家能源局也公布了全国 676 个整县光伏推进名单。按照我国碳中和的行动目标，到 2025 年可再生能源发电装机占比将超过 50%，到 2060 年非化石能源消费占比将达到 80%。可以说，中国发展可再生清洁能源的市场空间广阔。在 2021 年 9 月召开的第 76 届联合国大会上，中国承诺，今后不再新建境外煤电项目，大力支持发展中国家的能源绿色低碳发展。中国的示范和帮助，有利于广大发展中国家改善能源结构，促进光伏发电、风力发电、水力发电产业的大力发展，减少全球温室气体的排放。

1．在减污降碳协同增效方面，中国持续发力

以区域和流域为单元，优化工业结构，减少同质化低端竞争，各地区、各行业正积极做好经济增长和减污减排的"加减法"。目前，钢铁行业探索利用风力发电和太阳能发电产生的氢气替代焦炭炼钢；一些城市已经开通了氢能公共汽车；一些地方正在探索将水稻改为旱作稻，减少农业甲烷的排放；乡村建筑采用节能和保温改造工程，减少了冬季取暖、夏季制冷的能源消耗和碳排放；与此同时，赤泥转化为赤泥砖，磷石膏、煤矸石转化为建筑材料和可利用的热能。一些地方以前堆积如山的大宗工业固废，正在通过综合利用得到消纳。总的来说，降碳、减排的区域和流域大格局正在建立，一些企业通过技术改造和工艺升级提升了行业的竞争力，一些行业碳达峰碳中和的做法上升为全国性标准，成为可复制、可推广的宝贵经验。这对于广大发展中国家来说，具有巨大的示范和启迪意义。

2．在加强碳汇方面，中国也走在前列

截至 2021 年 12 月 23 日，全国碳市场碳排放配额累计成交量为 1.79 亿吨，

---

① 参见常纪文：《碳达峰碳中和的中国担当》，《光明日报》2022 年 2 月 18 日。

累计成交额达 76.61 亿元。碳交易作为碳排放指标调剂的市场手段，既有利于植树造林、增强碳汇，也有助于控制碳排放总量，引导资金、技术、人才等资源要素流向绿色低碳发展领域。在我国浙江、福建、陕西、江西等地区，权益主体通过"生态银行"等平台的集中收储和转让机制，将所得的碳汇指标在碳交易场所公开挂牌交易，将"绿水青山"的生态服务价值转化为"金山银山"的经济效益。在碳交易越来越国际化的今天，广大发展中国家积极开展生态建设、加强生态修复，有望在经济效益与生态效益两方面实现双赢。

（二）努力完成碳达峰碳中和战略目标 [①]

实现碳达峰碳中和目标，要统筹协调、明确路径、综合施策，能源体系改革是根本途径，重点领域转型是重要抓手，技术创新是关键引擎，碳汇能力提升是重要补充，治理体系变革是基础保障。

1. 以融入经济社会发展全局为牵引

要把"双碳"工作纳入生态文明建设整体布局和经济社会发展全局，特别是把碳达峰碳中和目标融入经济社会发展中长期规划，作为美丽中国建设的重要组成部分，充分衔接国家发展战略、能源生产和消费革命、国土空间、中长期生态环境保护、区域和地方规划。将绿色低碳全面融入长江经济带发展、粤港澳大湾区建设、成渝地区双城经济圈建设、黄河流域生态保护和高质量发展战略实施中，切实发挥重大区域规划引领带动作用。扩大绿色低碳产品供给，增强全民节约意识、环保意识、生态意识，倡导简约适度、绿色低碳、文明健康的生活方式，形成全民参与绿色低碳建设的良好局面。

2. 以能源绿色低碳发展为关键

能源活动二氧化碳排放占全国二氧化碳排放量的 87%，能源生产和消费革命是推动实现碳达峰碳中和目标的"牛鼻子"。充分考虑我国以煤炭为主的能源结构特点，在确保能源安全的前提下，以能源供给清洁低碳化和终端用能电气化为主要方向，坚持节能和结构调整双向发力，严格控制并逐步减少煤炭消费，大力推动煤电节能降碳改造、灵活性改造、供热改造"三改联动"，积极有序发

---

① 参见王金南、蔡博峰：《打好碳达峰碳中和这场硬仗》，《求是》2022 年第 10 期。

展光能源、硅能源、氢能源、可再生能源，构建以新能源为主体的新型电力系统和清洁低碳安全高效的能源体系。全面实施节约优先战略，加快提高能源利用效率，持续推进工业、建筑、交通等重点领域节能，充分挖掘节能提效的减碳潜力。

3. 以重点领域转变发展方式为抓手

工业领域长期以来是我国能源消费和二氧化碳排放的第一大户，是影响全国整体碳达峰碳中和的关键。要在坚决遏制"两高"项目盲目发展的基础上，围绕产业结构调整和资源能源利用效率提升，推动互联网、大数据、人工智能、第五代移动通信（5G）等新兴技术与绿色低碳产业深度融合。交通领域要加快公转铁、公转水建设，优化调整交通运输结构，全面提速新能源车发展，推进绿色低碳出行，形成绿色低碳交通运输方式。城乡建筑领域要通过乡村振兴推进县城和农村绿色低碳发展，坚持能效提升与用能结构优化并举，推进既有建筑节能改造和新建建筑节能标准提升，逐步建设超低能耗、近零能耗和零碳建筑。

4. 以技术创新为引擎

技术创新是推动能源革命和产业革命、支撑实现碳达峰碳中和的核心驱动力。要基于碳达峰碳中和约束下的经济社会发展深度脱碳要求，系统谋划相关技术的实施路线图和时间表。围绕能源、电力、工业、交通、建筑以及生态碳汇等领域的技术发展需要，加强科技落地和难点问题攻关，汇聚跨部门科研团队开展重点地区和重点行业碳排放驱动因素、影响机制、减排措施、管控技术等科技攻坚，采用产学研相结合模式推进技术创新成果转化应用。加快先进成熟绿色低碳技术的普及应用，推进前沿绿色低碳技术研发部署，加强低碳零碳负碳关键技术攻关、工程示范和成果转化。

5. 以碳汇能力全面提升为补充

强化国土空间规划和用途管控，构建有利于绿色低碳发展的国土空间布局。推进山水林田湖草沙一体化保护和系统治理，实施重要生态系统保护和修复重大工程，巩固和提升生态系统碳汇能力。充分利用坡地、荒地、废弃矿山等国土空间开展绿化，努力增加森林、草原等植被资源总量，有效提升森林、草原、湿地、海洋、土壤、冻土等生态系统的减排增汇能力。

6．以治理体系变革为保障

加快建立完善支撑落实碳达峰碳中和目标的政策体系和体制机制，推动形成政府主导、市场调节、各方参与、全民行动的绿色低碳转型发展新格局。加快碳达峰碳中和相关立法进程和标准体系建设，强化碳达峰碳中和目标约束和相关制度法治化保障；加快建立碳排放总量和强度"双控"制度，完善全国碳市场建设，推动实施配额有偿分配，出台有利于绿色低碳发展的价格、财税、金融政策，引导经济绿色低碳转型；夯实政府主体责任，把碳达峰碳中和目标任务落实情况纳入中央生态环境保护督察、党政领导综合考核等范围，充分发挥考核指挥棒作用，提升治理效能。积极参与和引领全球气候治理，以更积极的姿态参与全球气候谈判和国际规则制定，推动构建公平合理、合作共赢的全球气候治理体系。

三、为全球可持续发展贡献中国智慧和力量 [①]

一个清洁美丽的世界，是共建地球生命共同体的坚实基础，也是各国人民的共同企盼。当前，百年变局和世纪疫情叠加共振，落实联合国 2030 年可持续发展议程面临新挑战。习近平主席出席第七十六届联合国大会一般性辩论时郑重提出全球发展倡议，把气候变化和绿色发展纳入八大重点合作领域，在生态建设和绿色发展中寻找发展机遇和动力，对实现可持续发展具有重要意义。

（一）推动实现更加强劲、绿色、健康的全球发展

人类进入工业文明时代以来，传统工业化迅猛发展，在创造巨大物质财富的同时，也加速了对自然资源的攫取，打破了地球生态系统原有的循环和平衡，造成人与自然关系紧张。当前，生物多样性丧失速度前所未有，气候变化挑战不容忽视。

"我们要解决好工业文明带来的矛盾，以人与自然和谐相处为目标，实现世

---

① 参见杨迅、刘玲玲、任皓宇：《携手共建生态良好的地球美好家园（命运与共·全球发展倡议系例综述）》，《人民日报》2022 年 4 月 16 日。

界的可持续发展和人的全面发展。"① 习近平主席多次在联合国讲坛呼吁："人类需要一场自我革命，加快形成绿色发展方式和生活方式，建设生态文明和美丽地球。人类不能再忽视大自然一次又一次的警告，沿着只讲索取不讲投入、只讲发展不讲保护、只讲利用不讲修复的老路走下去。应对气候变化《巴黎协定》代表了全球绿色低碳转型的大方向，是保护地球家园需要采取的最低限度行动，各国必须迈出决定性步伐。"②

从全球视角思考责任担当，辩证分析环境保护和经济发展之间的关系，2021年9月，习近平主席郑重提出全球发展倡议，聚焦应对气候变化和推动绿色发展，呼吁国际社会加快落实联合国2030年可持续发展议程，推动实现更加强劲、绿色、健康的全球发展。

深刻总结历史经验和教训，习近平主席指出："生态环境保护和经济发展是辩证统一、相辅相成的，建设生态文明、推动绿色低碳循环发展，不仅可以满足人民日益增长的优美生态环境需要，而且可以推动实现更高质量、更有效率、更加公平、更可持续、更为安全的发展，走出一条生产发展、生活富裕、生态良好的文明发展道路。"③

（二）中国是全球环境议程的重要引领者

生态环境问题归根结底是发展方式和生活方式问题。要从根本上解决生态环境问题，必须贯彻绿色发展理念，坚决摒弃损害甚至破坏生态环境的增长模式，加快形成节约资源和保护环境的空间格局、产业结构、生产方式、生活方式，把经济活动、人的行为限制在自然资源和生态环境能够承受的限度内，给自然生态留下休养生息的时间和空间。

中国将生态文明建设纳入"五位一体"总体布局，将"美丽"一词写入社会主义现代化强国目标，实行最严格的生态环境保护制度，出台"史上最严"环保法；打好蓝天、碧水、净土保卫战，努力打造青山常在、绿水长流、空气常新的

---

① 《十九大以来重要文献选编》（中），中央文献出版社2021年版，第712页。
② 《在第七十五届联合国大会一般性辩论上的讲话》，《人民日报》2020年9月23日。
③ 《习近平在中共中央政治局第二十九次集体学习时强调　保持生态文明建设战略定力　努力建设人与自然和谐共生的现代化》，《人民日报》2021年5月2日。

美丽中国，成为全社会的共同追求；"三北"防护林工程被联合国环境规划署确立为全球沙漠"生态经济示范区"；塞罕坝林场建设者、浙江省"千村示范、万村整治"工程先后荣获联合国"地球卫士奖"。

在习近平生态文明思想指引下，中国贯彻新发展理念，将应对气候变化摆在国家治理更加突出的位置，不断提高碳排放强度削减幅度，不断强化自主贡献目标，以最大努力提高应对气候变化力度，推动经济社会发展全面绿色转型，建设人与自然和谐共生的现代化。

2020年9月22日，习近平主席在第七十五届联合国大会一般性辩论上郑重宣示："中国将提高国家自主贡献力度，采取更加有力的政策和措施，二氧化碳排放力争于2030年前达到峰值，努力争取2060年前实现碳中和。"[①] 中国正在为实现这一目标而付诸行动。

2022年北京冬奥会和冬残奥会，建设达到绿色建筑标准的低碳场馆，大量节能与清洁能源车辆用于赛时交通保障，奥运史上首次实现场馆"绿电"全覆盖，"绿色办奥"的愿景一一落实。国际奥委会北京冬奥会协调委员会主席胡安·萨马兰奇称赞北京冬奥会是"最绿色"的奥运会。美国库恩基金会主席罗伯特·库恩感叹，北京冬奥会为全球应对气候变化、推动可持续发展作出了切实贡献。

（三）为全球可持续发展贡献中国智慧和力量

中国不遗余力地帮助发展中国家，加快形成绿色发展方式，促进经济增长和环境保护双赢，构建经济与环境协同共进的地球家园，让发展成果更多更公平惠及各国人民。

在埃及，中国的节水梯田模式得以应用，助力西奈半岛山区涵养水源；在尼泊尔南部的特莱平原，中国绿色化肥试验区促成小麦等农作物最高增产400%；在南非中部德阿地区的山地上，一座座中国制造的白色风机昂然矗立，由中企运营的德阿风电项目每年发电量超过7.5亿千瓦时，相当于减排二氧化碳70多万吨。该项目还通过全球碳交易市场出售碳排放量，实现了环境和经济的双重收益。

中国的防沙治沙"药方"，为蒙古国治理荒漠化带来希望；节能改造项目，

---

① 《在第七十五届联合国大会一般性辩论上的讲话》，《人民日报》2020年9月23日。

让哈萨克斯坦的奇姆肯特炼油厂焕发新生；菌草种植技术，为中非共和国、斐济、老挝、莱索托等 100 多个国家和地区创造了绿色就业机会。从技术交流到项目开发，中国在践行全球发展倡议的过程中，不断分享先进技术和方案，为各国共同发展提供更加丰富多元的清洁能源与可持续发展思路。

中国秉持"授人以渔"理念，尽己所能帮助发展中国家提高应对气候变化能力。2011 年以来，中国累计安排约 12 亿元人民币开展应对气候变化南南合作，为近 120 个发展中国家培训了约 2000 名应对气候变化领域的官员和技术人员。从非洲的气候遥感卫星，到东南亚的低碳示范区，再到小岛国的节能灯，中国应对气候变化南南合作成果看得见、摸得着、有实效。

生态文明建设关乎人类共同命运，建设绿色家园是各国人民的共同梦想。作为全球气候治理的积极参与者，落实应对气候变化《巴黎协定》的行动派，全球生态文明建设的参与者、贡献者、引领者，中国将继续与各国携手并进，落实好全球发展倡议，共同谱写绿色发展的美好乐章。

伟大时代催生伟大思想，伟大思想引领伟大时代。我国正开启全面建设社会主义现代化国家、全面推进中华民族伟大复兴的新征程，《新时代的中国绿色发展》白皮书的发布，既是绿色发展理念和经验的阶段性总结，也翻开了绿色发展的新篇章。

党的二十大报告指出，"中国式现代化是人与自然和谐共生的现代化"，"必须牢固树立和践行绿水青山就是金山银山的理念，站在人与自然和谐共生的高度谋划发展"。要以习近平生态文明思想为根本遵循和行动指南，立足全面建成社会主义现代化强国、实现第二个百年奋斗目标，坚持不懈推进生态优先、节约集约、绿色低碳发展，不断开创美丽中国建设新局面。

广东绿色金融改革创新经验与"双碳"战略启示[①]

【引　言】作为经济金融大省、制造业大省、绿色金融改革试验区所在省份，广东绿色金融改革创新持续走在全国前列，广州已连续多年在全国绿色金融改革创新试验区建设综合评价中排名第一。以"敢为人先，创新为魂"的精神，广东闯出了绿色金融助企绿色低碳转型发展的新路子。

【摘　要】作为现代金融体系的重要组成部分，绿色金融是环境治理的重要机制，也是实现"双碳"目标的关键抓手。在有序推进"碳达峰""碳中和"工作、落实"碳达峰"行动方案的过程中，广东围绕金融支持生态环境保护、绿色产业发展，以实践承担绿色使命，着力加强绿色金融制度建设、推进绿色金融产品创新，逐步积累了绿色金融改革创新的"广东经验"。为助力广东绿色金融实现跨越式发展，报告结合广东省绿色金融发展的基础和成效，系统总结绿色金融改革创新模式，并从集聚、协同、融合、开拓四方面提出广东省实现绿色金融高质量发展应强化引领带动与区域协调、强化政府引导与社会参与、兼顾低碳技术发展与产业转型需要、兼顾改革创新与金融安全等战略启示。

【关键词】绿色金融　改革创新　广东经验　突破路径

2021年9月，习近平主席在第七十六届联合国大会一般性辩论上指出，"加快绿色低碳转型，实现绿色复苏发展。中国将力争2030年前实现碳达峰、2060年前实现碳中和，这需要付出艰苦努力，但我们会全力以赴"[②]。绿色金融作为支持经济转型和绿色低碳发展的有力抓手，不仅是从资本源头控制和改善生态环境的重要手段，更是贯彻落实新发展理念调结构、促转型、助力国家和地区绿色发

---

①　案例来源：《广东绿色金融改革创新经验与"双碳"战略启示》，《新经济》2022年第12期，有删改。

②　《习近平谈治国理政》（第四卷），外文出版社2022年版，第469页。

展的重要工具，在动员和激励更多社会资本投入绿色产业、推动实现碳达峰碳中和目标的过程中扮演不可替代的重要角色。广东绿色金融改革创新始于 2016 年，以广州获批全国首批绿色金融改革创新试验区为抓手，以夯实绿色金融"五大支柱"为重点方向，围绕碳排放权交易市场打造、绿色金融标准建立、信息披露制度创新等各领域多措并举地推动绿色金融改革创新纵深发展，在统筹好与全国碳市场的衔接和联动的同时，形成了独具特色的绿色金融"广东模式"。

但同时也应看到，在"双碳"战略背景下，广东省绿色金融协同发展有待完善，产品体系还没有充分解决低碳投资所面临的瓶颈，绿色金融监管和风险防范机制有待深化，亟待提升碳市场的国际影响力和话语权。鉴于此，本报告以落实"碳达峰、碳中和"目标要求为出发点和落脚点，在系统分析广东省绿色金融发展现状与成效的基础上，结合广东发展特色，总结提炼出广东省绿色金融改革创新的五大经验模式，并对照国外绿色金融发展实践特别是欧盟"可持续金融"体系的功能和路径，提出广东省"双碳"目标下创新发展绿色金融、打造绿色金融枢纽的战略启示和突破路径，为支持全省经济高质量发展提供有效支撑。

一、广东绿色金融发展的基础和成效

近年来，广东省通过积极发挥广州绿色金融创新试验区建设的平台资源优势、深圳金融科技赋能绿色金融创新发展的基础优势以及珠海、佛山、东莞等地以制造产业开启绿色转型升级的战略优势，不断完善政策框架、推进绿色金融产品改革创新、积极投身国际合作，初步建成了以广深为代表、珠三角区域各具特色的绿色金融政策框架和全国交易规模领先的碳市场体系。

（一）绿色金融市场结构逐步完善

1. 以碳排放权交易为重点的环境权益交易市场发展迅速

2011 年起我国先后在京津沪渝四大直辖市和广东、湖北、福建探索开展了碳排放权交易试点工作，2013 年底广东省正式启动碳排放权交易市场，以广州和深圳碳排放权交易所为载体，交易范围覆盖全省约 70% 的能源碳排放量。作为国内七大碳交易试点之一，2021 自然年度广东碳市场交易非常活跃，二级市场成交碳排放权现货 4125.26 万吨，累计成交金额 13.20 亿元。广深两个碳交所运行 8 年来，在制度创新、信息披露、产品服务等一系列领域先行先试，通过在全国首次引入配额有偿分配机制试点，坚持实行有偿分配和免费分配相结合的配额分配方法，以竞价形式适时开展配额有偿发放，借助"资源有偿使用"鼓励企业节能减排。

2．绿色金融产品丰富多元

广东省积极构建多样化绿色金融产品体系，绿色金融产品和服务不断丰富。一是绿色信贷规模结构不断优化。截至 2022 年 4 月末，绿色信贷余额 1.23 万亿元，同比增长 43.36％。省内多家银行机构通过开辟绿色通道大幅提高绿色信贷审批效率，并基于绿色项目缺乏抵押物等特点，积极创新绿色金融产品，发行全国首单"三绿"资产支持票据，满足绿色发展的融资需求。二是绿色债券发行快速增长。广东省绿色债券发行规模保持高速增长态势，累计发行金额超过千亿元，融资规模位居全国前列。三是绿色保险产品持续丰富创新。广东省积极从负债端和资产端双重发力，绿色保险产品不断丰富，巨灾指数保险、环境污染责任险、蔬菜降雨气象指数险、"绿色农保＋"、绿色产品食安心责任保险、气象指数保险等 10 多种新型绿色保险产品已上市试点，"创新型药品置换责任保险"全国率先试点。

（二）各地绿色金融创新特色明显

1．广州绿色金融改革创新试验区全国领先

作为全国第一批绿色金融改革创新试验区之一，广州以花都区为核心，先行开展绿色金融改革创新试点，截至 2021 年底，试验区绿色贷款余额、绿色债券发行量和新增绿色保费收入均高于全国其他试验区。一是绿色金融资产质量整体良好。企业和金融机构绿色债券累计发行金额超过千亿元且尚无违约案例，相关经验在全省推广；污水处理、绿色农业、节能环保等多个行业绿色贷款不良率远低于全国商业银行水平。二是创新开发绿色产融对接平台。平台致力于为绿色项目申报、融资需求发布以及与金融机构对接提供全方位支持和服务。截至目前，系统共纳入 2500 个项目，已认证绿色项目 90 个，进一步提高了绿色金融对接绿色企业、项目的精准性、有效性。三是不断丰富绿色金融产品和服务。发行全省首只和全国水资源领域首只绿色政府专项债券、全国光伏行业首单银行间债务融

资工具、全国造纸行业首单绿色中期票据，用于支持绿色金融新能源领域发展。省内首个排污权交易金融项目落地广州，为节能环保企业提供排污权质押融资支持。

2.深圳绿色金融发展驶入快车道

近年来，通过聚焦新能源、节能环保、生态环境等绿色产业，深圳初步构建了以"碳减排"为核心的绿色金融体系，绿色金融工作取得多项突破性进展。绿色债券方面，先后落地全国首单银行间市场核电项目碳中和债、全国首单租赁行业碳中和主体信用债、深圳首单市属国企碳中和债。跨境绿色金融合作方面，深圳在香港成功发行国内首只离岸人民币地方政府债券及绿色地方政府债券。同时，积极推进碳减排支持工具落地。截至2022年3月，深圳辖内银行累计获批碳减排工具政策资金19.35亿元，带动新发放碳减排贷款32.26亿元，带动年度碳减排量55.23万吨。并通过探索开展银行碳核算及环境信息披露，有效夯实绿色金融发展基础。

二、绿色金融改革创新的"广东经验"

（一）坚持绿色发展理念为引领，实现经济、社会、环境效益"三统一"

在构建新发展格局的时代背景下，绿色发展理念体现了人与自然和谐可持续发展的战略导向。从资源导向向创新驱动转型过程中，绿色"减碳"是必然要求。党的十八大以来，广东省始终坚持以推动产业转型升级、服务绿色发展为引领，围绕全省经济社会高质量发展的主线，从供求双向发力推动绿色金融改革与创新。通过聚焦三大堵点问题（服务主体认定问题、标准建设问题、信息对称问题），紧盯标准、产品、市场、政策、流程等核心要素，综合运用碳市场、绿色信贷、绿色保险、绿色债券、私募股权基金等手段探索服务模式创新，不断改善绿色产业和绿色项目的融资环境，在有效引导资金、技术等要素从污染性行业逐步退出的同时，实现环境效益、社会效益和经济效益的"三统一"，为全国持续推进生态文明建设提供"广东智慧"。

（二）坚持系统集成、协同联动，以资源合力助推绿色金融改革创新

广东绿色金融改革的重要经验之一即打通"政府＋金融管理部门＋金融机构＋

社会力量"系统集成链条，通过资源合力共同推进绿色金融改革创新。一方面抢抓政策红利重视顶层设计。顺应国家深化金融体制改革的发展方向和顶层设计意图，抢抓中央支持绿色发展政策红利，先后自主或联合出台《关于广东银行业加快发展绿色金融实施意见》《绿色金融评价实施细则（修订）》等高含金量政策文件，同时结合全省各地绿色金融发展定位、各部门任务分工等从省、市、区三个层级分别制定出台配套政策，通过建机制、搭平台、搞创新，引导金融机构从战略高度发展绿色金融。另一方面坚持部门协同联动，合力打好"组合拳"。广东省始终以货币、财政、监管和司法协同支持绿色金融发展的体制机制构建为核心，整体推进信贷政策、财税政策、产业政策、人才政策协调联动，以一揽子绿色金融激励政策体系，持续支持和鼓励绿色金融创新。

（三）坚持因地制宜、立足实际，走出一条具有广东特色的绿色金融发展之路

广东绿色金融改革始终立足地区发展实际，结合自身优势和特点，因地制宜开展系统创新与制度重构。近年来，广东省抓住绿色金融改革试验区建设契机，充分发挥绿色金融底子好、市场多元丰富、创新能力复合、平台渠道丰富、开放程度高的特点，瞄准"内部协同"与"外部联动"双轮驱动，走出了一条具有广东特色的绿色金融发展之路。一方面，以内部协调激发粤东西北地区绿色金融后发优势。为了更好地激发粤东西北地区绿色金融后发优势，广东省以因地制宜、差异化发展为先导，在粤北生态发展区，推动金融机构落地林业碳汇项目、碳排放权抵质押融资以及公益林生态补偿贷款等绿色金融产品，盘活农村林业资产、增加农民收入；在粤东和粤西沿海经济带，聚焦核电、风电等产业优势，引导金融机构综合运用信贷融资、债券融资、租赁融资、产业基金等方式，加大对可再生能源和清洁能源项目建设的金融支持力度，促进生态优势向经济优势、产业优势转变。另一方面，以外部联动纵深推进粤港澳绿色金融协同合作。广东省始终坚持以外部联动、国际合作加快绿色金融体系的建设。通过将"双区""两个合作区"等重大国家战略与推进绿色金融改革创新协同部署，将大湾区碳市场建设、绿色金融标准建设以及赴港澳发行绿色债券三大重点任务作为粤港澳三地金融联动重点，组建四方粤港澳大湾区绿色金融联盟，通过一揽子政策红利释放，

三地绿色金融合作和碳市场链接纵深拓展，并依托"一带一路"建设诉求、国际自贸区网络建设、国内外开放协定的签署战略机遇，不断将绿色金融实践经验在国内国际推广，打造绿色金融"广东名片"。

（四）坚持"试点引领、多点突破"，对全省绿色金融发展全局统筹

广东结合国家重大战略部署和地方经济发展特点，以广州绿色金融改革创新试验区为中心点、以粤港澳大湾区为核心圈、以粤东西北地区为外围圈，瞄准"试点引领、多点突破"，对全省绿色金融发展进行全局统筹。通过将广州绿色金融改革创新经验向大湾区、粤北生态发展区以及粤东、粤西沿海经济带复制推广，串点成线、以线扩面，在全省范围内形成了"一点两圈"绿色金融发展格局。省政府成立省绿色金融改革工作领导小组，指导各地基于自身比较优势科学制订发展思路与行动计划，围绕统筹规划、激励考核、绿色标准、法律法规、风险防范等方面，形成体系化的行动范式。按照省委总体部署，各地根据自身资源禀赋、区位特征、金融基础设施等方面的差异，在明晰绿色金融发展战略重点和路径选择的基础上，全力破解制约绿色金融发展的体制机制障碍，在推动绿色金融创新发展方面逐渐形成了不同的发展特色。如广州成为全国有重要影响力的绿色金融改革创新试验区，连续三次在全国绿色金融改革创新试验区建设自评价中综合排名第一；深圳充分发挥金融科技赋能绿色金融创新发展的强劲优势，在全球率先立法支持绿色金融发展成为国际标杆；珠海、佛山、东莞等地则以"绿色金融、先进制造业"开启绿色发展战略转型升级，全省各地通过试验区"小切口"实现绿色金融改革创新的"深突破"的试点示范效应持续形成。

（五）坚持创新驱动、数字赋能，示范引领绿色金融高质量发展

广东充分发挥改革开放前沿地区与生俱来的探索精神、首创精神，依托科技创新产业基础和优质的市场环境，始终坚持创新驱动和数字赋能，持续提升绿色金融改革能级。一方面，创新丰富产品体系、服务体系，畅通绿色融资渠道。绿色贷款、绿色股权、新型绿色保险、绿色基金、环境权益抵质押等新兴产品及服务在试点示范的影响下迅速涌现，并发挥"滚雪球"效应，撬动更多社会资本投向绿色金融领域。同时，设立全国首家气候支行、全国首家零碳网点、碳金融实

验室、绿色保险创新实验室，支持银行等金融机构围绕制度建设、资源保障、审批政策、考核激励等提高绿色专业服务能力，助力碳中和项目和低碳产业项目直接融资。另一方面，充分发挥数字经济先发优势，积极探索科技赋能绿色金融的新路径。综合使用云计算、大数据、区块链等方法降低绿色金融摩擦，创新打造"三系统一平台"（即绿色金融信息系统、绿色主体认定系统、绿色银行监管系统、"粤信融"平台），实现了"前端主体认定、后台主体监管、中间信息平台搭桥"的服务闭环，为企业融资需求发布、绿色项目申报推荐、第三方认证贴以及与金融机构对接等提供全方位、一体化服务。并通过建立"绿色金融风险大数据库"，完善全链条风险管理体系，通过开展"愿披露、敢披露、真披露"环境信息披露试点、环境压力测试，提高金融机构风险应对能力。

◆ **案例分析** ◆

　　绿色是当今中国发展最鲜明的底色。面对百年变局，我国生态文明建设持续推进，实现了"十四五"良好开局。当前，"十四五"生态环境领域顶层设计系统构建，污染防治攻坚战扎实有力推进，绿色低碳发展取得新成效，生态保护监管持续强化，生态环境治理效能不断提升，美丽中国的新图景正在徐徐铺展。留住青山，赢得未来。坚定不移走生态优先、绿色发展之路，美丽中国的目标必将实现。

实验实践思考题

　　1. 完成碳达峰碳中和战略目标的举措有哪些？

　　2. 中国为全球可持续发展作出了哪些贡献？

专题十 实行高水平对外开放 开拓合作共赢新局面

中国坚持在和平共处五项原则基础上同各国发展友好合作，推动构建新型国际关系，深化拓展平等、开放、合作的全球伙伴关系，致力于扩大同各国利益的汇合点。①

【引文】在 2023 年 3 月第十四届全国人民代表大会上，习近平总书记指出："我们要努力推动构建人类命运共同体"，"扎实推进高水平对外开放"。②党的二十大报告强调，中国坚定奉行互利共赢的开放战略，不断以中国新发展为世界提供新机遇。党的十九届六中全会审议通过的《中共中央关于党的百年奋斗重大成就和历史经验的决议》深刻指出："开放带来进步，封闭必然落后；我国发展要赢得优势、赢得主动、赢得未来，必须顺应经济全球化，依托我国超大规模市场优势，实行更加积极主动的开放战略。"构建以国内大循环为主体、国内国际双循环相互促进的新发展格局，是以习近平同志为核心的党中央审时度势作出的重大决策部署，是新时代全面深化改革开放的重大战略任务，生动体现了党中央实施更加积极主动开放战略的坚定信念。面向未来，我们要站在历史正确的一边，坚定不移推动高水平对外开放，为构建新发展格局提供强大动力。

---

① 《中国共产党第二十次全国代表大会文件汇编》，人民出版社 2022 年版，第 50 页。
② 《在第十四届全国人民代表大会第一次会议上的讲话》，人民出版社 2023 年版，第 5 页。

一、持续推进更高水平对外开放

（一）我国实行更高水平对外开放的要求 [①]

更高水平对外开放包括实体经济和经济制度两个层面。实体经济层面指商品、服务和要素跨境流动的规模更大、质量更高；经济制度层面指建立"更高水平开放型经济新体制"，贸易投资自由化便利化程度更高，经济制度和经济政策公平、透明、可预期。

1．更高水平对外开放要求具有较大的贸易规模、国际投资规模

对于中国这样的经济大国而言，如果国际贸易国际投资规模小，在全球贸易、投资中占比低，则表明贸易投资的开放度低，这样就难以称为高水平开放。在较大规模的基础上，贸易投资应保持一定的稳定性。如果贸易投资波动大，缺乏稳定性，不仅表明受国际市场影响大，自主驾驭国际贸易投资能力弱，而且国际贸易投资的较大波动还会冲击国民经济运行。同时，还要保持进出口贸易、国际资本流动的相对平衡。

2．更高水平对外开放要求提升国际贸易投资质量

要从贸易大国转向贸易强国，高附加值、高技术产品和服务贸易占比不断上升，能够分享全球价值链高端收益。要从吸收外资大国转向双向投资大国强国，外商投资结构应与新发展理念相契合，高端制造、高技术服务领域外商投资比重须不断提高，提升对外投资效益，涌现出更多在全球配置资源、掌控全球供应链价值链的跨国公司。

3．更高水平对外开放核心是制度性开放，对标先进国际经贸规则，建设更高水平开放型经济新体制

在国际经济格局加速重构中，以"市场准入 + 公平竞争"为立足点的国际经贸规则，逐步被更多国家所接受，代表了先进国际经贸规则的演变方向。更高水平开放就是要实现关税水平降低，通关便捷高效，经济政策措施透明、可预期，营商环境法治化、市场化、国际化，贸易投资自由化便利化，市场主体公平有序

[①] 参见桑百川：《持续推进更高水平对外开放》，《红旗文稿》2021 年第 20 期。

竞争，知识产权保护严格有度，开放支持政策合法合规，国际国内经济循环畅通，风险防范安全可控，高水平开放与安全保障制度衔接协同。

（二）我国实行更高水平对外开放的意义 [①]

中国特色社会主义进入新时代，国内经济高质量发展，贯彻新发展理念，构筑新发展格局，应对世界百年未有之大变局，都离不开推进更高水平对外开放。

1. 新发展阶段需要更高水平对外开放

改革开放后，我国走出了一条以开放促改革和发展的成功道路，创造了经济持续长期高速增长的奇迹。步入新时代，国民经济从高速增长阶段转向高质量发展阶段，更高水平对外开放是高质量发展的内在要求。只有全方位提高开放水平，进一步释放开放促改革的功能，才能更快推动要素低廉的比较优势向竞争优势转变、世界制造业中心向世界创造中心转变、贸易大国向贸易强国转变、吸收外资大国向双向投资大国强国转变、国际经贸规则的接受者向参与制定者转变、全球经济治理的参与者向重要贡献者转变，广泛利用世界市场和全球优质要素资源，助推经济高质量发展。

2. 新发展理念需要更高水平对外开放

习近平总书记反复强调在更高水平开放中推进自主创新。在第二届中国国际进口博览会开幕式上的主旨演讲中，习近平总书记重申"坚持以开放促改革、促发展、促创新，持续推进更高水平的对外开放"[②]。只有在更高水平开放中，才能吸引更多技术管理先进的跨国公司进入中国市场，产生更多技术知识溢出效应，带动内资企业创新发展；只有在更高水平开放中，增进外贸质量和效率，提升外贸综合竞争力，才能实现外贸推动创新发展。习近平总书记提出的"一带一路"倡议以及高水平建设"一带一路"理念，在更高水平开放中构建陆海内外联动、东西双向互济的开放格局，使相对落后的中西部和沿边地区从开放末梢变为开放前沿，通过开放带动落后地区发展，有助于缩小地区差距，促进协调发展。

3. 新发展格局需要更高水平对外开放

习近平总书记强调，构建新发展格局"决不是封闭的国内循环，而是更加开

[①] 参见桑百川：《持续推进更高水平对外开放》，《红旗文稿》2021年第20期。

[②] 《习近平谈治国理政》（第三卷），外文出版社2020年版，第211页。

放的国内国际双循环"。① 只有更高水平开放，跟踪高标准经贸规则变迁的趋势，建立更高水平开放型经济新体制，才能更快打通生产关系各环节的堵点，为国内经济大循环提供保障；只有更高水平开放，广泛利用全球资源，提高全社会收入水平，才能推动扩大内需，并在扩大开放中释放国内大市场优势，为外商投资、进出口贸易带来更多机会，更好实现国内国际经济循环互动；只有更高水平开放，强化中国与世界经济的联系，才能稳定提升中国在全球供应链中的地位，建立安全可控的供应链体系，在外部供应链重构中增强我国的自主性；只有更高水平开放，广泛吸收聚集国内外优秀人才、先进技术、领先企业、先进制造和服务、管理知识和信息等高端资源，加强国内外经济技术合作，在开放中提升自主创新能力，才能更快建立具有较强国际竞争力的产业体系，突破"卡脖子"技术。

4. 应对世界百年未有之大变局需要更高水平对外开放

世界正经历百年未有之大变局，要坚定不移扩大开放。新世纪以来，以数字化、网络化、智能化为重心的新一轮科技革命和产业变革深入发展，世界多极化态势明显，国际力量对比发生重大变化。与此同时，也出现了贸易投资保护主义、单边主义，经济全球化遭遇逆流，多边贸易体制面临严峻挑战，国际经贸规则趋于碎片化，叠加上新冠肺炎疫情的冲击，全球产业链供应链面临重构，贸易摩擦冲突上升，世界经济波动加剧，国际环境更趋复杂。推进更高水平对外开放，既是支持经济全球化、维护开放型世界经济的实际行动，能够为世界经济恢复发展注入信心和动力，也是营造友好外部环境、应对世界百年未有之大变局、推动我国经济稳健成长、维护中华民族伟大复兴势头的理性抉择。

（三）推进更高水平对外开放的途径 ②

1. 建设国际贸易强国

在继续发掘传统比较优势，巩固国际货物贸易大国地位的同时，做好外贸优势转化衔接，培育新竞争优势，优化外贸结构。推动数字技术赋能外贸，优化数字货物贸易发展环境，发展新贸易模式、新贸易业态，形成一批能够整合全球

① 《在第三届中国国际进口博览会开幕式上的主旨演讲》，《人民日报》2020年11月5日。
② 参见桑百川：《持续推进更高水平对外开放》，《红旗文稿》2021年第20期。

资源、占据全球或区域价值链高端的全球性公司。继续扩大进口，促进进出口平衡，提升进口与经济结构转型升级需要之间的契合度。进一步简化跨境服务贸易负面清单，推动服务贸易创新发展，促进数字服务贸易发展，培育服务贸易市场主体和龙头企业，打造"中国服务"品牌，扩大服务出口，缩小服务贸易逆差。

2. 提升双向投资质量

全面落实《中华人民共和国外商投资法》，持续优化外资营商环境，为外资企业创造公平竞争的制度条件，稳定外商投资预期，不断增强对外资的吸引力，巩固外商投资大国地位。以新发展理念为引领，优化外商投资结构，提升外商投资质量，鼓励有利于创新、协调、绿色、开放、共享发展的外商投资。围绕构建新发展格局目标，利用大市场优势吸引全球优质要素资源，推动提升我国自主创新能力，利用外商投资衔接国内国际两个市场，实现国内国际双循环相互促进。

3. 升级开放区域平台

以特殊经济区为重点，强化制度创新，提升开放引领改革发展作用，释放高质量发展示范效应。充分利用自由贸易试验区深化改革和扩大开放试验田作用，完善制度创新的激励机制和容错纠错机制，率先构建起更高水平开放型经济新体制，形成公平竞争和贸易投资自由化便利化的制度体系，建立以安全可控为核心的风险管理体系，建立具有较高国际竞争力的产业体系。借鉴国际高标准自贸港经验，推动海南自贸港高水平对外开放的制度集成创新，完善与《中华人民共和国海南自由贸易港法》衔接配套的法律体系，构建商品、服务、要素自由便捷、安全有序流动的制度体系。推动沿边地区与沿海、沿江、内陆等地区协同开放，打造内地开放新平台，有效对接"一带一路"倡议。

4. 推进制度改革创新

把协议开放和自主开放结合起来，对标国际通行的经贸规则，提高贸易投资自由化便利化水平，不断构建更高水平开放型经济新体制。全面落实外资企业国民待遇，保障不同经济成分公平竞争，建立非歧视的规制体系；构建竞争中性的规制环境，将竞争中性作为促进对外经贸工作的重要原则，推进国有企业分类改革；提高政府决策透明度，落实开放政策的世界贸易组织合规审查机制，提升贸易政策合规水平；进一步完善知识产权保护的法律体制，将数字环境下的知识产权纳入法律体系，建立合理公平、可持续发展的知识产权制度，平等对待国内外企业、个人及投资者知识产权；提高环境和劳工权益保护标准，强化监察及执法力度。

5．完善全球经济治理体系

积极参加全球治理体系改革，为更高水平对外开放创造有利的外部环境。坚持以规则为基础、共同发展为导向的经济全球化主张，推动经济全球化朝着更加开放、包容、普惠、平衡、共赢的方向发展，破解全球经济治理赤字、信任赤字、和平赤字、发展赤字。以构建人类命运共同体为目标，推动高水平"一带一路"建设，帮助提升发展中国家国际贸易能力，缓解经济全球化中国家间利益不平衡矛盾。

（四）我国推动高水平对外开放的优势[①]

进入新发展阶段，国内外环境的深刻变化既带来一系列新机遇，也带来一系列新挑战，危和机并存，危中有机、危可转机。习近平总书记指出，"当今世界正经历百年未有之大变局，但时与势在我们一边，这是我们定力和底气所在，也是我们的决心和信心所在"[②]。新中国成立以来特别是改革开放以来的发展，我国已经拥有了雄厚的物质基础，经济韧性不断增强，综合优势不断凸显。

1．超大规模的市场优势

当今世界最稀缺的资源是市场。14亿多人口、4亿多中等收入群体的国内市场，是我国的巨大优势。从现实看，我国市场持续扩大。从长远看，我国市场空间巨大，预计未来10年累计商品进口额有望超过22万亿美元。我国市场成长性好，中等收入群体还将不断扩大，消费结构还将持续升级，将为我国经济发展开辟新空间，为推动高水平对外开放提供坚实基础。

---

① 参见王文涛：《以高水平对外开放推动构建新发展格局》，《求是》2022年第2期。

② 《习近平在省部级主要领导干部学习贯彻党的十九届五中全会精神专题研讨班开班式上发表重要讲话强调 深入学习坚决贯彻党的十九届五中全会精神 确保全面建设社会主义现代化国家开好局》，《人民日报》2021年1月12日。

2. 全产业链的竞争优势

产业链供应链安全稳定是构建新发展格局的基础。目前，我国是世界上工业体系最为健全的国家，完整产业链优势无可替代。纺织服装鞋帽、玩具箱包等传统产业在全球具有优势；电子电气设备、机械设备等中高端产业正加速由加工组装转向零部件生产环节；高铁及光伏等新能源发展在全球处于领先地位，技术、价格的国际竞争力不断增强。我国规模配套优势可大大降低企业成本，提高效率，增强竞争力。全产业链优势具有"虹吸效应"，可汇聚全球要素和资源，形成具有更强创新力、更高附加值、更安全可靠的产业链，为推动高水平对外开放筑牢安全屏障。

3. 科技创新的潜在优势

加快构建新发展格局最本质的特征是实现高水平的自立自强，其中加快科技创新是关键。党的十八大以来，我国为推动高水平对外开放提供了强大动力，特别近年来，我国在关键科技成果、科技体制改革、人才队伍建设等方面取得显著进步，科技创新具有良好基础。人才上，每年有近1000万大学毕业生，科学家和工程师数量居世界首位；投入上，2020年研发经费支出达2.4万亿元，是2012年的2.4倍；技术上，大数据、云计算、物联网、移动互联网等新技术，既可放大我国优势，也可增强回旋余地；产业上，人工智能、5G等新兴产业与发达国家处于同等竞争水平；市场上，我国强大的国内市场，可迅速成为新技术的"应用场""推广场"；体制上，关键核心技术攻关新型举国体制，将激发出澎湃创新活力。

4. 党的领导的制度优势

一百年风雨兼程，我国探索出了一条适合中国国情的发展道路，积累了发展经验，彰显了制度优势。中国特色社会主义制度的最大优势是中国共产党领导，可以集中力量办大事，着眼长远谋划发展。以人民为中心，是我们一切工作的出发点和落脚点，也是我们党区别于其他政党的显著标志。党的坚强领导是我们的最大底气，集中力量办大事的制度优势是我们的制胜法宝，为推动高水平对外开放提供了根本保障。

二、推进高质量共建"一带一路"

（一）继续推动共建"一带一路"高质量发展

习近平总书记指出，"完整、准确、全面贯彻新发展理念，以高标准、可持续、惠民生为目标，巩固互联互通合作基础，拓展国际合作新空间，扎牢风险防控网络，努力实现更高合作水平、更高投入效益、更高供给质量、更高发展韧性，推动共建'一带一路'高质量发展不断取得新成效"[1]。在世界百年未有之大变局下，当前尽管单边主义、保护主义、逆全球化暗流涌动，但"和平与发展的时代主题没有改变，经济全球化大方向没有变，国际格局发展战略态势对我有利，共建'一带一路'仍面临重要机遇"，"我们要保持战略定力，抓住战略机遇，统筹发展和安全、统筹国内和国际、统筹合作和斗争、统筹存量和增量、统筹整体和重点，积极应对挑战，趋利避害，奋勇前进"。[2]

（二）正确认识共建"一带一路"面临的新形势

在第三次"一带一路"建设座谈会上，习近平总书记发表重要讲话，对新时代推进共建"一带一路"建设工作作出重大战略部署，高屋建瓴指明"一带一路"建设前进方向。

《中共中央关于党的百年奋斗重大成就和历史经验的决议》指出，"我国发展要赢得优势、赢得主动、赢得未来，必须顺应经济全球化，依托我国超大规模市场优势，实行更加积极主动的开放战略。我国坚持共商共建共享，推动共建'一带一路'高质量发展，推进一大批关系沿线国家经济发展、民生改善的合作项目，建设和平之路、繁荣之路、开放之路、绿色之路、创新之路、文明之路，使共建'一带一路'成为当今世界深受欢迎的国际公共产品和国际合作平台"。

---

[1]《习近平在第三次"一带一路"建设座谈会上强调 以高标准可持续惠民生为目标 继续推动共建"一带一路"高质量发展》，《人民日报》2021年11月20日。

[2]《习近平在第三次"一带一路"建设座谈会上强调 以高标准可持续惠民生为目标 继续推动建"一带一路"高质量发展》，《人民日报》2021年11月20日。

（三）推动共建"一带一路"不断取得新成效

自 2013 年秋习近平主席西行哈萨克斯坦、南下印度尼西亚，先后提出建设丝绸之路经济带和 21 世纪海上丝绸之路重大倡议以来，共建"一带一路"已从蓝图变为现实，结出累累硕果：雅万高铁、中老铁路、匈塞铁路、蒙内铁路、瓜达尔港、汉班托塔港等一大批基础设施项目扎实推进；亚投行、丝路基金等金融机构为基础设施建设拓展资金渠道；我国已与 140 个国家、32 个国际组织签署 200 多份共建"一带一路"合作文件；我国与沿线国家货物贸易额累计达到 10.4 万亿美元，对沿线国家非金融类直接投资超过 1300 亿美元……"一带一路"的国际影响力、合作吸引力不断释放，"提高了国内各区域开放水平，拓展了对外开放领域，推动了制度型开放，构建了广泛的朋友圈，探索了促进共同发展的新路子，实现了同共建国家互利共赢"[1]。

三、积极参与全球治理体系改革和建设

（一）中国以更加积极的姿态参与全球治理体系改革和建设[2]

当今世界正经历百年未有之大变局，国际形势跌宕起伏，全球治理体系深刻重塑。党的十八大以来，在习近平外交思想指引下，中国秉持共商共建共享原则，以更加积极的姿态参与全球治理体系改革和建设，推动建立更加公正合理的国际政治经济新秩序。

1. 积极参与全球治理规则制定，共同应对人类面临的全球性问题

中国主动参与网络安全、公共卫生、气候变化等领域国际规则制定和完善，推动形成更加包容的全球治理、更加有效的多边机制、更加积极的区域合作，有效应对摆在人类面前的全球性问题。中国提出数据安全领域首份国际倡议《全球数据安全倡议》，为维护全球数据安全作出重要贡献，也为制定相关全球规则提

---

① 《习近平在第三次"一带一路"建设座谈会上强调　以高标准可持续惠民生为目标　继续推动共建"一带一路"高质量发展》，《人民日报》2021 年 11 月 20 日。

② 参见陈笑：《积极参与全球治理体系改革和建设》，《解放军报》2021 年 11 月 3 日。

供了蓝本。在新冠疫情席卷全球之际，中国积极同世界分享防控经验，提升全球公共卫生治理能力。

2．积极推动完善全球治理机制，践行真正的多边主义

中国始终维护以联合国为核心的国际体系、以国际法为基础的国际秩序、以联合国宪章宗旨和原则为基础的国际关系基本准则。作为联合国创始会员国、联合国安全理事会常任理事国和最大发展中国家，中国忠实履行联合国安理会常任理事国职责和使命，维护联合国宪章宗旨和原则，维护联合国在国际事务中的核心作用。中国积极参与各领域国际对话与合作，成功举办亚太经合组织第二十二次领导人非正式会议、二十国集团领导人杭州峰会、金砖国家领导人厦门会晤等重大主场外交活动；发起创立中非合作论坛、中阿合作论坛、中拉论坛等多边平台。

3．积极推动构建开放型世界经济，推动经济社会发展更好造福人民

中国是经济全球化的积极参与者和坚定支持者，坚定维护多边贸易体制，坚决反对单边主义、保护主义，支持对世界贸易组织进行必要改革，保障发展中国家的发展权益和空间。中国积极推动全球开放合作，致力于推动共同发展，从"坦赞铁路"到"一带一路"，向发展中国家提供力所能及的帮助，不断以中国发展为世界提供新机遇；发起成立亚洲基础设施投资银行、金砖国家新开发银行等国际金融合作机构，为全球发展注入新动力；创办中国国际进口博览会，为世界各国提供开放合作新平台。

（二）中国对全球发展治理的贡献不断增大①

国内发展治理的成功，为中国助力全球发展创造了条件、准备了资源、积累了经验。通过提供更多国际公共产品，中国对全球发展治理的贡献正不断增大。全球发展治理包括两个基本组成部分，国家内部的发展治理是基础，国际发展治理是重要外部支持。作为世界上最大的发展中国家，中国对全球发展治理的首要贡献是做好国内发展治理。

1．中国积极提供国际公共产品，为推进全球发展事业引领方向

习近平主席提出全球发展倡议，主张坚持发展优先、坚持以人民为中心、坚

---

① 参见陈志敏：《中国对全球发展治理的贡献不断增大》，《人民日报》2022 年 6 月 4 日。

持普惠包容、坚持创新驱动、坚持人与自然和谐共生、坚持行动导向。全球发展倡议从中国自身发展治理经验出发，为解决全球发展不平等不平衡问题提供了新思路，发展中国家可结合具体国情将倡议转化为本国发展政策，提升本国发展治理水平。全球发展倡议具有非排他性、非竞争性，符合纯国际公共产品标准，目前已得到联合国等国际组织和 100 多个国家的支持。

2．中国积极提供国际公共产品，为完善全球发展治理强化支撑

中国在国际货币基金组织、世界银行等国际金融机构中不断增资，提升了资金贡献能力。2016 年 9 月，在中方推动下，二十国集团领导人杭州峰会首次把发展置于二十国集团议程的突出位置，共同承诺并制订计划来积极落实联合国 2030 年可持续发展议程。针对全球发展存在的巨大基础设施建设资金缺口，中国发起成立亚洲基础设施投资银行和金砖国家新开发银行，并支持其总部分别设在北京和上海。这两个新发展融资机构为广大新兴市场国家和发展中国家提供了增量多边发展融资，同时也带动世界银行、亚洲开发银行等既有多边发展融资机构，大幅增加对发展中国家基础设施建设的融资金额。

3．中国积极提供国际公共产品，为广大发展中国家发展提供助力

2013 年至 2018 年，中国共向亚洲、非洲、拉丁美洲、大洋洲和欧洲等地区 122 个国家、20 个国际和区域性多边组织提供援助。在共建"一带一路"框架下，中国积极支持共建国家的公路、铁路、港口、桥梁、通信管网等骨干通道建设，推动打造"六廊六路多国多港"互联互通大格局；通过促贸援助，帮助相关国家改善贸易条件、提升贸易发展能力；帮助有关国家完善金融体系、搭建融资合作平台，为资金融通提供保障；通过实施民生援助，增进民心相通。中国为发展中国家推进发展事业提供重要国际公共产品，也带动发达国家投入更多资源支持发展中国家发展，回应发展中国家的发展需求。

（三）践行共商共建共享的全球治理观 ①

新的传统安全风险和新的治理课题涌现，国际局势动荡加剧，国际秩序承压明显。着眼维护全球共同利益、开创人类共同未来，习近平主席在博鳌亚洲论坛 2022 年年会开幕式上发表主旨演讲，倡导各方共同应对全球治理挑战，践

---

① 参见《践行共商共建共享的全球治理观 —— 冲出迷雾走向光明③》，《人民日报》2022 年 4 月 24 日。

行共商共建共享的全球治理观，弘扬全人类共同价值，坚持真正的多边主义，并强调大国尤其要作出表率。这些重要主张充分彰显中国坚持以公平正义为理念引领全球治理体系变革、推动历史进步的责任担当。

1．应对全球治理挑战，必须坚持和衷共济

"国际社会发展到今天已经成为一部复杂精巧、有机一体的机器，拆掉一个零部件就会使整个机器运转面临严重困难，被拆的人会受损，拆的人也会受损。"[①] 习近平主席用生动的比喻阐述各国命运休戚与共的现实。面对更加突出的各类全球挑战，正确的选择是加强国际合作，充分发挥全球治理体系的作用，而不是反其道而行之，寻找各种借口肆意冲击国际合作大局。

2．应对全球治理挑战，必须坚持真正的多边主义

全球经济复苏仍脆弱乏力，又叠加发展鸿沟加剧的矛盾；气候变化等治理赤字尚未填补，数字治理等新课题又摆在我们面前。要解决这些全球性问题，单打独斗行不通，必须开展全球行动、全球应对、全球合作。只有践行共商共建共享的全球治理观，才能为全球合作找到最大公约数，汇聚最强大力量。

3．应对全球治理挑战，必须坚持大国责任

大国之大，不在于体量大、块头大、拳头大，而在于胸襟大、格局大、担当大。"大国尤其要作出表率，带头讲平等、讲合作、讲诚信、讲法治，展现大国的样子。"[②] 习近平主席如是强调大国在全球治理中应该发挥的作用。当今世界，任何单边主义、极端利己主义都是根本行不通的，任何脱钩、断供、极限施压的行径都是根本行不通的，任何搞"小圈子"、以意识形态划线挑动对立对抗也都是根本行不通的。大国应顺应时代潮流，切实在全球治理中发挥积极作用。中国将同国际社会一道，顺应和平、发展、合作、共赢的时代潮流，以合作应对全球挑战，以行动加强全球治理，向着构建人类命运共同体的正确方向勇毅前行。

---

① 《携手迎接挑战，合作开创未来：在博鳌亚洲论坛 2022 年年会开幕式上的主旨演讲》，人民出版社 2022 年版，第 6 页。

② 《携手迎接挑战，合作开创未来：在博鳌亚洲论坛 2022 年年会开幕式上的主旨演讲》，人民出版社 2022 年版，第 6 页。

案例

金砖合作大有可为，金砖国家未来可期 ①

【引　言】2023 年 8 月 23 日国家主席习近平在南非约翰内斯堡出席金砖国家领导人第十五次会晤。会晤围绕"以金砖责任应对共同挑战，以金砖担当开创美好未来，共同驶向现代化的彼岸"主题，习近平主席鉴往知来，聚焦"团结协作谋发展，勇于担当促和平"主题，提出一系列中国主张，为深化金砖合作凝聚信心与共识，为世界注入更多确定性、稳定性、正能量。

【摘　要】当前，世界进入新的动荡变革期，正在经历大调整、大分化、大重组，不确定、不稳定、难预料因素增多。金砖合作正处于承前启后、继往开来的关键阶段。金砖合作如何更上一层楼？习近平主席把握大势、高瞻远瞩，为加强各领域合作、推进高质量伙伴关系、推动全球治理变革朝着更加公正合理的方向发展提供科学指引。

【关键词】金砖合作　人类命运共同体

从深化经贸、财金合作，助力经济发展，到拓展政治安全合作，维护和平安宁；从加强人文交流，促进文明互鉴，到坚持公平正义，完善全球治理，一系列主张契合全球发展倡议、全球安全倡议、全球文明倡议的核心要义，旨在推动金砖合作不断走深走实，引领金砖机制行稳致远，为共建更加美好的世界进一步发挥金砖作用、作出金砖贡献。

发展是各国不可剥夺的权利，不是少数国家的"专利"。面对各种困难和挑战，金砖国家要做发展振兴道路上的同行者，反对"脱钩断链"、经济胁迫，聚焦务实合作，特别是数字经济、绿色发展、供应链等领域，促进经贸和财金领域往来与交流，不断实现共同发展。

---

① 案例来源：《金砖合作大有可为，金砖国家未来可期》，新华网 2023 年 8 月 24 日。

安全是发展的前提。国际安全不可分割，牺牲别国利益、谋求自身绝对安全，最终会伤及自身。金砖国家要坚持和平发展的大方向，巩固金砖国家战略伙伴关系，用好金砖国家外长会晤、安全事务高级代表会议等机制，在涉及彼此核心利益问题上相互支持，就重大国际和地区问题加强协调，给热点问题降温去火。

加强全球治理是国际社会共享发展机遇、应对全球性挑战的正确选择。金砖国家要践行真正的多边主义，维护以联合国为核心的国际体系，支持并加强以世贸组织为核心的多边贸易体制，反对搞"小圈子""小集团"，引领金砖合作机制在全球治理体系中发挥更加重要的作用，发出更加响亮的金砖之声。

当地时间 8 月 24 日上午，金砖国家领导人第十五次会晤召开特别记者会，会议宣布，邀请沙特、埃及、阿联酋、阿根廷、伊朗、埃塞俄比亚正式成为金砖大家庭成员。这次历史性的扩员，体现了金砖国家同发展中国家团结合作的决心，再次证明了金砖机制的强大吸引力与感召力。这次扩员也是金砖合作的新起点，将为金砖合作机制注入新活力。齐心协力、携手前行，金砖合作大有可为，金砖国家未来可期，人类和平与发展的崇高事业必将行稳致远。

◆ **案例分析** ◆

当前发展环境的变化对推进金砖合作机制改革、继续夯实金砖国家经贸合作基本盘带来严峻挑战。但应该看到，金砖国家第十五次会晤带来新的发展机遇。《约翰内斯堡宣言》围绕加强包容性多边主义、营造和平与发展的环境、促进彼此增长等 6 个方面议题，达成 94 项合作共识，体现了金砖国家坚定维护多边主义、携手打造多级世界的决心。金砖五国的人口总和、国土面积、经济总量、贸易总额在全球的占比分别约为 42%、26%、25% 和 18%，庞大的经济体量和经济规模，为疫后全球经济复苏提供强大动力。

实验实践思考题

1．我国推动高水平对外开放的优势有哪些？

2．如何应对全球治理挑战？

专题十一 谱写"一国两制"新篇章

"一国两制"是中国特色社会主义的伟大创举，是香港、澳门回归后保持长期繁荣稳定的最佳制度安排，必须长期坚持。全面准确、坚定不移贯彻"一国两制"、"港人治港"、"澳人治澳"、高度自治的方针，坚持依法治港治澳，维护宪法和基本法确定的特别行政区宪制秩序。坚持和完善"一国两制"制度体系，落实中央全面管治权，落实"爱国者治港"、"爱国者治澳"原则，落实特别行政区维护国家安全的法律制度和执行机制。①

【引文】"一国两制"是国家的一项基本国策。在统一的国家之内，国家主体实行社会主义制度，个别地区依法实行资本主义制度。"一国两制"的根本宗旨是维护国家主权、安全、发展利益，保持香港、澳门长期繁荣稳定。维护国家主权、安全、发展利益是"一国两制"方针的最高原则。中央贯彻"一国两制"方针坚持两点，一是坚定不移，不会变、不动摇；二是全面准确，确保不走样、不变形。全面准确贯彻"一国两制"方针，最核心的是准确把握"一国"与"两制"的关系。"一国"是实行"两制"的前提和基础，"两制"从属和派生于"一国"，并统一于"一国"之内。

---

① 《中国共产党第二十次全国代表大会文件汇编》，人民出版社 2022 年版，第47—48 页。

一、近年来"一国两制"取得实践新成果

（一）坚定落实"爱国者治港""爱国者治澳"

"香港自古以来就是中国的神圣领土，是悠久灿烂中华文明的有机组成部分。在五千多年的历史长河中，香港始终被中华文化润育滋养。180年前香港被迫与祖国分离，香港同胞为救亡图存、国家统一进行了不屈不挠的斗争，涌现出了许多可歌可泣的英雄事迹。新中国成立以来香港同胞始终与祖国风雨同舟、携手并进，共同创造一个又一个发展奇迹，为国家发展作出了不可替代的重要贡献。1997年7月1日，香港回归祖国，洗刷了中华民族百年耻辱，香港的命运从此掌握在当家作主的香港同胞手中。任凭国际金融危机一次次冲击，任凭'非典''新冠'等疫情灾害来袭，任凭各种反华势力兴风作浪，有祖国作坚强后盾，香港总能战胜挑战，化险为夷，保持繁荣稳定。

"回顾香港走过的历程，可以深切地感受到，无论香港经受过什么劫难和挫折，香港同胞都与祖国人民血脉相连，香港都与祖国密不可分。香港同胞具有光荣的爱国传统，在香港回归祖国的斗争过程中，爱国爱港信念就已经牢牢树立。今天，在香港特别行政区早已纳入国家治理体系的情况下，在'一国两制'实践向纵深推进的进程中，我们更应当理直气壮地高高举起爱国爱港旗帜。特别是这两年香港由乱到治的重大转折充分证明，确保'一国两制'实践行稳致远，必须始终坚持'爱国者治港'根本原则。

"'爱国者治港'的要求是，香港特别行政区的政权必须掌握在爱国者手中。'爱国者治港'是'一国两制'方针的应有之义和核心要义，是香港回归祖国、成为中华人民共和国的一个特别行政区、纳入国家治理体系后的一个基本政治伦理和政治规则。要确保'一国两制'在香港得到全面准确贯彻落实，管治者必须是坚定的爱国者。只有做到'爱国者治港'，中央对特别行政区的全面管治权才能得到有效落实，宪法和基本法确立的宪制秩序才能得到有效维护，各种深层次问题才能得到有效解决。只有真正把'爱国者治港'落到实处，香港才能实现长期繁荣稳定和长治久安，香港同胞才能实现对美好生活的向往与追求，并为实现

中华民族伟大复兴作出应有的贡献。"①

以习近平同志为核心的党中央审时度势，作出健全中央依照宪法和基本法对特别行政区行使全面管治权、完善特别行政区同宪法和基本法实施相关制度机制的重大决策，推动建立健全特别行政区维护国家安全的法律制度和执行机制、制定《中华人民共和国香港特别行政区维护国家安全法》、完善香港特别行政区选举制度，落实"爱国者治港"原则，支持特别行政区完善公职人员宣誓制度。中央人民政府依法设立驻香港特别行政区维护国家安全公署，香港特别行政区依法设立维护国家安全委员会。中央坚定支持香港特别行政区依法止暴制乱、恢复秩序，支持行政长官和特别行政区政府依法施政，坚决防范和遏制外部势力干预港澳事务，严厉打击分裂、颠覆、渗透、破坏活动。全面支持香港、澳门更好融入国家发展大局，高质量建设粤港澳大湾区，支持港澳发展经济、改善民生，增强港澳同胞国家意识和爱国精神。这一系列标本兼治的举措，推动香港局势实现由乱到治的重大转折，为推进依法治港治澳、促进"一国两制"实践行稳致远打下了坚实基础。②

在习近平总书记亲自谋划、部署、推动下，《粤港澳大湾区发展规划纲要》在 2019 年正式颁布。建设粤港澳大湾区，既是新时代推动形成全面开放新格局的新尝试，也是推动"一国两制"事业发展的新实践。澳门参与大湾区建设、融入国家发展大局，是大势所趋，也必将促进自身的更大发展。2021 年，澳门特区全面贯彻落实"爱国者治澳"根本原则取得新进展。适逢中国共产党百年华诞，在特区政府和社会各界的共同努力下，党史国情教育走进基层，爱国爱澳更加深入人心。特区新一届立法会顺利产生，确保特区管治权牢牢掌握在爱国者手中。"爱国者治澳"相继写入特区政府新一年的施政报告和特区第二个五年规划。9 月进行的澳门特区第七届立法会选举，是澳门居民政治生活中的一件大事，也是贯彻落实"爱国者治澳"原则的重大民主实践。澳门特区立法会选举管理委员会依法履行职责，依法维护了宪法和基本法确定的特别行政区宪制秩序，对前期报名

---

① 《只有坚持"爱国者治港"才能推动"一国两制"实践行稳致远》，求是网 2021 年 12 月 7 日。

② 参见《坚持"一国两制"和推进祖国统一 —— 新时代中国特色社会主义的伟大成就 ⑬》，《人民日报》2021 年 12 月 13 日。

参选者进行了认真的资格审核，提前剔除了不合格的参选团体及对象，确保进入特区管治架构的人必须是爱国爱澳者。

社会主义制度是中华人民共和国的根本制度，中国共产党的领导是中国特色社会主义最本质的特征，特别行政区所有居民应该自觉尊重和维护国家的根本制度。要牢固树立"一国"意识，守牢"一国"底线，坚决防范和遏制外部势力干预港澳事务，绝不能允许特别行政区出现危害国家主权安全、挑战中央权力和基本法权威、利用港澳对内地进行渗透破坏的活动。在坚守"一国"原则的前提下，特别行政区依法享有高度自治权，保持原有资本主义制度和生活方式不变，法律制度不变。全面认识"一国两制"的深刻内涵和重大意义，积极拥护党中央促进香港、澳门长期繁荣稳定以及解决台湾问题、实现祖国完全统一的重大战略和关键举措。

（二）"一国两制"是中国特色社会主义的伟大创举

"'一国两制'是中国特色社会主义的伟大创举，是香港、澳门回归后保持长期繁荣稳定的最佳制度安排，必须长期坚持。"[①] 作为一项基本国策，"一国两制"是指在统一的国家之内，国家主体实行社会主义制度，个别地区依法实行资本主义制度。"一国两制"以宪法和基本法为基础，保持香港、澳门原有的资本主义制度和生活方式不变、基本法律不变，直辖于中央人民政府，享有高度自治权，比如行政管理权、立法权、独立司法权和终审权。这项制度把原则性和灵活性、现实性和长远性、一致性和差异性统一起来，展现出中国共产党独有的卓越智慧和超凡勇气。

"一国两制"伟大构想，最早是针对台湾问题提出来，首先运用解决香港和澳门问题。这项制度是中国共产党人实现祖国和平统一的伟大构想，一经发出，受到各界一致认可，实现了香港、澳门和平回归，洗刷了民族的百年屈辱，今后绝不容忍国家分裂的历史悲剧在中国重演。"一国两制"伟大构想，不仅推动了两岸和平发展，而且有力维护了台海和平稳定，扎实推进祖国统一进程。这项制度也为国际社会解决类似问题提供了中国思路和中国方案，是解决类似历史遗留

---

① 《中国共产党第二十次全国代表大会文件汇编》，人民出版社 2022 年版，第 47 页。

问题、促进世界和平发展的好制度，是对人类政治文明作出的一大贡献。

香港和澳门回归祖国后，同胞实现当家作主，实行"港人治港""澳人治澳"高度自治，真正的民主由此开启。今天，香港和澳门同内地交流合作领域全面拓展、机制不断完善，香港和澳门同胞创业建功的舞台越来越宽广；香港和澳门经济蓬勃发展，国际金融、航运、贸易中心地位稳固，各项社会事业全面进步；香港和澳门特别行政区的民主制度展现出光明的前景，香港和澳门居民依法享有的民主权利和自由得到更加充分保障。①

全面贯彻落实"爱国者治港"原则，形成一套符合香港法律地位和实际情况的选举制度。特别在2019年香港"修例风波"发生后，在中央政府、香港特别行政区政府和社会各界的共同努力下，香港已实现由乱到治的重大转折，正处在由治及兴的关键时期。2020年6月30日为堵塞香港国家安全法律漏洞，保持香港繁荣稳定，保障香港居民合法权益，十三届全国人大常委会第二十次会议表决通过《中华人民共和国香港特别行政区维护国家安全法》，2020年7月3日香港特别行政区维护国家安全委员会正式成立。2021年以来，在新选举制度下，香港先后举行了选举委员会选举、第七届立法会选举、第六任行政长官选举，都取得成功。

在牢牢守护"一国"原则的前提下，国家主体实行社会主义制度，香港和澳门保持原有的资本主义制度不变，在"一国"之本的前提下，善用"两制"之利，既要把实现社会主义制度的内地建设好，也要把实行资本主义制度的香港和澳门建设好。

（三）有力筑牢各界对香港和澳门发展美好前景的坚定信心

温故知新，鉴往知来。新的历史起点上，确保"一国两制"事业行稳致远，必须全面准确贯彻"一国两制"方针。习近平总书记指出，"在中国人民和中华民族迎来从站起来、富起来到强起来的伟大飞跃中，香港同胞从未缺席"，香港"发挥连接祖国内地同世界各地的重要桥梁和窗口作用，为祖国创造经济长期平稳快速发展的奇迹作出了不可替代的贡献。香港积极融入国家发展大局、对接国

---

① 参见《"一国两制"是前无古人的伟大创举》，求是网2022年7月4日。

家发展战略，继续保持高度自由开放、同国际规则顺畅衔接的优势，在构建我国更大范围、更宽领域、更深层次对外开放新格局中发挥着重要功能"，"在实现我国第二个百年奋斗目标的新征程上，香港一定能够创造更大辉煌，一定能够同祖国人民一道共享中华民族伟大复兴的荣光"。① 要深刻认识到，"一国两制"方针是一个完整的体系。维护国家主权、安全、发展利益是"一国两制"方针的最高原则，在这个前提下，香港、澳门保持原有的资本主义制度长期不变，享有高度自治权。实践证明，"一国"原则愈坚固，"两制"优势愈彰显。面向未来，全面准确贯彻"一国两制"方针，坚守"一国"之本，善用"两制"之利，确保不走样、不变形，必将为香港、澳门创造无限广阔的发展空间。

2022 年 6 月 30 日至 7 月 1 日，中共中央总书记、国家主席、中央军委主席习近平莅临香港，出席庆祝香港回归祖国 25 周年大会暨香港特别行政区第六届政府就职典礼，并视察香港。紧凑的行程凝结着习近平总书记对香港同胞的深情厚意，庄严的宣示筑牢了香港各界对"一国两制"的坚定信心，谆谆的嘱托寄寓着习近平总书记对香港发展的殷切期许。这是一次传递关怀之行、传递信心之行、传递希望之行，为香港"一国两制"实践开创新局面注入了强大动力。

习近平总书记指出："中央政府对特别行政区拥有全面管治权，这是特别行政区高度自治权的源头，同时中央充分尊重和坚定维护特别行政区依法享有的高度自治权。""把香港特别行政区管治权牢牢掌握在爱国者手中，这是保证香港长治久安的必然要求，任何时候都不能动摇。""落实中央全面管治权和保障特别行政区高度自治权是统一衔接的，也只有做到这一点，才能够把特别行政区治理好。""政权必须掌握在爱国者手中，这是世界通行的政治法则。""守护好管治权，就是守护香港繁荣稳定，守护七百多万香港居民的切身利益。""中央处理香港事务，从来都从战略和全局高度加以考量，从来都以国家和香港的根本利益、长远利益为出发点和落脚点。"②

习近平总书记指出："'一国两制'的根本宗旨是维护国家主权、安全、发展

---

① 《在庆祝香港回归祖国二十五周年大会暨香港特别行政区第六届政府就职典礼上的讲话》，《人民日报》2022 年 7 月 2 日。

② 《在庆祝香港回归祖国二十五周年大会暨香港特别行政区第六届政府就职典礼上的讲话》，《人民日报》2022 年 7 月 2 日。

利益，保持香港、澳门长期繁荣稳定。""'一国两制'是经过实践反复检验了的，符合国家、民族根本利益，符合香港、澳门根本利益，得到 14 亿多祖国人民鼎力支持，得到香港、澳门居民一致拥护，也得到国际社会普遍赞同。这样的好制度，没有任何理由改变，必须长期坚持。"习近平总书记用 4 个"必须"精辟总结了 20 多年来香港"一国两制"实践的经验和启示：一是必须全面准确贯彻"一国两制"方针。"一国"原则愈坚固，"两制"优势愈彰显。二是必须坚持中央全面管治权和保障特别行政区高度自治权相统一。只有做到这一点，才能够把特别行政区治理好。三是必须落实"爱国者治港"。这是保证香港长治久安的必然要求，任何时候都不能动摇。四是必须保持香港的独特地位和优势。背靠祖国、联通世界，这是香港得天独厚的显著优势，香港居民很珍视，中央同样很珍视。[①]

香港回归祖国后取得举世瞩目的发展成就，"一国两制"实践展现出蓬勃生机。正如有香港人士形容，香港回归后不仅"马照跑"，而且"跑得更快了、更远了"。习近平总书记指出的 4 个"必须"，深刻阐明了香港"一国两制"实践过去为什么能够成功、未来如何取得更大成功，把对"一国两制"实践的规律性认识提升至新的境界。香港社会各界纷纷表示，将更加坚定、更加自觉地做到 4 个"必须"，把"一国两制"事业维护好、巩固好、发展好。香港的发展离不开国家，国家的发展也需要香港。香港社会各界对习近平总书记高度评价香港为国家所作的贡献深感自豪，同时也进一步认识到，香港要充分把握祖国内地带来的巨大机遇，发挥自身所长服务国家，更好融入国家发展大局，与内地优势互补、共同发展。

习近平总书记指出，"中华民族伟大复兴已经进入不可逆转的历史进程。推进'一国两制'在香港的成功实践是这一历史进程的重要组成部分"，"中央政府完全支持香港长期保持独特地位和优势，巩固国际金融、航运、贸易中心地位，维护自由开放规范的营商环境，保持普通法制度，拓展畅通便捷的国际联系"，"香港的根本利益同国家的根本利益是一致的，中央政府的心同香港同胞的心也是完全连通的"，"中央政府完全支持香港长期保持独特地位和优势，巩固国际金

---

① 参见《在庆祝香港回归祖国二十五周年大会暨香港特别行政区第六届政府就职典礼上的讲话》，《人民日报》2022 年 7 月 2 日。

融、航运、贸易中心地位，维护自由开放规范的营商环境，保持普通法制度，拓展畅通便捷的国际联系"。[①]

经过 20 多年时间，无论"一国两制"实践还是香港发展，都站到了新的历史起点上。中央全面准确贯彻"一国两制"方针的决心从没有动摇，更不会改变。行而不辍，未来可期。确保"一国两制"事业始终朝着正确的方向行稳致远，就一定能推动香港从由乱到治走向由治及兴，续写香港"一国两制"实践新篇章。在全面建设社会主义现代化国家、实现中华民族伟大复兴的历史进程中，香港大有可为、大有作为，必将作出重大贡献，香港的未来一定会更加美好。

二、深刻认识祖国完全统一的前景和当前形势

"一国两制"是国家的一项基本国策，是中国特色社会主义的一个伟大创举，必须完整准确理解"一国两制"方针，坚定不移贯彻"一国两制"方针。"一国两制"是维护港澳长期繁荣稳定的最佳制度，推动香港实现了由乱到治的重大转折，推进了具有澳门特色的成功实践，有力支持了港、澳融入国家发展大局。祖国必须统一，也必然统一。新时代党解决台湾问题的总体方略，有力推进了祖国和平统一进程，也为彻底解决"台独"问题，实现祖国完全统一提供了根本遵循。当前世界正在经历百年未有之大变局，既是大发展的时代，也是大变革的时代。面对深刻而宏阔的时代之变，中国将始终做世界和平的建设者、全球发展的贡献者、国际秩序的维护者、公共产品的提供者，与各方一道，在和平发展、合作共赢的大道上奋勇向前。

（一）坚持和平发展，独立自主发挥建设性作用

国际局势变乱交加，和平发展诉求更加强烈。人类社会进入 21 世纪第二个十年以来，持续遭受经济危机、政治变革、恐怖主义、气候变化、新冠肺炎疫情等重大冲击，人类命运从未像现在这样紧密相连，人类生存也从未像现在这样面

[①] 《在庆祝香港回归祖国二十五周年大会暨香港特别行政区第六届政府就职典礼上的讲话》，《人民日报》2022 年 7 月 2 日。

临如此复杂多样的挑战。在全球性危机面前，一些国家却依然抱持零和博弈旧思维，试图依靠贸易战、排他性"小圈子"、军事联盟维持在国际体系中的优势地位。这种狭隘的单边主义做法不仅导致全球治理深陷赤字困境，而且引发大国博弈持续加剧，地缘政治冲突风险不断升温，地区国家乱局丛生。遏制对抗的政策选择必然会使国际局势更加紧张，战争的阴霾也只会越聚越浓。身处乱象丛生的世界，面对扑朔迷离的形势，人类追求和平稳定的愿望不断增强，追求持续发展的诉求更加迫切。

习近平总书记多次强调独立自主的重要性，指出"中华民族奋斗的基点是自力更生"①，"我们要保持战略定力和坚定信念，坚定不移走自己的路，朝着自己的目标前进"②。踏上新征程，要实现全面建成社会主义现代化强国和中华民族伟大复兴的历史使命，我们党必须继续坚持独立自主，坚定不移走自己的路。

坚持独立自主并不意味着自我封闭，中国共产党历来强调树立世界眼光，积极学习、大胆借鉴世界各国人民创造的文明成果，并结合中国实际加以运用，这是中国特色社会主义事业取得成功的重要经验。面对丰富多彩的世界，我们应该秉持兼收并蓄的态度，虚心学习他人的有益经验并转化为发展壮大自己的思路做法。要永远做一个学习大国，以海纳百川的包容态度，"学蜜蜂采百花，问遍百家成行家"。坚守但不僵化，借鉴但不照搬，在"不忘本来"中"吸收外来"，我们才能更好地"面向未来"。

（二）坚持把国家和民族发展放在自己力量的基点上

中国近代以来的历史告诉我们，中国的事情必须按照中国的特点、中国的实际来办，这是解决中国所有问题的正确之道。当今世界百年未有之大变局加速演进，我国仍然处于并将长期处于社会主义初级阶段，我们面临的风险和挑战前所未有。这些问题与中国的社会环境和文化土壤息息相关，具有鲜明的地域性和民族性。世界上没有放之四海而皆准的具体发展模式，也没有一成不变的发展道路，只能靠中国人民立足本国国情、走好自己的路。我们要继承先辈们自力更

---

① 《习近平在广东考察时强调　高举新时代改革开放旗帜　把改革开放不断推向深入》，《人民日报》2018年10月26日。

② 《习近平谈治国理政》（第一卷），外文出版社2018年版，第170页。

生、艰苦奋斗的优良传统，任何超越现实、超越阶段而急于求成的倾向都要努力避免，任何落后于实际、无视深刻变化着的客观环境而因循守旧、故步自封的观念和做法都要坚决纠正。只有扎根中国大地，从实际出发而不是从教条出发，从问题出发而不是从"别人的经验"出发，解放思想，实事求是，以逢山开路、遇河架桥的精神不断深化改革，才能找到解决中国问题的最佳方案。

坚持一个中国原则和"九二共识"，推进祖国和平统一进程。包括两岸同胞在内的所有中华儿女，要和衷共济、团结向前，坚决粉碎任何"台独"图谋，共创民族复兴美好未来。任何人都不要低估中国人民捍卫国家主权和领土完整的坚强决心、坚定意志、强大能力。[①]

党的二十大报告指出，两岸同胞血脉相连，"和平统一、一国两制"方针是实现两岸统一的最佳方式，对两岸同胞和中华民族最有利。我们始终尊重、关爱、造福台湾同胞，坚持以最大诚意、尽最大努力争取和平统一的前景。台湾是中国的台湾。解决台湾问题是中国人自己的事，要由中国人来决定，尽管当前台海形势复杂严峻，但两岸统一的时、势、义始终在祖国大陆这一边。新时代新征程，我们要贯彻新时代党解决台湾问题的总体方略，牢牢把握两岸关系主导权和主动权，坚定不移推进祖国统一大业。

（三）坚定走自己的路的信心和决心

100多年前中国积贫积弱，台湾被外国侵占。70多年前中国打败侵略者，收复了台湾。现在的中国，跃升为世界第二大经济体，政治、经济、文化、科技、军事等实力大幅增强，更不可能再让台湾从中国分裂出去。几千年中华文明史充分印证了一个道理，我们中华民族有同自己的敌人血战到底的气概，有在自力更生的基础上光复旧物的决心，有自立于世界民族之林的能力。两岸同胞血脉相连，是血浓于水的一家人。我们始终尊重、关爱、造福台湾同胞，继续致力于促进两岸经济文化交流合作，深化两岸各领域融合发展，完善增进台湾同胞福祉的制度和政策，推动两岸共同弘扬中华文化，促进两岸同胞心灵契合。

---

① 参见《在庆祝中国共产党成立100周年大会上的讲话》，人民出版社2021年版，第20—21页。

"全面准确贯彻'一国两制'、'港人治港'、'澳人治澳'、高度自治的方针，落实中央对香港、澳门特别行政区全面管治权，落实特别行政区维护国家安全的法律制度和执行机制，维护国家主权、安全、发展利益，维护特别行政区社会大局稳定，保持香港、澳门长期繁荣稳定。"①我们要清楚认识到，"台湾是包括2300万台湾同胞在内的全体中国人民的台湾，中国人民捍卫国家主权和领土完整、维护中华民族根本利益的决心不可动摇、意志坚如磐石，这是挫败一切'台独'分裂图谋的根本力量"，"搞'台独'分裂抗拒统一，根本过不了中华民族的历史和文化这一关，也根本过不了14亿多中国人民的决心和意志这一关，是绝对不可能得逞的"。②"解决台湾问题、实现祖国完全统一，是党矢志不渝的历史任务，是全体中华儿女的共同愿望，是实现中华民族伟大复兴的必然要求。坚持贯彻新时代党解决台湾问题的总体方略，牢牢把握两岸关系主导权和主动权，坚定不移推进祖国统一大业。"③

在中国共产党诞生后，独立自主贯穿于党的百年奋斗征程，贯穿于新中国经济、政治、科技、外交、军事等各个领域，贯穿于党团结带领人民推进中国特色社会主义伟大事业的全过程。今天，我们比历史上任何时期都更接近、更有信心和能力实现中华民族伟大复兴的目标。有信心才有众志成城的凝聚力，有决心才有攻坚克难的意志品质。站在960万平方公里的广袤土地上，吸吮着中华民族漫长奋斗积累的文化养分，拥有14亿多中国人民万众一心的磅礴之力，我们坚持独立自主，走自己的路，具有无比广阔的舞台，具有无比深厚的历史底蕴，具有无可比拟的定力和能力。前进道路上，我们要坚定道路自信、理论自信、制度自信、文化自信，毫不动摇坚持和发展中国特色社会主义，坚决维护国家主权、安全、发展利益，百折不挠地为实现中华民族伟大复兴而奋斗。中国特色社会主义进入新时代，"一国两制"事业和祖国统一大业站在新的起点上。我们要高举习近平新时代中国特色社会主义思想伟大旗帜，紧密团结包括港澳台同胞在内的全体中华儿女，顺应历史大势、共担民族大义，把民族命运牢牢掌握在自己手中，共同开创中华民族伟大复兴的美好未来。

---

① 《在庆祝中国共产党成立100周年大会上的讲话》，人民出版社2021年版，第20页。

② 《台湾问题与新时代中国统一事业》，新华网2022年8月10日。

③ 《中国共产党第二十次全国代表大会文件汇编》，人民出版社2022年版，第48页。

三、青年大学生要为贯彻"一国两制"方针和实现祖国完全统一作贡献

民族复兴、国家统一是大势所趋、民心所向，台湾的前途在于国家统一，台湾同胞福祉在于民族复兴。

（一）全面准确、坚定不移贯彻"一国两制"方针

近代的中国，积贫积弱，青年们为了国家的未来，从不惧向恶势力发起进攻，舍身为国，在所不惜。国家、国家，有国才有家，作为当代青年，生活在由几代人用鲜血换来的和平岁月中，身为一个当代大学生，更身为一个中国人，要深知民族统一和领土完整的重要性，在民族大义面前要心甘情愿放下自己的一切，在原则性问题上，不能做出任何让步，因为坚决反对任何外部势力干涉中国内部事务，团结一切力量，为祖国统一贡献应有力量，实现中国完全统一，必然统一。

中华民族历来具有反对分裂、维护统一的光荣传统。一个中国原则是国际社会的普遍共识，是中国同任何国家发展关系的前提和基础。在祖国统一的历史大势面前，任何谋"独"企图和外部势力干涉都注定失败。中华民族伟大复兴进入了不可逆转的历史进程，大学生要秉持民族大义、弘扬家国情怀，在思想上政治上行动上同党中央保持高度一致，坚决同破坏祖国统一的言行作斗争。同时要勤学苦练、掌握过硬本领，为彻底解决台湾问题、实现祖国完全统一贡献力量。要深刻认识国家统一、民族复兴的历史车轮滚滚向前，祖国完全统一一定要实现，也一定能够实现，自觉做促进祖国统一的奋斗者、推动者。

青年要深刻认识到"一国两制"是香港、澳门回归后保持长期繁荣稳定的最佳制度安排，必须全面准确、坚定不移贯彻。全面准确，就是要确保不走样、不变形；坚定不移，就是要确保不会变、不动摇。维护国家主权、安全、发展利益是"一国两制"方针的最高原则，"一国"是"两制"的前提和基础，"两制"从属和派生于"一国"并统一在"一国"之内。只有自觉尊重和维护国家的根本制度，筑牢"一国"原则，"两制"优势才能彰显，青年的前途才更稳、施展抱负的空间才更广。

（二）厚植爱国情怀，增强志气、骨气、底气

习近平总书记指出，"爱国，是人世间最深层、最持久的情感，是一个人立德之源、立功之本"；"我们是中华儿女，要了解中华民族历史，秉承中华文化基因，有民族自豪感和文化自信心"。[①] 中华文明是世界上唯一没有中断、发展至今的文明，博大精深，灿烂辉煌。党的二十大报告提出，坚持和发展马克思主义，必须同中华优秀传统文化相结合。中华优秀传统文化是中国特色社会主义的独特标识，是我们治国理政、安邦济世的思想宝库。

读万卷书、行万里路，多学点历史，多了解点国情。了解我们五千年延续不绝的历史，才能自然形成强烈的民族自尊心和民族自豪感，增强爱国的底气。了解鸦片战争以来的民族屈辱史，才能理解中国人民对于民族伟大复兴的强烈愿望，增强爱国的志气。了解党史、新中国史、改革开放史、社会主义发展史、中华民族发展史，才能对我们的道路、理论、制度、文化更加自信，增强做中国人的骨气，自觉与祖国同行、与时代同行。我们脚下的神州沃土，孕育了五千多年的中华文明，见证了百年的峥嵘岁月，港澳青年们要用脚步丈量祖国大地，用心感受新时代的脉搏，把对祖国的情怀贯穿学业全过程、融汇在事业追求中。

两岸关系和平发展、融合发展和实现祖国完全统一的时代进程不可逆转。两岸中国人应坚定共同维护一个中国原则和"九二共识"的民族意愿。两岸同胞血脉相连，经贸相通、文缘深厚、业缘绵密，为当前两岸经济社会交流提供了丰沛的动力。"和平统一、一国两制"方针是实现两岸统一的最佳方式，对两岸同胞和中华民族最有利。中国青年要坚决反对任何外部势力干涉中国内部事务，团结一切力量，为祖国统一贡献应有力量；要以实现中华民族伟大复兴为己任，增强做中国人的志气、骨气、底气，不负时代，不负韶华，不负党和人民的殷切期望！

（三）为祖国和人民奉献青春力量

未来属于青年，希望寄予青年。一百年前，一群新青年高举马克思主义思想

---

① 《在北京大学师生座谈会上的讲话》，《人民日报》2018 年 5 月 3 日。

火炬，在风雨如晦的中国苦苦探寻民族复兴的前途。一百年来，在中国共产党的旗帜下，一代代中国青年把青春奋斗融入党和人民事业，成为实现中华民族伟大复兴的先锋力量。"青年为实现中华民族伟大复兴中国梦携手打拼。"① "发展壮大爱国爱港爱澳力量，增强港澳同胞的爱国精神，形成更广泛的国内外支持'一国两制'的统一战线。坚决打击反中乱港乱澳势力，坚决防范和遏制外部势力干预港澳事务。"②

"新的征程上，我们必须坚持大团结大联合，坚持一致性和多样性统一，加强思想政治引领，广泛凝聚共识，广聚天下英才，努力寻求最大公约数、画出最大同心圆，形成海内外全体中华儿女心往一处想、劲往一处使的生动局面，汇聚起实现民族复兴的磅礴力量！"③ "大道至简，实干为要。新征程是充满光荣和梦想的远征，没有捷径，唯有实干。要脚踏实地，埋头苦干，不驰于空想，不骛于虚声；要笃实好学，尊重实际，不违背规律，不盲目蛮干；要求真务实，注重实效，不做表面文章，不要花拳绣腿。为者常成，行者常至，历史不会辜负实干者。我们靠实干创造了辉煌的过去，还要靠实干开创更加美好的未来。"④

当代中国青年生逢其时，施展才干的舞台无比广阔，实现梦想的前景无比光明。"青年是国家和民族的未来，也是两岸关系的未来。"在推进祖国统一大业进程和两岸关系发展过程中，青年以其思想活跃、追求进步发挥着积极作用。越来越多台湾青年认识到，只有两岸关系和平发展、融合发展，台湾才有希望，青年才有更加美好的未来。强国建设、民族复兴的伟大事业，前程似锦、代代相承。国家的希望、民族的未来在青年。让我们一道不负时代，不负韶华，不负期望，在"一国两制"伟大事业中，共同写下属于青年学子的华彩篇章！

① 《习近平给参加海峡青年论坛的台湾青年回信》，《人民日报》2022年7月13日。
② 《中国共产党第二十次全国代表大会文件汇编》，人民出版社2022年版，第48页。
③ 《在庆祝中国共产党成立100周年大会上的讲话》，人民出版社2021年版，第18—19页。
④ 《习近平：在二〇二三年春节团拜会上的讲话》，新华网2023年1月20日。

粤港澳大湾区发展取得新进展

【引　言】党的二十大报告指出："支持香港、澳门发展经济、改善民生、破解经济社会发展中的深层次矛盾和问题。发挥香港、澳门优势和特点，巩固提升香港、澳门在国际金融、贸易、航运航空、创新科技、文化旅游等领域的地位，深化香港、澳门同各国各地区更加开放、更加密切的交往合作。推进粤港澳大湾区建设，支持香港、澳门更好融入国家发展大局，为实现中华民族伟大复兴更好发挥作用。"

【摘　要】近年来，粤港澳大湾区建设取得一系列新进展，粤港澳大湾区在构建新发展格局中发挥极其重要的作用，大湾区是国内市场规则体系与国际市场规则体系的对接与转换之地，港澳地区具有全面对接国际高标准市场规则体系的独特优势，大湾区发展给青年一代带来前所未有的机遇，粤港澳三地青年积极融入国家重大发展战略，用青春的理论推动粤港澳大湾区朝着世界一流湾区加速前进。

【关键词】国家重大战略　粤港澳大湾区　青年机遇

粤港澳大湾区发展战略是中国最重要的区域发展战略之一，是习近平总书记亲自谋划、亲自部署、亲自推动的重大国家战略，既是新时代推动形成全面开放新格局的新尝试，也是推动"一国两制"事业发展的新实践。2012 年 12 月，习近平总书记在党的十八大后首次离京考察就来到广东，提出希望广东联手港澳打造更具综合竞争力的世界级城市群。2017 年 7 月 1 日《深化粤港澳合作推进大湾区建设框架协议》签署，随后粤港澳大湾区建设被写入党的十九大报告。2019 年 2 月 18 日，中共中央、国务院印发《粤港澳大湾区发展规划纲要》，明确提出：建设粤港澳大湾区，大湾区经济活力强，开放程度高，国际化水平领先，产业体系十分完备。国家"十四五"规划赋予香港"八大中心"和澳门"一中心、一平台、一基地"的功能定位。

4 年间，粤港澳大湾区世界级立体交通体系逐步形成。2023 年 1 月 31 日，国家重大工程深中通道的最后一节海底隧道沉管主体浇筑完成，为工程 2024 年如期建成通车打下坚实基础。随着港珠澳大桥、南沙大桥先后开通，深中通道、黄茅海跨海通道等"超级工程"有序推进，粤港澳大湾区"穿江达海"更上层楼；广深港高铁恢复通车，广汕铁路、深茂铁路、佛莞城际铁路等一批项目先后开工，"轨道上的大湾区"不断加速，预计 2035 年主要城市间将实现 1 小时通达；世界级机场群港口群加快形成，机场群旅客吞吐能力超 2.2 亿人次，港口群集装箱年通过能力约 8500 万标箱。跨境通关不断提速。2023 年元旦，"澳车北上"政策正式实施后单日通车量突破千辆次，在此带动下港珠澳大桥口岸出入境车流 2 月 10 日首次突破 8000 辆次，为 2018 年开关以来的最高纪录。[①]

随着国际科技创新中心建设加快推进，粤港澳大湾区的创新驱动力不断增强，截至目前已集聚独角兽企业 51 家，约占全国的六分之一。深圳—香港—广州科技集群连续三年位居全球创新指数第二。随着《广州南沙深化面向世界的粤港澳全面合作总体方案》的实施，粤港澳大湾区初步形成了以前海、横琴、南沙三大平台为支撑，战略功能各所侧重的粤港澳合作平台体系，打造世界级城市群。前海以在"一国两制"框架下探索深港合作新模式新路径为目标，紧抓北部都会区建设机遇与香港联动发展，共同打造现代服务业全球创新高地。横琴粤澳深度合作区以管理体制融合为引领，加快推进粤澳产业规则标准、市场准入、营商环境和社会民生等规则机制深度对接，推动琴澳一体化发展。南沙以实现面向世界的粤港澳全面合作为目标，推动与港澳在金融互联互通、科技创新、口岸通关等领域规则衔接，共建大湾区国际科技创新中心、综合性国家科学中心和高水平人才高地，建设具有全球影响力的开放新高地。[②]

湾区融合，青年先行，在港澳创业青年的圈子里，位于深圳前海的"深港青年梦工场"拥有很高的知名度，不少港澳青年选择这里作为他们到内地发展的"第一站"。自 2014 年启用以来，由前海管理局、深圳市青年联合会、香港青

---

① 参见《粤港澳大湾区启动"加速键"》，新华网 2023 年 2 月 18 日。
② 参见《粤港澳大湾区启动"加速键"》，新华网 2023 年 2 月 18 日。

年协会三方共同打造的深港青年梦工场已孵化香港创业团队 460 家，累计融资超过 30 亿元。在广州南沙，11 家港澳青创基地累计引进港澳青年创业团队（项目）超过 500 个。为鼓励更多香港青年把握住大湾区发展机遇，香港特区政府每年拿出 1 亿港币支持"大湾区青年就业计划"，获聘的毕业生可获每月 1 万港元、最长 18 个月的津贴，该计划已惠及 1000 名大学毕业生。与此同时，香港因其国际化视野和开放理念，也吸引着不少内地青年南下。2022 年底，香港特区政府推出"高端人才通行证计划"，涵盖专业 51 个。据香港特区政府劳福局统计，截至 4 月底，该计划接获约 2.7 万宗申请，1.7 万余宗已获批，其中内地人才约占三分之二。①

在构建新发展格局中，大湾区扮演着战略支点角色。未来粤港澳三地会在先进制造业领域加强战略合作，加快推进传统产业集群升级，持续推动数字经济和实体经济深度融合，建设更具国际竞争力的现代化产业体系，成为新发展格局的战略支点，切实成为我国区域协调发展战略的示范地。

◆ 案例分析 ◆

　　粤港澳大湾区建设创造的这个历史性机遇，不仅与国家重大发展相连，也与每个粤港澳大学生自身的发展息息相关。当前，世界多极化、经济全球化、社会信息化、文化多样化深入发展，全球治理体系和国际秩序变革加速推进，新一轮科技革命和产业变革蓄势待发，"一带一路"建设深入推进，为提升粤港澳大湾区国际竞争力、更高水平参与国际合作和竞争拓展了新空间，同时全面深化改革国家治理体系和治理能力现代化水平提高取得的重大突破，也为创新大湾区合作发展体制机制、破解合作发展中的突出问题提供了新契机，形成年轻人参与建设、分享红利、创新体制机制、建立国际标准的绝佳机遇。大湾区不仅给青年提供了很好的机会，同时也对青年提出了更高要求。青年大学生应当充分了解把握大湾区规划的核心内容，了解大湾区建设的发展目标与方向，严格遵循中央顶层

---

　　①　参见《大湾区高质量发展动能澎湃》,《中国青年报》2023 年 6 月 26 日。

设计，全面准确贯彻"一国两制"方针，严格按照宪法和基本法办事，打破固有思维桎梏，倡导改革创新之风，在创造性落实上下功夫，用好改革开放"关键一招"，结合自身成长切实落实大湾区建设任务，激昂青春活力，激发大湾区发展的无限潜力，打造一个有潜力、有竞争力、有活力的大湾区。

 实验实践思考题

1. 为什么说实现中华民族伟大复兴必须坚持"一国两制"和推进祖国统一？

2. 如何全面准确地把握"一国两制"和推进祖国统一的方针原则？

3. 新时代如何推进香港、澳门"一国两制"成功实践行稳致远？

4. 新时代如何推动两岸关系和平发展、推进祖国和平统一进程？

专题十二　积极推进国家安全体系和能力现代化建设

国家安全是民族复兴的根基，社会稳定是国家强盛的前提。必须坚定不移贯彻总体国家安全观，把维护国家安全贯穿党和国家工作各方面全过程，确保国家安全和社会稳定。[①]

【引文】积极推进国家安全体系和能力现代化建设，事关中华民族伟大复兴伟业能否顺利推进。坚持党领导国家安全体系和能力现代化建设是新时代党的建设的重要内容。在新时期，坚持党领导国家安全体系和能力现代化建设具有的重要意义，也要求我们应该对国家安全体系和能力现代化建设的成就、经验和规律进行更加系统深入的研究。党的十八大以来，党领导国家安全体系和能力现代化建设在理论和实践层面都取得了丰硕的成果，其中蕴含的经验和规律也将进一步推动国家安全建设迈上新台阶。

习近平总书记在中央国家安全委员会第一次会议上的讲话中指出："增强忧患意识，做到居安思危，是我们治党治国必须始终坚持的一个重大原则。我们党要巩固执政地位，要团结带领人民坚持和发展中国特色社会主义，保证国家安全是头等大事。"[②]党的二十大报告对推进国家安全体系和能力现代化，坚决维护国家安全和社会稳定作出战略部署，指出："必须坚定不移贯彻总体国家安全观，

---

① 《中国共产党第二十次全国代表大会文件汇编》，人民出版社 2022 年版，第 43 页。
② 《习近平关于社会主义社会建设论述摘编》，中央文献出版社 2017 年版，第 169 页。

把维护国家安全贯穿党和国家工作各方面全过程，确保国家安全和社会稳定。"① 推进国家安全体系和能力现代化是一项系统工程，必须充分认识到坚持党领导国家安全体系和能力建设的重要意义，全面了解新时代党领导国家安全体系和能力现代化建设取得的伟大成就，深入探索推进国家安全体系和能力现代化的重要领域和发力点。

一、坚持党领导国家安全体系和能力建设的重要意义

（一）坚持党领导国家安全体系和能力建设关乎中国共产党人的初心和使命

习近平总书记指出，"中国共产党人的初心和使命，就是为中国人民谋幸福，为中华民族谋复兴。"② 从历史上来看，中国共产党诞生于国家内忧外患、民族危难之时，对国家安全与人民幸福、民族复兴之间的辩证关系有着极为刻骨铭心的认识。中国共产党在领导中国人民为谋求中华民族伟大复兴而不懈奋斗的过程中始终认识到，国家安全是人民幸福、民族复兴的重要基石。早在土地革命战争时期，当九一八事变爆发，日军侵占东北三省，严重威胁中国的国家安全之时，中国共产党率先高举武装抗日的旗帜，号召全中国工农兵士劳苦民众，用革命的铁拳给日本帝国主义以沉重的打击，制止帝国主义的暴行。抗日战争全面爆发后，中国共产党坚持抗日民族统一战线，依靠和发动全国人民，坚决抵抗日本帝国主义的武装侵略，切实维护了中国的国家安全。新中国成立以后，中国共产党更是站在坚决维护中国国家安全的立场和角度，做出了抗美援朝、保家卫国的战略决策，为中国社会的长期稳定打下了坚实的基础。在维护国家安全的实践过程中，中国共产党始终坚持党领导国家安全建设这一重要原则，在国家安全领域切实践行了中国共产党人的初心和使命。

---

① 《高举中国特色社会主义伟大旗帜　为全面建设社会主义现代化国家而团结奋斗——在中国共产党第二十次全国代表大会上的报告》，人民出版社 2022 年版，第 52 页。

② 《决胜全面建成小康社会　夺取新时代中国特色社会主义伟大胜利——在中国共产党第十九次全国代表大会上的报告》，人民出版社 2017 年版，第 1 页。

（二）坚持党领导国家安全体系和能力建设关乎人民安居乐业

某种程度上来说，安居乐业是人民亘古不变的期盼。习近平总书记强调："人民对美好生活的向往，就是我们的奋斗目标。"①从经验来看，安居乐业是人民追求美好生活的基础条件。换句话说，如果没有社会有序安定，没有经济可持续发展，美好的生活就可能会沦为空中楼阁。进一步来看，人民安居乐业的前提条件是国家安全能够有坚实的保障，这一点从回顾历史中可以得到一定的印证。近代中国社会动荡，人民生活在水深火热之中，追根求源，一个很重要的原因就是当时的中国无法有效地保证自身的国家安全。中国共产党人正是在这样一种艰难困苦的环境中，担负起争取民族独立和人民解放的使命。换个角度来看，这也是通过保障中国的国家安全以使人民能够安居乐业的一个过程。新中国成立以后，中国共产党人对此依然有着非常清醒的认识，那就是新中国的国家安全如果无法得到有效保障，中国人民就无法真正地安居乐业。正因如此，党领导人民通过艰苦奋斗，在相对较短的时间内，建立起较为全面完善的国防工业体系，为保障中国的国家安全打下了坚实的基础。正因为有了这样的国家安全保障体系，改革开放后中国的经济开始迅速腾飞，人们的物质生活水平得到了极大的提高，人民安居乐业也有了更为坚实的保障。

（三）坚持党领导国家安全体系和能力建设关乎实现中华民族伟大复兴的中国梦

习近平在第十三届全国人民代表大会第一次会议上的讲话中指出："近代以来，实现中华民族伟大复兴成为中华民族最伟大的梦想，中国人民百折不挠、坚忍不拔，以同敌人血战到底的气概、在自力更生的基础上光复旧物的决心、自立于世界民族之林的能力，为实现这个伟大梦想进行了一百七十多年的持续奋斗。"②从国际政治的角度来看，中华民族伟大复兴的进程同时也是中国实现可持续发展和大国崛起的过程。从经验来看，在世界历史上，大国的崛起和衰落一直以来都是国际政治舞台上令人瞩目的现象，其中的经验和教训更是引人深思，发

① 《习近平著作选读》（第一卷），人民出版社 2023 年版，第 60 页。
② 《论坚持人民当家作主》，中央文献出版社 2021 年版，第 235 页。

人深省。近代以来，先后有数个大国成功崛起，其背后的动因自然各不相同，但是崛起国的国家安全是否能够得到有效保障却一直是影响崛起进程的重要因素之一。以此来看，一个国家的国家安全建设也将对其崛起产生重要的影响。有鉴于此，可以预见到的是，在实现中华民族伟大复兴中国梦的伟大征程中，如何有效保障中国的国家安全将成为需要关注的重点之一。就这一点上来说，坚持党领导国家安全建设关乎实现中华民族伟大复兴的中国梦。

二、新时代国家安全体系和能力现代化建设的伟大成就

（一）新时代国家安全体系和能力现代化建设的理论成果

中国特色社会主义进入新时代以来，面对世界百年未有之大变局，在中华民族伟大复兴进入了不可逆转的历史进程这一重要历史关口，习近平总书记根据我国面临的国家安全战略环境和历史任务，审时度势，创新性地提出总体国家安全观的重大战略思想，这是新时代党领导国家安全建设取得的最重要的理论成果，也是马克思主义中国化在国家安全理论建设领域的具体体现。

1. 总体国家安全观的形成背景

在世界百年未有之大变局这一背景下，中国所面临的国家安全形势也出现了一些新趋势和新特点。层出不穷的新现象、新情况和新问题给世界与中国的安全和稳定带来了诸多前所未有的挑战。尤其值得注意的是，尽管中国当前对于"和平与发展"这一时代主旋律的总体判断没有变，但是这一主题的内涵与外延却随着"大变局"的深入发展而发生着相应的变化。某种意义上说，世界百年未有之大变局既是一种现象更是一个过程，世界安全格局在这个过程中显示出更多的复杂性和不确定性。而就"和平与发展"这一时代主题而言，变化更多体现在了其内涵与外延的扩展上。

一方面，在新的时代背景下，中国对于和平有了更加深刻的理解。在以往的国家安全观念中，中国对于和平的理解往往着眼于外部视角，即认为和平的主要表现方式是国际体系总体上的稳定和有序，或者说是世界主要大国之间没有战争的理想状态。然而在世界百年未有之大变局这一新的历史背景下，和平的维度

开始逐渐扩展，和平的内涵与外延也在逐渐扩大。第一，和平不仅仅意味着世界上主要大国之间没有发生战争，也代表着世界上的绝大部分国家能够在一个相对公平和稳定的国际环境中和平共处。也就是说，世界上的绝大多数国家都是维护世界和平的力量，不像以往仅仅由少数几个大国来决定世界的和平或者战争。第二，和平不仅仅关乎国家之间的关系，更是一种由全体国民来共享的和谐状态。这就意味着，和平不仅取决于国家之间的关系，也取决于国家内部的状态。特别是在非传统安全威胁日益向全球和国内两个维度蔓延的背景下，国家内部的和谐与稳定也成为和平的重要表现形式。

另一方面，中国对于发展的理解也更加全面与辩证。这种全面与辩证可以体现在以下两个方面：第一，从空间的维度来看，与以往只将眼光锁定在本国自身发展的层面不同，新时代的发展问题开始由国内向国际扩展，即一国的发展不仅取决于自身的埋头努力，更有赖于世界各国的共同发展。也就是说，一个国家不仅要关注本国的发展与繁荣，更要促进其他国家的发展与繁荣。致力于实现大家的共同发展逐渐成为世界各国的共识。第二，从时间的维度来看，发展问题不仅仅意味着如何实现短期的发展与繁荣，更意味着如何保持长期的可持续发展状态。也就是说，摆在世界各国面前的重要任务不仅是要解决如何发展的问题，更要解决如何保持持久发展动力的问题。由此可见，新时代的主旋律依然是"和平与发展"，但是其内涵与外延则变得更加复杂和深刻，这也是总体国家安全观的重要形成背景。

2. 总体国家安全观的理论创新

基于对时代发展的回应，总体国家安全观作为一个概念在 2014 年被首次提出。习近平同志在中央国安委第一次会议上明确指出中国应该"坚持总体国家安全观，走出一条中国特色国家安全道路"[①]。

在继承传统国家安全观、转型国家安全观及新安全观的合理内核的基础上，总体国家安全观也呈现出一些前所未有的新特征，具体体现在以下三个方面：首先，总体国家安全观在以往重视外部安全的基础上强调了内部安全的重要性，提出了对外建设和谐世界、对内建设平安中国的总体国家安全战略目标；其次，总

---

① 《习近平著作选读》（第一卷），人民出版社 2023 年版，第 234 页。

体国家安全观将国家安全与国民安全统一了起来，明确了国家安全一切为了人民、一切依靠人民的基本出发点和落脚点；最后，总体国家安全观完善了传统安全与非传统安全的统筹机制，提出了构建能够统筹各领域各方面安全的国家安全体系的构想。这些新特点，一方面与中国日益走近世界舞台中央的国际形势相适应，另一方面也与新时代我国社会主要矛盾已经转化为人民日益增长的美好生活需要和不平衡不充分的发展之间的矛盾这一客观国情相吻合。

另外，我们还可以从以下几个方面来加深对总体国家安全观的理解：第一，总体国家安全观表现出很强的总体性。这主要表现在强调对各种国家安全战略资源和手段的宏观统筹协调，对国家安全的各个领域实施全方位的综合维护和保障。第二，总体国家安全观表现出较强的包容性。它不仅关注中国自身的国家安全，而且强调要维护世界各国的共同安全；不仅强调总体层面上的政治安全，而且关注微观层面上的人民安全。第三，总体国家安全观表现出一定的开放性。总体国家安全观中所构想的国家安全体系并不是一种固定僵化的封闭体系，而是能够根据形势的变化将新的安全要素纳入其中的灵活多样的开放体系。综上所述，或许可以这样理解，总体国家安全观是中国对时代与百年大变局的理论回应，是新时代中国国家安全战略的重要思想指引。

（二）新时代国家安全体系和能力现代化建设的实践成就

进入新时代，在总体国家安全的科学指引下，我们党准确把握国际国内安全形势新变化新特点，领导全国人民进行国家安全建设实践，在"安全与发展""陆地与海洋""国家与世界"等关涉中国国家安全核心利益的重要战略方向上奋力探索，取得了辉煌的实践成就。

1."安全与发展"战略方向的实践成就

党的十八大以来，中国面临着空前复杂的国际和国内形势，"国家安全内涵和外延比历史上任何时候都要丰富"①，国家安全战略环境的复杂性和敏感性前所未有。在此背景下，中国的国家安全战略对于"安全与发展"问题有了更加全面的认识。在坚持改革开放这一大原则的基础上，中国也深刻地认识到"国家

---

① 《坚持总体国家安全观，走中国特色国家安全道路》，《人民日报》2014年4月16日。

安全和社会稳定是改革发展的前提"①。同时，中国也深刻地认识到，在日渐复杂的国际和国内安全形势下，国家安全与国家发展之间的联系也日益紧密。为了实现中华民族的伟大复兴，中国亟需在战略层面对国家安全与发展的问题进行统筹规划。

在具体的战略实践中，一方面，中国继续坚持改革开放，稳步推动全面深化改革，深入推进供给侧结构性改革，使中国经济得以继续保持中高速增长，经济总量稳居世界第二，对世界经济增长的贡献率超过百分之三十。发展所带来的巨大成就有效地改善了民生条件，使中国人民的获得感进一步增强，为中国未来的国家安全与社会稳定打下了坚实的物质与精神基础。在此背景，实现中华民族伟大复兴的中国梦在广大中国人民心中生根开花，人民的爱国主义热情空前高涨，也在很大程度上维护了国家的安全与社会的稳定。另一方面，在继续坚定不移地谋发展的同时，中国的国家安全战略也开始注重防范与化解在发展过程中遇到的风险和挑战。为此，中国采取了一系列行之有效的战略措施，包括：建立中央国家安全委员会，颁布《中华人民共和国国家安全法》，出台《国家安全战略纲要》，进一步完善了国家安全保障机制等。中国的国家安全工作迈上了新的台阶，"安全与发展"之间的统筹与协调在中国的国家安全战略中得到了高度的重视。例如，《国家安全战略纲要》的出台"表明中央开始从国家大战略的高度审视国家发展战略与国家安全战略的关系"②，国家安全与国家发展在顶层设计层面得到了同样的重视。

2."陆地与海洋"战略方向的实践成就

在"陆地和海洋"的统筹与协调方面，党的十八大以来的中国国家安全战略和实践也迈出了极为坚实的一步。2013年，习近平同志在一次中央集体学习时强调要"坚持陆海统筹……扎实推进海洋强国建设"③。此后，经过多轮筹划和调整，中国国家安全战略在海洋和陆地的布局上基本脱离了"重陆轻海"的局囿，开始

---

① 《十八大以来重要文献选编》（上），中央文献出版社2014年版，第506页。

② 刘跃进：《新时期总体国家安全观指导下的中国国家安全战略目标及措施》，《江南社会学院学报》2015年第4期。

③ 《习近平在中共中央政治局第八次集体学习时强调　进一步关心海洋认识海洋经略海洋　推动海洋强国建设不断取得新成就》，《人民日报》2013年8月1日。

走上了"陆海统筹"的中国特色国家安全道路。

以此为指导，在推进新军事变革的同时，中国对军队的领导管理体制和联合作战指挥体制进行了一体化设计，将以往陆上的七大军区改革调整为五大战区，加强了陆海一体化联合作战能力。这种领导管理体制与联合作战指挥体制的调整和更新，有效适应了中国陆地与海洋安全战略布局的新变化，为中国海陆战略布局的进一步统筹与规划奠定了坚实的基础。同时，中国陆军以打赢高科技背景下现代战争为目标，以质量建军为指导，大力提升作战装备水平和整体战斗力，大步迈入了中国特色强军之路。在加强陆军装备建设、着力提升陆军作战能力的同时，中国人民海军的建设也进入了新阶段，更多的科技含量更高的海军武器装备列装并形成战斗力。例如 2012 年中国第一艘航空母舰"辽宁号"交付使用，据相关媒体报道，截至 2019 年，"辽宁号"航母战斗群即已初成规模。2019 年 12 月，中国自主研发制造的第一艘国产航空母舰"山东号"交付海军使用，标志着中国海军向着蓝海远洋又迈出了巨大的一步。

另一方面，中国依然重视陆地与海洋经济的协同发展效能，提出了"一带一路"倡议。2013 年 9 月，习近平在哈萨克斯坦纳扎尔巴耶夫大学作重要演讲，提出共同建设"丝绸之路经济带"。"2013 年 10 月，习近平在访问东盟时提出建设'21 世纪海上丝绸之路'的构想。"[①] 值得注意的是，"一带一路"是中国在陆地发展与海洋发展两个方面实现同步推进的战略构想，这不仅意味着中国的陆地与海洋并重的战略安全布局正在逐步形成，也标志着中国在国家安全与国家发展的协同平衡层面向前迈进了一大步。随后，中国开展了如火如荼的"一带一路"建设，推动了陆海内外联动、东西双向互济开放新格局的形成，成为陆海统筹协调发展战略的完美注释。

3."国家与世界"战略方向的实践成就

在"国家与世界"的关系方面，中国坚持全方位、多层次、宽领域的全面开放新格局，同时在继续学习与借鉴世界各国先进经验的基础上，努力为完善全球治理贡献中国智慧，提供中国方案。在应对全球性安全危机与挑战上，中国倡导

---

① 《共同谱写中国印尼关系新篇章，携手开创中国—东盟命运共同体美好未来》，《人民日报》2013 年 10 月 4 日。

构建人类命运共同体，强调既要关注自身安全也要维护共同安全。2015 年，习近平主席在联合国发表演讲，明确提出"打造人类命运共同体"这一安全构想，构建人类命运共同体的思想理念凝聚了世界各国与各方的共识，成为中国国家安全战略为维护世界和平、繁荣与安全所贡献的中国智慧与中国方案，在某种意义上为中国未来的崛起与复兴绘制出宏伟的共同安全蓝图。

在中观层面，中国呼吁构建以相互尊重、互利共赢的合作伙伴关系为核心特征的新型大国关系。例如，习近平主席多次提到"太平洋足够大，容得下中美两国发展"[①]，中国与美国这两个大国之间的未来互动不应该局囿于传统的冷战思维。中国积极改善与发展和美国、俄罗斯等世界与地区诸大国之间的关系，通过建立和更新战略伙伴关系等举措，力图突破大国间零和博弈的传统冷战安全战略思维，致力于构建以共同安全与合作共赢为特征的新型大国安全关系。

在地区层面，中国坚持与邻为善、以邻为伴的周边外交政策，倡导和发扬"亲、诚、惠、容"的周边外交理念，着力构建和平稳定的周边安全环境。例如，通过推进"一带一路"建设，中国加强了与周边邻国的政治互信与安全合作，有效维护了自身与地区的安全与稳定。在总体国家安全观的指导下，通过倡导构建中国与东盟命运共同体、提倡和树立亚洲安全观等战略举措，中国与周边国家或集团之间的安全互动与安全合作进一步加强，更为良性的周边安全互动格局也在逐渐形成。

三、推进国家安全体系和能力现代化的领域探索

（一）"人民安全"领域

党的十八大以来，习近平总书记站在党和国家事业发展全局的战略高度，以强烈的忧患意识和责任担当，强调"人民安全是国家安全的宗旨"[②]，"始终把人民

---

① 《习近平总书记系列重要讲话读本（2016 年版）》，人民出版社 2016 年版，第 269 页。
② 《习近平谈治国理政》（第三卷），外文出版社 2020 年版，第 218 页。

生命安全放在首位"①，"国家安全工作归根结底是保障人民利益"②，等等。这些重要论述既体现了中国共产党始终坚持人民至上的执政理念，也阐明了人民安全在总体国家安全观战略思想和国家安全体系中的重要地位和作用。

1. 人民安全是国家安全的宗旨

当前，世界安全形势复杂多变，国内外安全战略环境也在不断变化，在此背景下强调人民安全是国家安全的宗旨，既是对过往百年奋斗的历史总结，也是对未来安全环境变化的主动谋划。从历史的角度来看，中国共产党在建党之初就把为中国人民谋幸福作为自己的历史使命，而为实现人民安全而奋斗则是践行这一使命的重要途径。在半殖民地半封建的旧中国，国家面临着内忧外患的深刻危机，救亡图存、维护国家安全成了当时最为紧迫的任务。尽管当时有不少政治团体对此提出了自己的政治主张，但是大多数却没有能从人民安全的角度认识这一问题。中国共产党承担起这一历史使命，指出了为国家谋安全、为人民谋幸福和为民族谋复兴具有内在的统一性，即将人民安全作为维护国家安全的根本目的。而今，面对世界百年未有之大变局，中国共产党更是将实现人民安全作为国家安全建设的重点内容之一，体现了一切为了人民，坚持人民至上的战略理念，这也是未来推进国家安全建设，维护国家安全的重要出发点和落脚点。

2. 人民安全是国家安全的基石

习近平总书记指出："群众路线是我们党的生命线和根本工作路线。"③ 群众路线，就是一切为了群众，一切依靠群众，从群众中来，到群众中去，把党的正确主张变为群众的自觉行动。强调人民安全是国家安全的基石，是将群众路线贯彻到国家安全建设中的具体体现。在历史上，中国共产党一直秉承群众路线，坚持壮大人民力量，放手发动群众参与到救亡图存的伟大爱国运动中。历史经验表明，人民的力量是伟大的，有人民的坚决支持和充分参与也是维护国家安全的根本途径。新时期，面对深刻复杂的内外安全环境，如何全心全意地依靠群众，如何进一步发挥人民群众的丰富智慧和无限伟力，是国家安全建设面临的新任务和

---

① 《习近平关于尊重和保障人权论述摘编》，中央文献出版社 2021 年版，第 71 页。
② 《习近平新时代中国特色社会主义思想学习论丛》（第三辑），中央文献出版社 2020 年版，第 97 页。
③ 《论坚持人民当家作主》，中央文献出版社 2021 年版，第 48 页。

新课题。要回答这一新任务和新课题，首先要在国家安全建设中坚持人民安全是国家安全的基石这一根本原则，将群众路线坚决贯彻到国家安全建设中。

（二）"政治安全"领域

政治安全涉及国家主权、政权、制度和意识形态的稳固，是一个国家最根本的需求，是一切国家生存和发展的基础条件。新时代如何进一步巩固和维护国家安全，需要始终抓牢政治安全这个根本。

1. 坚持党的领导是实现政治安全的根本保证

从国家安全体系建设的角度来看，政治安全建设处于根本性地位。如何实现政治安全，其核心是要始终坚持党的领导。从现实的角度来看，坚持党的领导是践行总体国家安全观，完善集中统一、高效权威的国家安全领导体制的关键所在。从历史的角度来看，面对近代以来的国家积弱和民族危亡，中国共产党担负起救亡图存的重任，团结带领全国人民经过艰苦卓绝的奋斗，推翻了"三座大山"的压迫，使中国走上富强民主的道路，并在长期的历史实践中始终有效地维护了中国的国家安全。历史证明，中国特色社会主义制度的最大优势是中国共产党领导，坚持党的领导是实现政治安全的根本保证，也是有效维护国家安全的根本保证。

2. 保持党同人民群众的血肉联系是实现政治安全的基本途径

政治安全是人民安居乐业的根本保障，保持党同人民群众的血肉联系也是实现政治安全的基本途径。历史经验表明，如果一个国家的政治安全无法得到有效维护，人民安全与社会发展也就成了空中楼阁。另一方面，如果与人民群众脱离了血肉联系，政治安全也就无从谈起。中国的社会主义实践表明，政治安全和人民安全具有内在统一性，实现政治安全的基本途径就是保持党同人民群众的血肉联系。中国共产党始终是中国最广大人民根本利益的忠实代表，维护人民民主专政政权和中国特色社会主义制度的安全，也需要充分践行一切为了群众、一切依靠群众的重要原则。人民是中国共产党执政的最深厚基础和最大底气。

（三）"经济安全"领域

经济安全是国家安全的基础，是国家安全体系的重要组成部分。"十四五"

时期确保国家经济安全，是在全面建成小康社会基础上开启全面建设社会主义现代化国家新征程的战略要求，是维护国家经济利益和人民长远利益的重大任务，是推动高质量发展、建设现代化经济体系的必要保障，是构建以国内大循环为主体、国内国际双循环相互促进新发展格局的重要举措。

1. 统筹发展与安全是维护经济安全的根本原则

从总体国家安全观的视阈来看，当前以及今后一段时期我国经济安全所面临的主要挑战是如何实现持续安全稳定的高质量发展，而其中的关键性环节就是如何把握处理好发展与安全之间的辩证关系。历史上的大国兴衰的经验表明，一个国家如果不能实现持续稳定的发展，则国家的经济状况就可能出现系统性困难，此时经济问题如果和国家安全问题相联系，就会形成严重影响国家稳定的经济安全问题。同样，历史经验也表明，仅仅只关注发展而不重视对安全问题的关注，长久来看依然会出现影响国家安全与稳定的经济安全问题，比如无法为海外经济贸易提供充足的安全保护，从长期来看会反过来影响国家的经济发展。从改革开放的历程来看，在我国经济安全中占有关键性位置的问题也是如何协调安全与发展的问题，不同的阶段和历程对此问题的认识也有所差异。改革开放初期，国际安全形势相对稳定，为了集中精力发展经济，我国曾一度将发展作为矛盾的主要方面。随着改革开放进程的深化，我们也逐渐认识到需要将安全和发展作为一对辩证统一的矛盾进行统筹处理。新时期，面临日趋复杂的世界百年未有之大变局，进一步统筹发展与安全也将成为维护国家经济安全的根本原则。

2. 金融稳定与安全是经济安全的重要组成部分

金融是经济的血脉，是现代市场经济运转的基石，金融安全是国家安全的重要组成部分，是经济平稳健康发展的重要基础。在世界历史舞台上，金融也是许多大国崛起所依靠的有力武器，不管在战争还是和平建设时期都曾发挥过举足轻重的作用。在中国的改革开放进程中，金融也在促进经济发展，维护经济安全稳定方面发挥了巨大的作用，同时金融安全也逐渐成为经济安全的重要组成部分。面对世界百年未有之大变局，一方面，我国的金融安全面临着国内外的各种风险挑战，如何有效放缓化解重点领域的重大金融安全风险是未来国家安全需要解决的一个关键性问题；另一方面，金融安全如何进一步助力国家的经济发展战略，也是需要重点关注的问题。习近平总书记强调："我们最大的优势是我国社会主义制度能够集中力量办大事。这是我们成就事业的重要法宝。"[1] 完善稳定的金融体系能够将资金高效率地集中起来，投入到影响国家安全与发展的重要战略方向上去，这也进一步体现了社会主义制度的优越性。因此，未来维护国家金融安全与稳定，将成为经济安全领域内的重要关注点和落脚点。

（四）"网络安全"领域

随着互联网的飞速发展和互联网技术的普及应用，网络安全越来越成为受到普遍关注和高度重视的重要安全领域议题。习近平总书记深刻指出："没有网络安全就没有国家安全，就没有经济社会稳定运行，广大人民群众利益也难以得到保障。"[2] 在互联网时代，如何有效维护国家安全，实现安全与发展的统筹协调，网络安全是关键领域。

1. 坚持网络安全为人民、靠人民的基本原则

第 52 次《中国互联网络发展状况统计报告》显示，截至 2023 年 6 月，我国网民规模达 10.79 亿人，较 2022 年 12 月增长 1109 万人，互联网普及率达 76.4%。[3] 互联网普及率的不断提升和网民规模的不断扩大，一方面为经济发展和人民生活带来了诸多机遇和便利，另一方面也对网络安全的保障能力提出了更高的要求。坚决维护网络安全，有效化解防范网络安全风险是保障人民安居乐业的重要基础，也是人民至上理念在互联网领域的重要体现。网络安全事关千家万户，事关参与互联网生活的每一个人。正因如此，如何有效维护网络安全，关键在于坚持网络安全为人民、靠人民的基本原则，充分发挥人民的力量，营造起人人自觉维护网络安全的良好氛围，筑牢全民维护网络安全的坚实根基。

2. 坚持在网络安全领域统筹发展与安全

随着信息化的深入推进，大数据、云计算、人工智能等数字技术相继出现并逐渐普及，也给网络安全领域带来了新的机遇与挑战。一方面，这些新兴的数

---

[1] 《习近平谈治国理政》（第二卷），外文出版社 2017 年版，第 273 页。

[2] 《习近平新时代中国特色社会主义思想学习纲要》，人民出版社 2019 年版，第 182—183 页。

[3] 参见《第 52 次〈中国互联网络发展状况统计报告〉发布：我国网民规模达 10.79 亿人》，人民网 2023 年 8 月 28 日。

字技术给人民生活带来了诸多便利，也为维护网络安全提供了新的技术手段。加强在新兴重点领域的技术投入，大力扩展维护网络安全的技术手段，是维护互联网领域高水平安全的重要途径。另一方面也应该注意到，这些新兴网络技术的发展尚处于起步阶段，在未来的发展过程中可能会遇到一些新的风险和挑战，如何有效应对这些风险和挑战，也是未来网络安全领域需要给予重点关注的环节。因此，未来需要更加注意统筹网络安全领域里的发展和安全，以高质量发展保障高水平安全，以高水平安全保障高质量发展。

家是最小国，国是千万家，"国泰"方能"民安"。从系统观念来看，国家安全涉及的 16 个重点领域，包括：政治安全、军事安全、国土安全、经济安全、文化安全、生物安全、网络安全、社会安全、科技安全、生态安全、资源安全、核安全、海外利益安全、太空安全、深海安全、极地安全。国家安全领域的扩展是一个动态发展的过程，需要进一步深入和持续地探索和研究。

案例

强化风险防范意识　筑牢国家安全基石
——国家安全机关公布一批危害国家安全典型案例①

【引　言】2023 年 4 月 15 日是第八个全民国家安全教育日。随着我国发展进入战略机遇和风险挑战并存、不确定难预料因素增多的新阶段，国家安全的内涵和外延越来越丰富，时空领域更加宽广。党的二十大报告强调，全面加强国家安全教育，提高各级领导干部统筹发展和安全能力，增强全民国家安全意识和素养，筑牢国家安全人民防线。

【摘　要】在传统安全和非传统安全问题交织互动，人民群众安全需求更趋

---

① 案例来源：《国家安全机关公布一批危害国家安全典型案例》，中国长安网 2023 年 4 月 14 日。

强烈、更加多元的新形势下，国家安全机关坚持以总体国家安全观为指导，加快构建工作新格局，推动国家安全体系和能力现代化，依法防范、制止、惩治各类危害国家安全行为，坚定捍卫国家主权、安全、发展利益。国家安全机关提醒广大人民群众，要增强国家安全意识，警惕危害国家安全行为，共同筑牢维护国家安全的坚固屏障。

【关键词】国家安全教育　国家安全意识　典型案例

警惕"国门"之外的圈套陷阱

随着中国日益走近世界舞台中央，我们与世界的联系更加紧密，中国公民出国学习、工作、旅游也越来越方便。然而，"国门"之外不仅有异域风情、美景美食，境外间谍情报机关也看准一些人出国后放松心理戒备的时机，趁机设置圈套陷阱，对我国公民人身安全造成威胁，给我国国家安全和利益带来了风险隐患。

赵学军是一名航天领域的科研人员，在赴国外大学做访问学者期间，被境外间谍情报机关人员一步步拉拢策反，出卖科研进展情况，严重危害我国国家安全。起初，对方只是约他吃饭出游、赠送礼物。随着双方关系拉近，对方不时向他询问一些敏感问题，并支付不菲的咨询费用。赵学军临近回国前，对方向他亮明了间谍情报机关人员身份，将赵学军策反。随后，该国间谍情报机关为赵学军配备了专用U盘和网站，用于下达任务指令和回传情报信息。赵学军访学结束回国后，在国内多地继续与该国间谍情报机关人员多次见面，通过当面交谈及专用网站传递等方式向对方提供了大量涉密资料，并以现金形式收受间谍经费。不久后，赵学军的间谍行为引起了国家安全机关注意。2019年6月，北京市国家安全机关依法对赵学军采取强制措施。2022年8月，人民法院以间谍罪判处赵学军有期徒刑7年，剥夺政治权利3年，并处没收个人财产人民币20万元。

上述案例中，赵学军是因航天领域专家的身份被境外间谍情报机关重点关注，进而拉拢策反。与此类案件所不同的是，近年来，国家安全机关工作掌握，境外一些组织机构利用个别人对外国生活的向往，诱骗我国公民至国外，逼迫其从事污蔑抹黑我国国家形象的活动，严重危害了我国国家安全和公民人身安全。

河北省国家安全机关工作发现，郑富兴和王培月是一家境外所谓"移民服务公司"的境内骨干成员。该公司以"正常渠道移民"为幌子，在我国境内招揽客户，号称仅需 10 万元"办证费"即可办理移民手续。该团伙通过办理旅游签证等方式，将"客户"运作出国。等到"客户"顺利抵达国外后，该团伙才暴露出真实嘴脸。他们通过威逼利诱等方式，要求"客户"伪造包括户口本、拘传证、强制堕胎证明在内的各类"证件文书"，宣称自己"在国内遭受迫害"，以"无中生有"的所谓"罪证"造谣抹黑我国家形象。随后，该团伙还会以"政治避难代办费"等各种名义向"客户"不断索要费用。"客户"当中的许多人最终因交不起费用，被该团伙抛弃，在家人的接济下艰难返回国内。2021 年 10 月，河北省国家安全机关依法对郑富兴、王培月采取强制措施。2022 年 5 月，人民法院分别判处郑富兴、王培月有期徒刑 3 年 9 个月、3 年 6 个月。

无论是因蝇头小利逐渐落入圈套，还是以"移民美梦"诱骗利用他人，这些为个人私利损害国家利益、危害国家安全的行为，最终也使自己付出了惨痛代价。国家安全机关提示，国门之外非法外之地，无论身处何处，维护国家安全都是每一个中国公民应尽的责任和义务。

认清网络伪装背后的违法犯罪

"用社交网络来生活，用生活来维系社交网络"日益成为当下人们生活的真实写照。全世界的人通过互联网联系起来，社交网络正强烈影响着人们的现实生活。我们在享受社交网络带来的身心愉悦、生活便利的同时，也应提高防范意识，警惕别有用心之人利用网络技术伪装身份，以"交友""咨询""兼职"等名义搜集情报，或以博人眼球的方式造谣生事甚至危害国家安全。

韩潇是新疆某地的一名普通基层公务员。2016 年 12 月，韩潇赴外地旅游期间，通过手机交友软件与当地一网友结识，相谈甚欢。回到家中后，韩潇经常在网上向对方分享自己的生活，并不时抱怨自己的工资太低。对方随即向韩潇介绍，称自己的堂哥"陈逸"能够提供兼职，帮助其赚取外快。随后，"陈逸"添加韩潇为微信好友，并要求韩潇提供当地的一些敏感信息，并承诺支付报酬。韩潇应允后，"陈逸"进一步以金钱为诱惑，指挥韩潇搜集党政机关涉密文件。对方对韩潇提供的文件资料极为重视，为确保安全，专门对韩潇进行了间谍培训，教授其沟通联络、传递情报的具体手法，并派专人向韩潇提供经费以及手机、SIM 卡等通联工具。此时，韩潇在已经明知对方系境外间谍情报机关人员的情况下，为获取高额报酬，仍铤而走险继续搜集提供涉密文件。案发后，人民法院审理查明，韩潇先后向对方提供文件资料 19 份，其中机密级文件 6 份，秘密级文件 8 份，被鉴定为情报的资料 5 份，累计收取间谍经费 12 万余元。2019 年 3 月，韩潇因犯间谍罪被判处有期徒刑 11 年 6 个月，剥夺政治权利 4 年，并处没收个人财产 5 万元人民币。

"人人都有麦克风的时代"催生了"网红"群体。他们当中的佼佼者以传播正能量为己任，以独特的创意为载体，激发了互联网的新兴生命力。然而，也有一部分人以博人眼球、毫无底线的方式吸引关注，甚至突破法律底线，编造谎言抹黑国家和政府，造成恶劣影响，后果十分严重。

江苏省国家安全机关工作发现，2020 年 6 月以来，张某一人假扮 8 名缅甸籍人员，在境外社交媒体网站开通数个账号，介绍国外日常生活、风土人情，发布 2 万余条帖文，吸引了数万粉丝关注。为了维持其虚假"人设"，张某恶意编造了大量耸人听闻的虚假消息和谣言，引发网民恐慌，造成恶劣影响。在吸引大量粉丝后，张某频繁以造谣、诽谤的方式，发布抹黑我国国家形象、攻击党和政府的帖文，甚至煽动教唆他人以暴力方式推翻我国家政权，影响非常恶劣。在充分掌握张某违法犯罪证据后，2022 年 2 月，国家安全机关依法对张某采取强制措施。

再"精心"的策划和虚假的伪装，也无法掩盖危害国家安全违法犯罪行为的本质。国家安全机关提醒，互联网不是逃避法律责任的"飞地"，任何利用网络窃取国家秘密、制造传播谣言、危害国家安全的行为，都必将受到法律的严惩。清朗的网络空间需要依法治理，更需要我们每一个人的共同努力。

识破非传统领域危害国家安全行为

随着我国综合国力的不断提升，境外间谍情报机关及反华敌对势力危害我国国家安全的行为已经不再局限于传统安全领域。非传统安全领域的敌情形势，也给我国经济社会安全平稳发展带来风险隐患。一些组织和人员，打着境外非政府组织、调查咨询公司、高科技公司等旗号，从经济、生物、科技等领域入手，妄图在我国人权、产业链、供应链等领域"做文章"，给我国国家安全造成了危害。

李某是广东深圳一家咨询公司的负责人，他所经营的公司主要为境外公司提供供应链风险审核服务。为获得更多为境外企业服务的机会，几年前，李某的公司与境外非政府组织开展了合作。合作过程中，李某慢慢发现，这个非政府组织的态度渐渐发生了变化，他们对中国企业的审核标准越来越细，特别是针对所谓"新疆劳工"等内容提出了新的审核要求。尽管李某已经发觉，该境外非政府组织积极搜集所谓新疆"人权问题"的信息，是为了炮制"强迫劳动"谎言，为西方反华势力操弄涉疆问题、实施涉疆制裁提供"背书"，但为了追求经济利益，他们仍然承接执行了相关调查项目，给我国国家安全和利益带来了风险隐患。广东省国家安全机关依据《中华人民共和国反间谍法》《中华人民共和国反间谍法实施细则》《反间谍安全防范工作规定》对李某予以处罚，并责令其公司实施整改。

近年来，一些背景复杂的境外非政府组织不断发展壮大，逐渐掌握了某些行业的国际准入标准。他们利用在行业内的特殊地位，对我国相关企业施加影响，对我国政治安全、经济安全，特别是产业链、供应链等重要领域造成了危害。与此同时，还有一些境外组织和人员，以"友善面孔"接近我国公民，以不易察觉的伪装实施危害国家安全行为，对传统安全和非传统安全均构成了严重威胁。

2019年8月，辽宁大连的海参养殖户张先生向国家安全机关举报称，两个月前，他的养殖场迎来了几名"不速之客"。黄某带领数名外籍人员，以"免费安装海水质量监测设备"为名，在张先生的海参养殖场安装了海洋水文监测设备和海空监控摄录设备。此后，张先生逐渐发现，水文监测设备的数据被源源不断地传输至境外，且很多数据与海参养殖并无关系，那些海空监控摄录设备对海参养殖更是毫无意义。张先生感觉情况可疑，便拨打12339向国家安全机关进行了举报。经鉴定，境外人员在我国海域非法安装的监测设备，观测范围涉及我国空中军事行动区域，可以对我国非开放海域潮汐、海流等重要敏感数据进行实时监测，对我国海洋权益及军事安全构成严重威胁。根据举报信息，辽宁省国家安全机关对黄某及数名外籍人员依法采取强制措施，并收缴了监测设备。黄某等人如实交代了非法窃取我国海洋水文数据和海空军事影像的违法犯罪事实。

◆ 案例分析 ◆

　　国家安全与每个人的生活息息相关。增强国家安全意识，自觉维护国家安全也是每个公民应尽的责任和义务。在中国式现代化道路上，面对世界百年未有之大变局，面对日益复杂的国内外形势，我们必须强化风险防范意识，筑牢国家安全基石。全民国家安全教育是增强公民国家安全意识的重要途径，也是国家安全体系与能力现代化建设中的重要环节，必须在总体安全观的指导下，大力开展和推进国家安全教育体系建设。其中，如何培养公民有效识别日常生活可能存在的国家安全风险的能力是国家安全教育的重要着力点。每年的全民国家安全教育日，国家安全机关都会公布一批危害国家安全典型案例，通过这些案例可以看出当前传统安全和非传统安全威胁叠加交织。一些危害国家安全的违法犯罪行为更加隐蔽，企业和个人稍不注意就会被利用。根据国家安全机关提示，广大人民群众应增强国家安全意识，时刻提高警惕，一旦发现危害国家安全的可疑情况，及时拨打国家安全机关举报受理电话 12339 进行举报。国家安全人人有责，只有全民携手共进，才能筑起坚不可摧的国家安全人民防线。

 实验实践思考题

　　1. 坚持党领导国家安全体系和能力建设的重要意义是什么？

　　2. 新时代国家安全体系和能力现代化建设取得的实践成就有哪些？

　　3. 人民安全与国家安全之间的辩证关系是什么？

専题十三 | **以习近平外交思想为引领**
推动构建人类命运共同体

我们全面推进中国特色大国外交，推动构建人类命运共同体，坚定维护国际公平正义，倡导践行真正的多边主义，旗帜鲜明反对一切霸权主义和强权政治，毫不动摇反对任何单边主义、保护主义、霸凌行径。我们完善外交总体布局，积极建设覆盖全球的伙伴关系网络，推动构建新型国际关系。[①]

【引文】党的十八大以来，随着我国综合国力和国际地位显著提升，同时面对世界百年未有之大变局加速演进、世界进入新的动荡变革期的全球战略形势，在习近平总书记擘画引领下，我国开启了致力于推动构建人类命运共同体，全力推进实现民族复兴和促进人类进步历史征程的新时代中国特色大国外交伟大实践。中国青年有必要充分了解新时代大国外交和人类命运共同体构建的基本内涵，为不断开创中国特色大国外交新局面贡献自己的力量。

一、新时代中国特色大国外交概述

（一）中国特色大国外交的基本内涵

外交工作，指一个国家为实现其对外政策，通过制定相关对外政策处理与

---

① 《中国共产党第二十次全国代表大会文件汇编》，人民出版社 2022 年版，第 11 页。

其他国家、国际组织关系的政治活动，是国家主权的重要体现，也是国家政治活动的重要组成方面。中国历来重视外交工作，新中国成立以来，始终坚持独立自主的和平外交政策，始终不渝走和平发展道路，始终不渝奉行互利共赢的开放战略，在和平共处五项原则的基础上同世界各国建立和发展友好合作关系，推动建设持久和平、共同繁荣的和谐世界，取得了丰硕的实际成果，截至 2023 年，一共与 182 个国家建立了外交关系。党的十八大以来，在习近平总书记擘画引领和亲力亲为下，党和国家切实统筹国内、国外两个大局，在对外工作上"打赢了不少大仗硬仗，办成了不少大事难事，取得了历史性成就"①，特别是在外交工作指导理念方面进行一系列重大理论和实践创新，形成了习近平外交思想，中国外交工作也随之进入致力于推动构建人类命运共同体、全力推进实现民族复兴和促进人类进步历史征程的新时代中国特色大国外交新阶段。

中国特色大国外交理念，是以习近平同志为核心的党中央在总结中国新时代外交工作经验与成就基础上提出的重要外交理念。早在 2014 年 11 月习近平在中央外事工作会议上的讲话中提出"中国必须有自己特色的大国外交"②，2016 年 3 月，十二届全国人大四次会议上"中国特色大国外交理念"首次被明确写入政府工作报告。2017 年 10 月 18 日，党的十九大报告强调，"中国将高举和平、发展、合作、共赢的旗帜，恪守维护世界和平、促进共同发展的外交政策宗旨，坚定不移在和平共处五项原则基础上发展同各国的友好合作，推动建设相互尊重、公平正义、合作共赢的新型国际关系"，明确了中国特色大国外交的基本要求与内涵。2022 年党的二十大报告对中国特色大国外交进行了系统总结和精练概括，提出了一系列新的重要论断和战略部署，明确了中国特色大国外交的政治立场和历史自觉，强调"全面推进中国特色大国外交，推动构建人类命运共同体，坚定维护国际公平正义，倡导践行真正的多边主义，旗帜鲜明反对一切霸权主义和强权政治，毫不动摇反对任何单边主义、保护主义、霸凌行径"，进一步明确中国特色大国外交的基本目标和原则，为处在动荡变革期的世界描绘了发展蓝图，为解决人类重大问题贡献了中国智慧、中国方案、中国力量。

---

① 栾建章：《习近平外交思想的鲜明特征》，《红旗文稿》2020 年第 1 期。
② 《习近平谈治国理政》（第二卷），外文出版社 2017 年版，第 443 页。

（二）新时代中国特色大国外交的指导思想

新时代中国特色大国外交需要科学思想作为引领。随着中国特色社会主义进入新时代，立足新的时代方位，以习近平同志为核心的党中央高瞻远瞩、胸怀天下，统筹中华民族伟大复兴战略全局和世界百年未有之大变局，对中国特色大国外交进行了顶层设计和全局谋划。2018 年 6 月 22 日，习近平总书记在中央外事工作会议上发表重要讲话，提出中国外交 10 个方面的基本原则，构成了中国特色大国外交深刻的理论与实践基础，同时也标志着习近平外交思想理论体系的正式确立。习近平外交思想内容丰富、博大精深，深刻地回答了新时代的中国要与世界建立什么样的关系以及如何构建这种关系的重大问题，从战略选择、目标方向、实践路径、责任担当等多个层面，把握时代潮流和发展大势，为回答解决世界之问作出世界性贡献，构成了当前新时代中国特色大国外交工作开展的基本指南。

习近平外交思想作为习近平新时代中国特色社会主义思想的重要组成部分，是新时代中国对外工作的根本遵循，其核心内容就是习近平总书记所讲的"十个坚持"，即坚持以维护党中央权威为统领加强党对对外工作的集中统一领导，坚持以实现中华民族伟大复兴为使命推进中国特色大国外交，坚持以维护世界和平、促进共同发展为宗旨推动构建人类命运共同体，坚持以中国特色社会主义为根本增强战略自信，坚持以共商共建共享为原则推动"一带一路"建设，坚持以相互尊重、合作共赢为基础走和平发展道路，坚持以深化外交布局为依托打造全球伙伴关系，坚持以公平正义为理念引领全球治理体系改革，坚持以国家核心利益为底线维护国家主权、安全、发展利益，坚持以对外工作优良传统和时代特征相结合为方向塑造中国外交独特风范。这"十个坚持"传承与发展新中国一贯的外交政策与思想，着眼于新形势新任务，蕴含着中华民族传统文化中"天下为公"的思想情怀，充分体现中华民族传统文化中"讲信义、重情义、扬正义、树道义"的优良品格，也是中国特色社会主义的道路自信、理论自信、制度自信、文化自信在外交领域的充分体现，彰显了新时代我国外交工作"自信自立、胸怀天下，敢于斗争、善于斗争，知难而进、迎难而上，坚持维护世界和平、促进共同发展"的基本宗旨。要在新时代保证中国外交工作取得充分进步，就必须始终坚持习近平外交思想，深入分析世界转型过渡期国际形势的演变规律，准确把握历史交汇期我国外部环境的基本特征，统筹谋划和推进新时代中国大国外交有序发展，实现与世界各国和平、发展、合作、共赢的基本目标。

（三）新时代中国特色大国外交的基本原则

作为负责任的大国，中国始终坚持维护世界和平、促进共同发展的外交政策宗旨，致力于推动构建人类命运共同体。正如党的二十大报告所强调的："中国坚定奉行独立自主的和平外交政策，始终根据事情本身的是非曲直决定自己的立场和政策，维护国际关系基本准则，维护国际公平正义。中国尊重各国主权和领土完整，坚持国家不分大小、强弱、贫富一律平等，尊重各国人民自主选择的发展道路和社会制度，坚决反对一切形式的霸权主义和强权政治，反对冷战思维，反对干涉别国内政，反对搞双重标准。中国奉行防御性的国防政策，中国的发展是世界和平力量的增长，无论发展到什么程度，中国永远不称霸、永远不搞扩张。"

同时，在党的二十大报告中，习近平总书记也向全世界做出以下一系列庄严承诺，进一步明确了我国处理外交关系方面的基本立场，为中国新时代大国外交展开指明了方向。

1. 坚持在和平共处五项原则基础上同各国发展友好合作，推动构建新型国际关系

深化拓展平等、开放、合作的全球伙伴关系，致力于扩大同各国利益的汇合点。促进大国协调和良性互动，推动构建和平共处、总体稳定、均衡发展的大国关系格局。坚持亲诚惠容和与邻为善、以邻为伴周边外交方针，深化同周边国家友好互信和利益融合。秉持真实亲诚理念和正确义利观加强同发展中国家团结合作，维护发展中国家共同利益。中国共产党愿在独立自主、完全平等、互相尊重、互不干涉内部事务原则基础上加强同各国政党和政治组织交流合作，积极推进人大、政协、军队、地方、民间等各方面对外交往。

2. 坚持对外开放的基本国策，坚定奉行互利共赢的开放战略

不断以中国新发展为世界提供新机遇，推动建设开放型世界经济，更好惠及各国人民。中国坚持经济全球化正确方向，推动贸易和投资自由化便利化，推进双边、区域和多边合作，促进国际宏观经济政策协调，共同营造有利于发展的国际环境，共同培育全球发展新动能，反对保护主义，反对"筑墙设垒""脱钩断链"，反对单边制裁、极限施压。中国愿加大对全球发展合作的资源投入，致力于缩小南北差距，坚定支持和帮助广大发展中国家加快发展。

3．积极参与全球治理体系改革和建设，践行共商共建共享的全球治理观

坚持真正的多边主义，推进国际关系民主化，推动全球治理朝着更加公正合理的方向发展。坚定维护以联合国为核心的国际体系、以国际法为基础的国际秩序、以联合国宪章宗旨和原则为基础的国际关系基本准则，反对一切形式的单边主义，反对搞针对特定国家的阵营化和排他性小圈子。推动世界贸易组织、亚太经合组织等多边机制更好发挥作用，扩大金砖国家、上海合作组织等合作机制影响力，增强新兴市场国家和发展中国家在全球事务中的代表性和发言权。中国坚持积极参与全球安全规则制定，加强国际安全合作，积极参与联合国维和行动，为维护世界和平和地区稳定发挥建设性作用。

二、近年来国际形势变化发展

（一）国际体系调整变革

国际体系是国际关系的最高范畴，指由密切联动的国际行为主体构成的，具有结构、功能并与环境互动的有机整体。现代国际体系是近代欧洲主权国家体系全球扩张的结果，西方发达国家在其中占据主导地位。当前中美两国在国际体系中的互动成为调整相互关系的重要因素之一。随着国际力量对比的变化，影响国际体系的调整变革的行为呈多元和多样趋势。当前国际体系变革加快呈现出和平渐进、全面广泛和深刻复杂三大特征。国际体系变革是历史发展的必然，它将随着国际力量对比的变化而发生变化。前几年的新冠肺炎疫情加快世界格局的演变，世界经济在大幅下行后有望出现恢复性增长，但复苏不稳定不平衡性凸显。发达经济体经济走势分化明显，新兴经济体和发展中国家复苏面临困难较多。我国对世界经济增长的引领带动作用不断增强，国际影响力、感召力、塑造力进一步提高。从中长期看，新兴经济体和发展中国家将加快实现群体性崛起，占世界经济比重将持续提升，国际力量对比将更趋平衡。

在这样的背景下，世界各国都开始投入抢抓全球治理主导权的竞争之中。全球治理指的是主权国家和非政府组织共同参与，通过平等协商、合作对话等形式，制定具有约束力的国际规制，解决全球性问题和挑战，维护正常的国际秩序，是伴随着全球化的产生而出现的。在全球化过程中，大国或强国都非常重视全球治理的参与权与主导权。长期以来，西方国家一直掌握着全球治理的主导权，国际组织、跨国公司、公民社会团体等大量非国家行为主体也成为全球治理的重要参与者。伴随着全球化进程的迅猛发展和持续深化，环境污染、贸易纠纷、金融危机、网络安全、恐怖主义、气候变化、灾发疾病等具有跨国性、公共性和传导性的全球问题大量涌现。这些全球问题超越了单一主体的管理边界和能力范畴，推进全球治理体制变革成为大势所趋。我国作为负责任的大国，必须努力推动各方把发展问题置于全球宏观政策框架的核心位置，引领全球治理体制向着更加公正合理的方向发展。

（二）大国关系新变化

2021年1月20日，约瑟夫·拜登成功当选为美国总统，入驻白宫，美国的政策出现较为明显的调整。拜登政府签署一系列行政令，以摆脱所谓的美国"黑暗时期"，同时重新加入世界卫生组织和《巴黎协定》，恢复了与世界卫生组织的关系。通过举办民主峰会重塑美国的国际地位，提升盟友和伙伴关系，恢复多边合作。美国外交政策将从"美国优先"的利己主义向多边主义回调。拜登在对华关系的表现中最大的进展是确立了对华"全面竞争"的整体框架，并在对华强硬策略上进行了发展，联合盟友一起抗衡中国。

经济全球化是社会生产力发展的客观要求和科技进步的必然结果，为世界经济增长提供了强劲动力，促进了商品和资本流动、科技和文明进步。然而，2018年以来美国违背世贸组织基本精神，采取单边主义做法，通过加征高额关税，发起针对中国等国家的贸易战的同时，也在世界范围内发动了全球贸易战。发动贸易战，表面上只是美国政府的一种经济决策，是贸易摩擦化的结果，然实质则是美国争夺和重新瓜分世界市场的手段。

此外，近年来以美国为首的西方国家在所谓"自由主义""民主人权"等幌子的掩盖下，肆意干涉别国内政，运用武力侵犯他国，支持一些国家反对派发动"颜色革命"，制造国家分裂或推翻合法政权，妄图建立由西方价值观主导的世界秩序，剥夺各国人民按照本国国情选择社会制度和发展道路的权利，这是当今霸权主义与强权政治新的表现形式。"颜色革命"泛指某些西方国家支持旨在推翻某国传统政权，以西方价值观为旗帜建立亲西方政权的"政权更迭"。如中东和北非地区的政治动荡，即所谓"阿拉伯之春"，2014年春乌克兰的"二次颜色革命"等。在当代世界政治中，"颜色革命"性质恶劣、危害极大，已经引起许多国家的高度警惕与防范。"颜色革命"的实质就是通过所谓"和平""非暴力"示威的方式，向执政者施压，通过绑架民意要挟政府从而变更政权，达成反对派的政治诉求。经济发展缓慢和政权腐败是"颜色革命"爆发的社会条件，地区矛盾与族群对立是"颜色革命"爆发的历史文化条件。西方国家"扩展民主"战略是"颜色革命"爆发的外部条件。西方国家以推动目标国家政权"民主化"为幌子，对独联体国家以及中东、北非等地区的国家进行赤裸裸的政治干预。"颜色革命"是西方国家披着民族和自由的外衣争夺地缘政治利益的一种手段。

（三）国际关系格局未来发展趋势

当今，世界发展格局仍然很不安宁，霸权主义和强权政治依然存在，局部冲突和热点问题此起彼伏，传统安全威胁和非传统安全威胁相互交织，世界和平与发展面临诸多难题和挑战。但另一方面，和平与发展仍然是当今世界的政治主流。维护世界和平是当今世界的重大问题，也是各国人民的共同愿望。当前，维护世界和平的力量在不断增长。世界三大矛盾即发达国家之间的矛盾、发达国家与发展中国家之间的矛盾以及无产阶级与资产阶级之间的矛盾仍然存在，但没有激化到必须用战争手段来解决的程度，特别是第三次科技革命的出现，使全球经济越来越趋于一体化，你中有我，我中有你，尽管地区性冲突不断，但世界总的局势是和平的。发展经济是世界各国的核心问题，"南北矛盾"的根源在于经济问题，解决世界各种矛盾最终也要靠发展经济。重视发展战略已成为各国的主要政策取向。和平与发展是相互依存、相互影响和相互推动的关系。和平的国际环境是各国不断发展的外部条件，只有发展中国家发展起来，和平的力量才能不断壮大。维护世界和平，推动经济发展是世界各国根本利益所在。

在这样的总体背景下，对话与协商是解决国际政治问题的必由之路和主要途径。首先，对话与协商原则符合绝大多数国家的根本利益。在政治多极化和经济全球化的今天，大多数国际争端都涉及多方国家利益，只有对话和协商才能解决问题。对话与协商的原则要求各国在处理国际关系的时候：政治上相互信任、平等协商，经济上相互合作、优势互补，文化上相互借鉴、求同存异，安全上相互信任、加强合作，环保上相互帮助、协力推进。其次，无数国际政治问题的历史实践表明，暴力和军事手段解决不了问题，反而会使问题复杂化。中国一贯主张通过对话沟通，增进互信，反对动辄诉诸武力或以武力相威胁，以对话解争端，以协商化分歧，以合作促安全，继续支持联合国发挥斡旋主渠道作用，推动建设一个持久和平、普遍安全的世界。

三、中国构建人类命运共同体的基本原则和努力

（一）当前中国发展面临的国际环境

中国周边地区成为美国所谓亚太战略的重要舞台，尤其是那些存在已久但尚未解决的问题在近年集中涌现，如 2012 年中日钓鱼岛事件、2016 年中菲南海仲裁案、2019 年中越万安滩事件、2020 年中印加勒万河谷冲突，等等，为中国和平发展与主权安全带来很大的战略压力。

面对美国等少数霸权国家的"极限施压"，中国保证了充分的战略定力。与"国强必霸"的西方历史经验不同，崛起的中国并不谋求世界霸权，亦不谋求取代哪个现存大国的国际地位，倡议构建"和而不同、斗而不破"的新型大国关系，以切实推动构建人类命运共同体，坚定维护国际公平正义为基本战略方向。正如在中国共产党第二十次全国代表大会上的报告中习近平总书记所强调的："当前，世界之变、时代之变、历史之变正以前所未有的方式展开。一方面，和平、发展、合作、共赢的历史潮流不可阻挡，人心所向、大势所趋决定了人类前途终归光明。另一方面，恃强凌弱、巧取豪夺、零和博弈等霸权霸道霸凌行径危害深重，和平赤字、发展赤字、安全赤字、治理赤字加重，人类社会面临前所未有的挑战。世界又一次站在历史的十字路口，何去何从取决于各国人民的抉择。"当

前，中国通过切实完善外交总体布局，积极建设覆盖全球的伙伴关系网络，积极参与全球治理体系改革和建设，推动构建新型国际关系。中国外交在政治方面从不逼迫其他国家站队，扶弱合强；在经济方面切实促进双边和多边经贸往来，合作共赢；在文化方面讲好中国故事，与其他国家增进理解，特别是对周边国家，不断努力构建"亲、诚、惠、容"的睦邻友好关系，以上努力也使得我国国际影响力、感召力、塑造力显著提升，赢得广泛国际赞誉。

（二）新时代中国特色大国外交的最新成就

近年来，中国秉持真实亲诚理念和正确义利观，奋发有为积极参与地区及全球事务，在"一带一路"倡议框架下积极发展同世界各国外交关系，取得一系列丰硕成就。首先，新时代大国外交有效提升了中国国际地位与国际影响力，接连不断成功举办重大主场外交活动，例如亚太经合组织领导人北京会议、二十国集团领导人杭州峰会、"一带一路"国际合作高峰论坛、金砖国家领导人厦门会晤、中非合作论坛北京峰会、博鳌亚洲论坛、亚洲文明对话大会、北京冬奥会、中国—中亚峰会、成都大运会等，同时在世界热点事件中发挥建设性作用，推动朝鲜半岛核问题、伊朗核问题、阿富汗问题、叙利亚问题等地区热点问题的政治解决，2023 年斡旋沙特和伊朗复交。此外，近年来中国对世界经济规则的话语权进一步增强，主导亚投行、金砖国家银行等充分彰显我国经济实力和责任担当。为实现中华民族伟大复兴营造良好的国际环境，使我国发展更多惠及周边国家，实现共同发展。

新时代大国外交捍卫了中国国家尊严和领土主权完整，保障了中国海外利益的安全与发展。一直以来，中国坚决反对外界干预中国内政，始终抵制域外势力炒作所谓的新疆、西藏、香港和台湾议题，在外交实践中树立底线思维，不回避矛盾和问题，在事关国家利益时，能够通过及时"亮剑"有力维护我国的国家核心利益，如自 2012 年起，实现了对钓鱼岛等岛屿的东海常态化巡航；2012 年起，恢复了对黄岩岛的实际控制并实现了南海常态化巡航；2013 年至今，坚决抵制菲律宾的南海仲裁案闹剧；2013 年至今，坚决反击印度在中印边界的一系列挑衅行为等，为中国海外利益的安全与发展提供保障。

对于世界发展而言，中国特色大国外交的展开也为世界和平发展贡献中国力量，中国作为世界和平与发展的建设者和维护者，在近年凸显大国对人类社会的贡献和担当，2016—2018 年中国成为联合国第二大维和经费贡献国，也是目前安理会常任理事国中派遣维和军事人员最多的国家。针对国际和地区热点问题，中国倡导以政治谈判解决，在巴以冲突、印巴对峙、南苏丹动乱、叙利亚内战中呼吁各方保持克制、停火促谈，发挥了重要的调停作用；应对朝核问题和南海问题，中国先后出台"双暂停"倡议和"双轨并行"制，为半岛地区长久和平和南海各方合作共赢提供建设性出路。此外，中国积极参与打击亚丁湾海盗、阿富汗战后重建、地区反恐、网络安全等安全议题，为维护地区与世界和平发挥独特作用。在促进世界发展方面，2008 年国际金融危机爆发以来，中国经济增长对世界经济增长的贡献率年均超过 30%，与新兴市场国家成为推动全球经济复苏的主引擎。

此外，中国特色大国外交也有效推动国际体系转型，促进全球治理变革，为世界各国治国理政提供有益借鉴。一方面，中国外交选择提供更多公共产品、推动全球治理变革。中国以完善全球经济治理体系为重点，推出亚洲基础设施投资银行、金砖国家发展银行、丝绸之路基金、南南合作援助基金等公共产品，为世界提供巨大的发展机遇与有形红利，并以设立中国 —— 联合国和平发展基金、气候变化南南合作基金、中国海洋发展基金会为标志，广泛参与全球安全、气候与公域治理。另一方面，也通过实际努力扩大新兴市场国家在国际机制中的投票比重与话语权，借助金砖国家峰会、亚洲基础设施投资银行、丝绸之路基金等新型机制，中国在国际舞台上始终代表、反映广大发展中国家的立场与诉求，力求实现发展中国家与发达国家在平等基础上的协商、合作、共赢，为世界主要大国应对全球风险与挑战提供示范，为落后国家的经济发展和现代化建设提供了中国借鉴。

（三）构建人类命运共同体青年一代的责任担当

党的二十大报告强调，构建人类命运共同体是世界各国人民前途所在。万物并育而不相害，道并行而不相悖。只有各国行天下之大道，和睦相处、合作共赢，繁荣才能持久，安全才有保障。世界各国要弘扬和平、发展、公平、正义、民主、自由的全人类共同价值，促进各国人民相知相亲，尊重世界文明多样性，以文明交流超越文明隔阂、文明互鉴超越文明冲突、文明共存超越文明优越，共同应对各种全球性挑战。青年是最富有朝气、最富有梦想的一代，也是最活跃、最具创新力的群体。青年一代是人类命运共同体的见证者和受益者，正如习近平总书记强调的："构建人类命运共同体是一个美好的目标，也是一个需要一代又一代人接力跑才能实现的目标。"①世界的和平发展、全人类的共同进步，都离不开青年的创造力和创新力，世界为青年创造舞台和机遇，青年为世界发展提供青春活力。青年群体蕴含着推动社会变革和人类进步的无穷力量，只有青年深度参与，才能真正构建起一个更加公平、平等和繁荣的命运共同体。

每一个时代的青年都有这个时代的使命担当，当今世界，全球联动合作越来越紧密，国际交往越来越深化，因此青年不仅要有为国家和民族未来发展贡献力量的责任使命，更要有为世界和平发展发挥作用的世界责任。新时代青年生逢其时，重任在肩，在构建人类命运共同体的舞台上大有可为。新时代中国青年要勇于担当时代赋予的历史责任，认真领悟人类命运共同体的深邃内涵、系统观念和持久动力，在交流互鉴中促进文明碰撞和文明交融，当好国与国之间、地区与地区之间的友谊使者和合作桥梁，不断提升人类命运共同体理念的国际影响力，推动不同文明交流互鉴，和谐共生，要有家国情怀，也要有人类关怀，更要有全球视野，要胸怀中华民族伟大复兴战略全局和世界百年未有之大变局，将自身发展融入人类命运共同体的战略发展中，积极投身"一带一路"建设，携手世界青年积极参与全球青年事务治理，在双多边框架下积极交流互动，推动经济、安全、气候环境、生物多样性、公共卫生、知识产权等层面的全球治理，广泛开展文明对话交流，推动不同文明和谐共生，要激发青春动力、展现青春活力、扩大青春影响力、汇聚青春合力，争做人类命运共同体的参与者、建设者、传播者和贡献者，弘扬和平、发展、公平、正义、民主、自由的全人类共同价值，为建设持久和平、普遍安全、共同繁荣、开放包容、清洁美丽的世界凝聚磅礴青春力量、汇聚青春希望之光。

---

① 《共同构建人类命运共同体》，《求是》2021 年第 1 期。

案例

习近平同法国总统马克龙在广州非正式会晤 [①]

【摘　要】2023 年 4 月 7 日下午，国家主席习近平在广东省广州市松园同法国总统马克龙举行非正式会晤。这是马克龙履任总统后的第三次访华，其选择广州作为他此次"中国行"的最后一站，有很大的象征意义。广东是中国改革开放、高质量发展的"排头兵"，马克龙的选择表明他对中国改革开放的重视，也释放了要与改革开放的中国加强合作的信号。

【引　言】在世界百年未有之大变局加速演进的背景下，法国总统马克龙乘坐专机抵达北京。马克龙对这次访华十分重视，其随行代表团成员囊括多位法国政府高级官员、60 多位法国企业家及 20 多位法国文化界人士。本次访华行程安排十分丰富，除了在北京的系列领导人会谈行程外，习近平还会同马克龙南下广州，双方进行了非正式会晤。

【关键词】大国外交　战略合作　广州

春天的广州，春和景明，繁花似锦。坐落在白云山麓的松园，依山傍水，亭台叠瀑，别有风情。习近平热情欢迎马克龙访问广州，表示很高兴同马克龙总统再次相聚畅谈。两国元首在庭园散步，边走边聊，不时驻足，饶有兴致地观赏岭南园林的独特景致。两位元首临水而坐，观景品茗，纵论古今。

习近平指出，了解今天的中国，要从了解中国的历史开始。广州是中国民主革命的策源地和中国改革开放的排头兵。1000 多年前，广州就是海上丝绸之路的一个起点。100 多年前，就是在这里打开了近现代中国进步的大门。40 多年前，也是在这里首先蹚出来一条经济特区建设之路。现在广州正在积极推进粤港澳大

---

　　① 案例来源：《习近平同法国总统马克龙在广州非正式会晤》，《人民日报》2023 年 4 月 8 日。

湾区建设，继续在高质量发展方面发挥领头羊和火车头作用。

习近平向马克龙介绍了中国式现代化的本质特征和核心要义，强调指出，中国正在全面推进中国式现代化，这是中国通过一次次改革开放和创新发展逐渐形成的既符合现代化一般规律又具有独特特征的中国特色社会主义现代化理论和实践。我们对中国发展前景充满信心。欢迎法方继续积极参加广州交易会、上海进博会和中国国际服务贸易交易会，进一步拓展中国市场。

马克龙表示，真正的友谊是相互理解、相互尊重。法方赞赏中方始终支持法国和欧洲坚持独立自主和团结统一，愿和中方相互尊重彼此主权和领土完整等核心利益，加强技术工业合作，相互开放市场，加强人工智能等科技合作，助力各自实现发展振兴。

循着《高山流水》悠远婉转的琴声，习近平和马克龙来到白云厅，听千年古琴奏千年绝唱，品千年茶韵论千年兴替。

习近平邀请马克龙共进晚餐，双方继续就乌克兰危机等共同关心的问题深入交换意见。

习近平指出，乌克兰危机成因复杂，延宕下去对各方都不利，尽快停火止战符合有关各方和整个世界利益，政治解决是唯一正确出路。在乌克兰问题上，中方绝不从私利出发处理问题，而是始终站在公平公正的立场。有关各方都应该承担起责任，相向而行，为政治解决创造条件。欢迎法方就政治解决危机提出具体方案，中方愿予以支持，也愿发挥建设性作用。

马克龙表示，法方同样认为，政治解决乌克兰危机需要兼顾各方合理关切。法方高度重视中方的国际影响力，愿同中方密切沟通合作，为推动尽快解决政治危机作出共同努力。

夜色渐深，习近平和马克龙道别。

习近平指出，这两天，我们在北京和广州进行了深入、高质量交流，增进了了解和互信，为今后中法两国在双边和国际层面的合作明确了方向。很高兴我们在中法、中欧关系以及很多国际和地区问题上有很多相同或相似看法，这体现了中法关系的高水平和战略性。我愿同你继续保持密切战略沟通，推动中法全面战略伙伴关系提升至新高度。

马克龙表示，非常感谢习近平主席为我此访做出热情精心安排。这两天里，我们的交流友好深入，使我进一步领略了中国悠久灿烂的历史文化，增进了对现代中国治国理政理念的了解。此访非常成功，取得了丰硕成果，必将有力推动法中关系取得更大发展。我愿同习近平主席继续保持密切战略沟通，期待并欢迎习主席明年再次访问法国。

◆ 案例分析 ◆

　　法国总统马克龙此次来华访问，两国就加强核能、航空航天、数字经济、人工智能、先进制造等诸多领域的合作达成重要共识，马克龙向中方作出积极表态，强调法国极其重视两国关系，愿意与中方通过多个交流机制继续加强对话，鼓励中国企业赴法投资。欢迎法国企业分享中国发展机遇，取得诸多实质性成果，也充分彰显了中国大国外交的现实成就。相信在两国高层的推动下，中法关系必定能够行稳致远，继续往更加积极的方向发展。值得注意的是，马克龙选择广州作为此行的关键之地，很多法国企业巨头在广东有深度布局，在目前中国对法贸易总额中，广东就占到约五分之一，而广东的省会和枢纽正是广州，广州构成中法交流的重要承载地。除此之外，广州作为华南的中心城市，两千多年来中国最为重要的对外通商口岸之一，被称为"千年商都"，改革开放后，广州担当起为国开门、为国探路的伟大使命。40年来，它共接待包括英国女王伊丽莎白二世在内的40多个国家的元首和政府首脑，广交会已经被喻为"中国外贸的晴雨表和风向标"。此次中法元首广州会晤，也证明了广州在中国特色大国外交布局中的重要意义。

拓展　俄乌冲突与世界政治发展走向

2022 年 2 月，俄罗斯宣布对乌克兰进行特别军事行动，此次旷日持久的军事冲突对世界局势产生极大影响，导致地缘政治格局的深刻变化，影响欧洲和亚洲的政治和经济关系的同时也引发世界各国的普遍关注。在乌克兰问题上，中国始终秉持了公允和负责任的态度，呼吁各方保持克制缓解事态，回到对话、协商、谈判中来，体现了中国作为负责任的世界大国所应有的担当。通过了解乌克兰危机的来龙去脉，可以更加清楚地明确当前世界政治面临的主要问题，也能够更好地把握中国在处理国际关系问题，积极构建人类命运共同体方面所坚持的基本原则和立场。

一、乌克兰危机爆发的背景

俄乌冲突爆发有着非常深刻的历史原因。俄罗斯、乌克兰、白俄罗斯同根同源，都是东斯拉夫人的后裔，俄罗斯与乌克兰在历史发展中曾有矛盾，也曾密切合作。1917 年十月社会主义革命后，苏维埃社会主义共和国联盟建立，俄罗斯和乌克兰同属苏联最早加盟的共和国。苏联时期，由于种种复杂的历史和现实原因，斯大林、赫鲁晓夫等苏联领导人曾先后将原属俄罗斯的大片领土划给乌克兰。1991 年 12 月，俄罗斯联邦、白俄罗斯、乌克兰三个加盟共和国领导人在别洛韦日签署《独立国家联合体协议》，宣布组成"独立国家联合体"。苏联解体后，在国家建构方面，乌克兰遇到了问题：东部亲俄派众多，也多主张推行俄语教育，坚持东正教信仰，而乌克兰西部更加亲西方，倾向欧式生活与教育，且深受天主教的影响，割裂的认同感使得国家无法团结一致。2014 年克里米亚入俄后，乌克兰东部顿涅茨克和卢甘斯克两地与乌政府冲突频发，俄乌关系一落千丈，双方民众好感度不断下降、互信度下降，将彼此视为"敌对国家"。

由于后苏联时代大国关系不断失衡，乌克兰从第二任总统库奇马时期就开始寻求加入北约，认为只有加入北约才能保障国家主权，才能防止俄罗斯的威胁。

乌克兰积极要求加入北约遭到了俄罗斯的强烈反对，对于俄罗斯来说，乌克兰是有重要地缘战略意义的国家，加入北约将是对俄罗斯直接的安全威胁。面对冷战后北约的不断东扩，俄罗斯希望在其西部边界有足够的战略缓冲地带，同时也担心乌克兰加入北约后会利用北约的集体防御力量试图收回克里米亚，因而将乌克兰加入北约视为"触碰底线的战争行为"。另一方面，美国等西方国家不顾俄罗斯的安全关切，支持北约不断东扩。北约持续不断的几轮东扩挤压了俄罗斯的西部战略空间，使得俄罗斯对西方威胁的感知更加凸显。美国的集团外交、北约的东扩及西方对乌克兰释放的复杂信号触发了俄罗斯改变现有的地区军事战略平衡的底线思维，酿成了如今的冲突悲剧。

二、乌克兰危机的局势发展

2022 年 2 月 17 日，俄罗斯国家杜马（联邦议会下院）以 351 票赞成、16 票反对、1 票弃权的结果通过决议草案，承认乌克兰东部卢甘斯克和顿涅茨克为"独立国家"。2022 年 2 月 21 日，俄罗斯总统普京发表全国讲话，强调历史上的五次东扩已经使北约的军事设施部署在紧邻俄罗斯边境的地区，指出美国人利用乌克兰推行反俄政策，乌克兰加入北约是对俄罗斯国家安全的直接威胁。2022 年 2 月 24 日清晨普京发表电视讲话，正式决定在乌克兰顿巴斯地区发起以"去纳粹化"和"去军事化"为目标的特别军事行动。

2022 年 2 月 24 日，随着乌克兰首都基辅上空传来数次爆炸，俄军的军事行动迅速展开，进攻方向涵盖了从环黑海地区到与白俄罗斯临界全部地区。一支突袭部队从北部直插基辅。乌克兰总统泽连斯基当日凌晨在发布于社交媒体的视频讲话中说，乌克兰决定与俄罗斯断绝外交关系，并将实施战时状态。乌克兰最高拉达（议会）随后投票通过关于在乌克兰全境实施战时状态的总统令，号召乌克兰民众保卫国家，冲突规模迅速扩大。

在冲突第一阶段，俄罗斯方面进攻气势汹汹，但却未能像 2008 年南奥塞梯以及 2014 年克里米亚那样速战速决。2022 年 3 月底，随着基辅久攻不下，俄军最终宣布从基辅周边撤军。于是冲突进入以争夺乌克兰东部卢甘斯克、顿涅茨克、扎波罗热和赫尔松四个州为目标的相持阶段。在这一阶段俄军稳扎稳打，打通了俄本土—乌东—克里米亚的大陆桥，拿下卢甘斯克全部领土，但乌克兰军队在美国与西方国家的军事援助下，也逐渐扎稳脚跟，在军事上取得一定程度的进展。2023 年 9 月份乌军突然精锐尽出，在哈尔科夫发起大反攻，俄军兵力不足一撤再撤，俄军此前在哈尔科夫的战果几乎全部易手。

2022 年 9 月 23 日至 27 日顿涅茨克、卢甘斯克、赫尔松和扎波罗热四地就"加入俄罗斯"问题举行了"全民公投"，这四个地区的绝大部分民众投票支持"加入俄罗斯"。2022 年 9 月 30 日，普京在克里姆林宫会见通过"公投"的顿涅茨克、卢甘斯克、赫尔松和扎波罗热四地领导人，并签署关于接纳这四地加入俄罗斯的条约。2022 年 10 月 4 日俄罗斯国会联邦院上院表决通过，将乌克兰 4 个州并入俄领土。随即俄罗斯总统普京签署命令，批准关于顿涅茨克等四地区各自作为联邦主体加入俄罗斯的 4 项条约。2023 年 10 月在乌情报机构策划之下，连接克里米亚与俄本土，被誉为俄罗斯百年工程的克里米亚大桥发生爆炸，俄乌冲突再度升级。

进入 2023 年，俄乌冲突依然愈演愈烈，丝毫看不到平息的希望。2023 年 6 月，历时近 300 天的绞肉机般的残酷战斗后，俄罗斯宣布攻下乌克兰东部重镇巴赫穆特，似乎意味着俄罗斯在本次军事冲突过程中取得了明显的进展。但随后乌克兰方面几轮大规模的反攻，以及俄罗斯本土包括首都莫斯科多次遭到乌方无人机攻击，也让冲突走向更加扑朔迷离。未来，乌克兰冲突将在何时以怎样的方式结束，目前没有人能够准确预测，甚至由此引发俄罗斯与北约军事集团更大规模的战争，或者引发核战争似乎也不无可能。但有一点是可以肯定的，就是随着冲突规模的扩大和升级，危机风险不仅造成乌克兰陷入冲突和战乱，其影响也开始向全球外溢，截至 2023 年 6 月，乌克兰难民已经超过 200 万人，这意味着约 49.7% 的乌克兰人不得不离开自己的家园。2023 年 6 月 6 日，乌克兰赫尔松地区的卡霍夫卡大坝爆炸并崩溃，更是引发了前所未有的人道主义危机。显然，此次冲突导致地区的长期动荡和不稳定，引发国际紧张局势，战争的后果可能持续很长时间，甚至几十年，可能对整个地区的地缘政治格局产生深远影响。

三、世界各国对俄乌冲突的态度与立场

俄乌冲突爆发后，北约国家包括美国、英国、德国、法国等西方国家立即发

声谴责俄罗斯的入侵，并为乌克兰提供了经济和军事援助。2022 年 3 月 17 日，美国众议院以压倒性票数通过立法，取消对俄罗斯和白俄罗斯的贸易"最惠国待遇"。随后，拜登政府宣布以美国为首的七国集团（G7）一致同意对俄罗斯采取"毁灭性的制裁"。这些制裁包括限制俄罗斯用美元、日元和欧元进行国际交易的能力；封锁俄罗斯扩张军力的能力；设法限制俄罗斯在高新科技领域的竞争力；对俄罗斯银行持有的约 1 万亿美元的资产展开全面制裁，并冻结包括俄罗斯第二大银行 VTB 资产在内的全部在美资产。欧盟国家的制裁紧随其后，制裁 70% 的俄罗斯金融市场和关键国有企业，通过出口禁令阻止俄罗斯的炼油厂进行设备更新，禁止向俄罗斯的航空公司出口飞机和设备。英国、日本、韩国等国家随后也宣布对俄罗斯采取经济制裁措施。随着战争愈演愈烈，北约国家开始派遣军队和以武器设备支持乌克兰。目前，西方威胁对俄罗斯的"瘫痪性制裁"均已兑现，在西方制裁下，俄民众面临药品短缺和涨价问题。很多药品已涨价 40%，有的已经彻底下架。随着俄乌冲突的持续，"制裁"清单越拉越长，甚至连柴可夫斯基和俄罗斯的猫也未能幸免。与西方国家形成鲜明对比的是，印度、巴西等许多新兴市场国家并没有跟随西方加入制裁俄罗斯的行列。显然，北约国家和欧盟的立场可能会敦促乌克兰采取更加强硬的立场，导致乌克兰的军事行动过度激进，犹如抱薪救火进一步加剧与俄罗斯之间的紧张关系。

中国在乌克兰问题上的原则立场是非常鲜明的。俄乌冲突爆发后不久，国家主席习近平于 2022 年 2 月 25 日同俄罗斯总统普京通电话，指出："近期，乌克兰东部地区局势急剧变化，引起国际社会高度关注。中方根据乌克兰问题本身的是非曲直决定中方立场。要摒弃冷战思维，重视和尊重各国合理安全关切，通过谈判形成均衡、有效、可持续的欧洲安全机制。中方支持俄方同乌方通过谈判解决问题。中方关于尊重各国主权和领土完整、遵守联合国宪章宗旨和原则的基本立场是一贯的。中方愿同国际社会各方一道，倡导共同、综合、合作、可持续的安全观，坚定维护以联合国为核心的国际体系和以国际法为基础的国际秩序。"①2022 年 3 月 7 日，时任中国国务委员兼外交部长王毅在两会记者会上阐述中方对化解当前乌克兰危机的立场主张，强调："我们始终本着客观公正态

---

① 《习近平同俄罗斯总统普京通电话》，《人民日报》2022 年 2 月 26 日。

度，根据事情本身的是非曲直，独立自主地作出判断、表明主张。应该看到，冰冻三尺非一日之寒。乌克兰局势发展到今天，原因错综复杂。解决复杂问题，需要的是冷静和理性，而不是火上浇油、激化矛盾。中方认为，要化解当前危机，必须坚持联合国宪章宗旨和原则，尊重和保障各国的主权和领土完整；必须坚持安全不可分割原则，照顾当事方的合理安全关切；必须坚持通过对话谈判，以和平方式解决争端；必须着眼地区长治久安，构建均衡、有效、可持续的欧洲安全机制。"

2022年3月14日，时任中共中央政治局委员、中央外事工作委员会办公室主任杨洁篪同美国总统国家安全事务助理沙利文在意大利罗马举行会晤期间，就乌克兰局势阐明中方立场，指出，乌克兰局势走到今天这一步，是中方不愿看到的。中方一贯主张尊重各国主权和领土完整，遵守联合国宪章宗旨和原则。中方致力于劝和促谈，国际社会应共同支持俄乌和谈尽快取得实质性成果，推动局势尽快降温。各方应保持最大限度克制，保护平民，防止出现大规模人道主义危机。中方已向乌提供紧急人道主义援助，并将为此继续作出自己的努力。杨洁篪同时也表示："应理顺乌克兰问题历史经纬和来龙去脉，正本溯源，回应各方合理关切。着眼长远，积极倡导共同、综合、合作、可持续的安全观，鼓励相关各方开展平等对话，按照安全不可分割原则，寻求构建均衡、有效、可持续的欧洲安全机制，维护欧洲和世界和平，中方坚决反对任何散布不实信息、歪曲抹黑中方立场的言行。"

正如习近平主席指出的，乌克兰局势发展到这个地步，是中方不愿看到的，如果冲突进一步升级，还会引发全球经贸、金融、能源、粮食、产业链供应链等发生严重危机，使本已困难的世界经济雪上加霜，造成不可挽回的损失。形势越是复杂，越需要保持冷静和理性。中方历来主张和平，反对战争，这是中国历史文化传统。我们向来从事情本身的是非曲直出发，独立自主作出判断，倡导维护国际法和公认的国际关系基本准则，坚持按照联合国宪章办事，主张共同、综合、合作、可持续的安全观。在此基础上，中方进一步提出了关于乌克兰人道主义局势的六点倡议，愿向乌克兰和受影响的其他国家进一步提供人道主义援助。各方应该共同支持俄乌对话谈判，谈出结果、谈出和平。同时中国也呼吁冲突当事方要展现政治意愿，着眼当下，面向未来，找到妥善解决办法，其他方面可以也应当为此创造条件。当务之急是继续对话谈判，避免平民伤亡，防止出现人道主义危机，早日停火止战。长久之道在于大国相互尊重、摒弃冷战思维、不搞阵营对抗，逐步构建均衡、有效、可持续的全球和地区安全架构。中国一直在为和平尽力，将继续发挥建设性作用。①

实验实践思考题

1．习近平外交思想的主要内容有哪些？

2．为什么说和平与发展仍然是当今世界的政治主流？

3．青年一代应当如何发挥在构建人类命运共同体方面的责任担当？

---

① 《习近平同美国总统拜登视频通话》，《人民日报》2022年3月19日。

专题十四 传承弘扬中华优秀传统文化的实践逻辑

·····

中华优秀传统文化源远流长、博大精深，是中华文明的智慧结晶，其中蕴含的天下为公、民为邦本、为政以德、革故鼎新、任人唯贤、天人合一、自强不息、厚德载物、讲信修睦、亲仁善邻等，是中国人民在长期生产生活中积累的宇宙观、天下观、社会观、道德观的重要体现，同科学社会主义价值观的主张具有高度契合性。①

【引文】中华优秀传统文化是中华民族生生不息的精神命脉，是中华民族伟大复兴过程中中国人民的智慧创造，是推动新时代中国特色社会主义发展的精神动力。中国共产党始终坚持从社会主义现代化进程的角度创新发展中华优秀传统文化，开辟了马克思主义与中华优秀传统文化相结合的新境界。在了解中华优秀传统文化的基本内涵与时代价值的基础前提下，理解中华优秀传统文化创造性转化与创新性发展的成果及其当代意义，进而把握传承弘扬中华优秀传统文化的实践逻辑，坚定文化自信，做中华优秀传统文化的传承者与弘扬者。

中华传统文化源远流长，博大精深。中国传统思想文化中的优秀成分，对中华文明形成和延续发展几千年而从未中断，对巩固民族团结、维护国家统一、激励中华儿女反抗外来侵略以及推动中国社会发展进步，都发挥了十分重要的作

---

① 《中国共产党第二十次全国代表大会文件汇编》，人民出版社 2022 年版，第 15 页。

用。党的十八大以来，以习近平同志为核心的党中央坚持以科学的态度对待中华传统文化，高度重视中华优秀传统文化的传承发展，持续发掘中华优秀传统文化的丰富资源，创造性地构建了一系列蕴含中国传统韵味的治国理政思想，形成了新时代具有中国特色、中国气派的执政话语，谱写了马克思主义中国化的新篇章。

一、中华优秀传统文化的基本内涵

（一）中华传统文化概述

文化是民族的血脉，是人民的精神家园。中华文化独一无二的理念、智慧、气度、神韵，增添了中国人民和中华民族内心深处的自信和自豪。中华传统文化，是中国漫长的历史过程中逐步创造、发展、流传下来并一直延绵至今的物质产品、思想文化和观念形态的总和，反映了中华民族精神特质和生活风貌，影响着中华民族世世代代的生产生活、思维方式、价值取向、伦理观念、宗教信仰、风俗习惯、审美情趣等。

从类型构成看，中华传统文化包括了中华文明各历史时期中逐步形成的语言文字、思想学派、典章制度、文艺作品、科学技术、传统节日、民间工艺、衣冠服饰、建筑形态、医药医学、饮食厨艺、体育项目、宗教哲学、民风民俗等文化成果。

从我国传统学术思想的历史进程看，中华传统文化所涵盖的思想文化主要有先秦时期的子学、两汉时期的经学、魏晋时期的玄学、南北朝时期的佛道两教之学、宋明时期的理学、清朝时期的朴学等。诸子百家之学与儒、释、道思想对塑造国人深层次的民族心理结构产生了重要的影响。其中，儒家思想是中国古代的主流意识，儒家文化是中华传统文化的核心内容。

从空间分布看，有各具地域特色的传统文化，如中原文化、关东文化、荆楚文化、西域文化、岭南文化等。地域内部也存在文化差异，如岭南文化中包含的广东文化、桂系文化、海南文化等。其中广东文化涵盖了广府文化、潮汕文化、客家文化等。这些地域传统文化都是生活在特定区域内的人民在一定的历史阶段内创造的特征鲜明的文化，它们会随着历史的发展和社会的变迁而发生变化，许多内容被传承至今还发挥着作用，历久弥新。

从民族融合发展上看，中华传统文化是由汉族为主、各少数民族共同创造的文化。伴随着中国历史上的民族融合，各民族文化相互传播、交融，形成了既保持文化特异性的同时又具有各民族基本认同的共同价值观念、道德规范、理想信念的中华民族文化。

中华传统文化时间跨度长，内容非常丰富，所呈现的形式多姿多彩且蕴含着深邃的思想内涵。但需注意的是，中华传统文化在其形成和发展过程中，不可避免地会受到当时人们的认识水平、时代条件、社会制度的局限性等的制约和影响，不可避免地会存在陈旧过时或糟粕的东西，即中国传统文化也是精糟共存、良莠共生。今天我们所称中华优秀传统文化，是指中国传统文化中的精华部分。

（二）中华优秀传统文化的主要内容

1．核心思想理念

中华民族和中国人民在修齐治平、尊时守位、知常达变、开物成务、建功立业过程中培育和形成的基本思想理念，如革故鼎新、与时俱进的思想，脚踏实地、实事求是的思想，惠民利民、安民富民的思想，道法自然、天人合一的思想等，为人们认识和改造世界提供有益启迪，为治国理政提供有益借鉴。

2．中华传统美德

中华优秀传统文化蕴含着丰富的道德理念和规范，如天下兴亡、匹夫有责的担当意识，精忠报国、振兴中华的爱国情怀，崇德向善、见贤思齐的社会风尚，孝悌忠信、礼义廉耻的荣辱观念，体现着评判是非曲直的价值标准，影响着中国人的行为方式。

3．中华人文精神

中华优秀传统文化积淀着多样、珍贵的精神财富，如求同存异、和而不同的处世方法，文以载道、以文化人的教化思想，形神兼备、情景交融的美学追求，俭约自守、中和泰和的生活理念等，是中国人民思想观念、风俗习惯、生活方式、情感样式的集中表达，滋养了独特丰富的文学艺术、科学技术、人文学术，至今仍然具有深刻影响。[①]

中华优秀传统文化是中华传统文化中的代表性成果、经典性内容，是中华文明的智慧结晶。在实现中华民族伟大复兴的新征程中，我们需要以科学客观的态度对待传统文化，深化对传统文化的理性认知。运用马克思主义的立场观点方法深入挖掘和汲取传统文化的精华，自觉做优秀传统文化的传承者，大力弘扬讲仁爱、重民本、守诚信、崇正义、尚和合、求大同等核心思想理念，弘扬自强不息、敬业乐群、扶危济困、见义勇为、孝老爱亲等中华传统美德，弘扬有利于促进社会和谐、鼓励人们向上向善的思想文化内容，让中华民族文化再次焕发出更加璀璨的光芒。

（三）中华优秀传统文化的时代价值

1. 为中华民族提供精神动力

中华文化是人类文化的重要组成部分，蕴含着中华民族生存与发展的文化基因，承载着中华民族的精神标识，为中华民族不断发展壮大提供源源不断的精神动力。中华民族拥有悠久历史和灿烂文明，但近代以后历经血与火的磨难。中国人民没有向命运屈服，而是奋起抗争、自强不息，经过长期奋斗而今走上了实现中华民族伟大复兴的康庄大道。支撑我们这个古老民族走到今天的，支撑五千多年中华文明延绵至今的，是植根于中华民族血脉深处的文化基因。中华民族产生的各种思想文化反映了中华民族的精神追求。"这些思想文化体现着中华民族世世代代在生产生活中形成和传承的世界观、人生观、价值观、审美观等，其中最核心的内容已经成为中华民族最基本的文化基因。这些最基本的文化基因，是中华民族和中国人民在修齐治平、尊时守位、知常达变、开物成务、建功立业过程中逐渐形成的有别于其他民族的独特标识。"[②]优秀传统文化是一个国家、一个民族传承和发展的根本，如果丢掉了，就割断了精神命脉。通过优秀传统文化的长期浸润，整个中华民族从内心深处积淀成共有的价值取向和共同情感汇集成整个中华民族的凝聚力和向心力。正是这种凝聚力和向心力使中华儿女紧密团结在一

---

① 《关于实施中华优秀传统文化传承发展工程的意见》，《人民日报》2017 年 1 月 26 日。
② 《在纪念孔子诞辰 2565 周年国际学术研讨会暨国际儒学联合会第五届会员大会开幕会上的讲话》，人民出版社 2014 年版，第 12 页。

起，心往一处想、劲往一处使，成为中华民族生生不息长期发展的精神动力。

2. 涵养社会主义核心价值观

中华优秀传统文化是缔造中华文明的强大思想精神根源，是涵养社会主义核心价值观的重要源泉。党的十八大以来，以习近平同志为核心的党中央强调要培育和践行社会主义核心价值观，提出培育和弘扬社会主义核心价值观必须立足中华优秀传统文化。社会主义核心价值观汲取了古人在修身养性和治国理政等方面的经验和智慧，富强、民主、文明、和谐，自由、平等、公正、法治，爱国、敬业、诚信、友善，传承着中国优秀传统文化的基因。习近平总书记指出："中国古代历来讲格物致知、诚意正心、修身齐家、治国平天下。从某种角度看，格物致知、诚意正心、修身是个人层面的要求，齐家是社会层面的要求，治国平天下是国家层面的要求。我们提出的社会主义核心价值观，把涉及国家、社会、公民的价值要求融为一体，既体现了社会主义本质要求，继承了中华优秀传统文化，也吸收了世界文明有益成果，体现了时代精神。"[1]中华优秀传统文化传承下来的价值理念和道德规范弥足珍贵，为培育社会主义核心价值观提供了重要的资源。

3. 为治国理政提供有益启示

中华民族创造了灿烂的古代文明，形成了关于国家制度和国家治理的丰富思想。包括大道之行、天下为公的大同理想，德主刑辅、以德化人的德治主张，民贵君轻、政在养民的民本思想，等贵贱均贫富、损有余补不足的平等观念，法不阿贵、绳不挠曲的正义追求，孝悌忠信、礼义廉耻的道德操守，任人唯贤、选贤与能的用人标准，周虽旧邦、其命维新的改革精神，亲仁善邻、协和万邦的外交之道，以和为贵、好战必亡的和平理念等，为新时代治国理政提供了有益启示。习近平新时代中国特色社会主义思想是当代中国马克思主义、二十一世纪马克思主义，是中华文化和中国精神的时代精华。在创立形成习近平新时代中国特色社会主义思想的过程中，习近平总书记十分注重从中华优秀传统文化中汲取思想智慧，不断推进中华优秀传统文化创造性转化、创新性发展，以新的时代内涵增强其生命力，使之成为治国理政的重要思想资源。习近平新时代中国特色社会主义思想既立足于现实的中国，又植根于中华历史文化沃土，充分吸收中华优秀传统

---

① 《习近平谈治国理政》（第一卷），外文出版社 2018 年版，第 169 页.

文化中讲仁爱、重民本、守诚信、崇正义、尚和合、求大同等精华，增强了当代中国马克思主义理论的创造力与感染力。

4．支撑国家文化软实力

文化软实力是指一个国家或地区文化的影响力、凝聚力和感召力，是国家软实力的核心因素。当今世界各国都把增强文化软实力作为重要的发展战略。中华民族伟大复兴，是物质文明与精神文明的复兴，提高国家文化软实力，关系到中华民族伟大复兴中国梦的实现。因而，在增强国家硬实力的同时，要注重提升国家软实力。中华优秀传统文化是我们最深厚的文化软实力，也是中国特色社会主义植根的文化沃土。中华优秀传统文化融汇孕育的哲学理念、价值观念、伦理道德、行为规范、社会理想、美学品格等，构成了不朽的文化思想经典，造就了中华民族的性格、气节、品格和气魄，成为维系中华民族繁衍生息、历经磨难、不断强盛的精神家园和精神支柱，是当代中国文化软实力的力量根基。

二、新时代中华优秀传统文化的创造性转化

中国优秀传统文化的丰富哲学思想、人文精神、教化思想、道德理念等，蕴藏着解决当代人类面临的难题的重要启示，为人们认识和改造世界提供有益启迪，为治国理政提供有益启示，为道德建设提供有益启发。党的十八大以来，以习近平同志为核心的党中央坚持马克思主义与中华优秀传统文化相结合，坚持中华优秀传统文化与新时代中国特色社会主义实践相结合，坚持问题为导向，继承性和创新性相统一，以全新的视野深化了对共产党执政规律、社会主义建设规律、人类社会发展规律的认识，提出了一系列治国理政的新理念新思想新战略。在此进程中，赋予优秀传统文化新的时代内涵和现代表达形式，推动中华优秀传统文化实现创造性转化。

（一）深化了"民本位"政治思想

民本思想是中国传统政治思想中最具特色的内容，强调人民在国家政治关系中具有重要地位。在中国传统政治文化中，强调"民惟邦本，本固邦宁"，认为

"政之所兴在顺民心，政之所废在逆民心"，"君依于国，国依于民"，"水则载舟，水则覆舟"，主张贵民、安民、利民、裕民、养民、惠民和恤民。这些民本观对现代中国民主思想发展和制度建设产生深远影响，浸透在中国政治社会文化中。

人民性是马克思主义最鲜明的品格，作为马克思主义政党的中国共产党，人民立场是根本政治立场。中国共产党自成立之日起，就把为人民谋幸福、为中华民族谋复兴作为初心使命，归根结底是为了最广大人民的根本利益。中国共产党明确将"为人民服务"作为党的根本宗旨，以人民的利益为出发点和落脚点，继承并发展了马克思主义的人民观并系统地运用于革命、建设和改革各个历史时期。进入新时代，习近平总书记强调"江山就是人民，人民就是江山，人心向背关系党的生死存亡"[①]，把"坚持以人民为中心"上升为新时代坚持和发展中国特色社会主义的基本方略之一，作出了"人民对美好生活的向往就是我们的奋斗目标"[②] 等重要论述，既批判继承了中国传统民本思想的精华，又用马克思主义基本立场观点方法将中华优秀传统文化进行了创造性转化。

（二）继承和发展了传统价值观

中华文明绵延数千年，有其独特的价值体系。中华优秀传统文化重人伦、崇道德、尚礼仪，历来讲格物致知、诚意正心、修身齐家、治国平天下。党的十八大以来，以习近平同志为核心的党中央在全社会大力倡行社会主义核心价值观，这是在继承和发展传统价值观的基础上，从国家、社会、个人三个层面集中概括出当代中国人民的价值追求和行为准则以及道德规范。

"富强、民主、文明、和谐，自由、平等、公正、法治，爱国、敬业、诚信、友善"的社会主义核心价值观把涉及国家、社会、公民的价值要求融为一体，既体现了社会主义本质要求，又充分体现了对中华优秀传统文化的传承和升华。国家层面上的价值目标，体现了中国传统文化的"民以殷盛，国以富强""自强不息""以和为贵"以及中国人历来主张兼收并蓄、吸纳众流等思想理念。社会层面上的价值取向，蕴含着传统文化中的"天人合一""隆礼重法""允执厥中"等

---

① 《习近平著作选读》（第二卷），人民出版社 2023 年版，第 421 页。
② 《习近平著作选读》（第二卷），人民出版社 2023 年版，第 164 页。

思想主张和中正之道。公民个人层面的价值准则，继承了中华民族的爱国主义优良传统；敬业、诚信、友善则是儒家思想中"仁义礼智信"的当代诠释。

（三）赋予修身文化新的时代内涵

修身律己自古就是有识之士的人生信条，认为"远施周偏，近以修身""以修身自强，则名配尧禹""严于律己，出而见之事功；心乎爱民，动必关夫治道"，倡导通过修身养性来塑造品格修养和治理国家。修身文化既是中华传统道德文明伦理体系中的为人处世之方、治国安邦之道，亦是共产党人加强党性修养的重要滋养。

在新时代的治国理政实践中，习近平总书记注重从历史经验中汲取修身律己的经验智慧，多次强调修身观，深刻阐明了党员干部特别是领导干部加强道德修养的重要性和紧迫性，提出推行"三严三实"[①]，要求广大党员干部要严以修身才能严以律己，年轻干部要有"检身若不及"的自觉，打铁必须自身硬，办好中国的事情，关键在党要管党、全面从严治党，传承发扬党的光荣传统和优良作风，推动全面从严治党向纵深发展，必须时刻保持解决大党独有难题的清醒和坚定等一系列重要论述。党的二十大报告指出，"经过不懈努力，党找到了自我革命这一跳出治乱兴衰历史周期率的第二个答案"。勇于自我革命，从严管党治党，是中国共产党最鲜明的品格。先进性和纯洁性是马克思主义政党的本质属性。习近平总书记立足新时代党长期执政的根本要求，把加强党的领导、坚定理想信念、推进自我革命作为保持党的优良作风的重要抓手，大力清除腐败毒瘤、整肃不良作风，赋予传统政治文化新的时代内涵。

（四）丰富了革故鼎新、与时俱进的变革精神

习近平总书记指出："革故鼎新、与时俱进是中华文明永恒的精神气质。"[②]纵观历史，"周虽旧邦，其命维新""苟日新，日日新，又日新"等自强革新意识广泛体现在中国社会的改革和革命上。党的百年奋斗史就是一部不断创新、与时俱进的历史。进入新时代，习近平新时代中国特色社会主义思想以一系列原创性战

---

① 三严三实：严以修身，严以用权，严以律己；谋事要实，创业要实，做人要实。
② 《习近平外交演讲集》（第二卷），中央文献出版社 2022 年版，第 198 页。

略性重大思想观点丰富和发展了马克思主义，理论的飞跃指引着经济、科技、文化和教育等各领域的伟大创新与不断发展。

在治国理政实践中，习近平总书记强调"改革开放是决定当代中国命运的关键一招"①，指出"改革只有进行时，没有完成时。新时代坚持和发展中国特色社会主义，根本动力仍然是全面深化改革"②；强调"勇于推进理论创新、实践创新、制度创新以及其他各方面创新"③，"通过革故鼎新不断开辟未来"④。党的十八大以来，我们党以巨大的政治勇气全面深化改革，打响改革攻坚战，加强改革顶层设计，敢于面对新矛盾新挑战，冲破思想观念，坚决破除各方面体制机制弊端，许多领域实现历史性变革、系统性重塑、整体性重构，新一轮党和国家机构改革全面完成，中国特色社会主义制度更加成熟更加定型，国家治理体系和治理能力现代化水平明显提高。

（五）拓展了"和合"全球观

和合共生是中华民族的历史基因，和睦、和谐、和平的价值取向深深影响着中华民族的精神世界。中华优秀传统文化中的"以和为贵""和衷共济""和而不同"等和合思想也为推动构建相互尊重、公平正义、合作共赢的新型国际关系贡献着中国智慧和中国力量。面对中华民族伟大复兴战略全局和世界百年未有之大变局，习近平总书记提出"构建人类命运共同体"理念，倡导世界各国要以共商共建共享为原则，携起手来共同应对各种风险与挑战，实现全球共同发展、合作共赢的美好愿景。这既是对马克思主义共同体思想及世界历史理论的科学运用，将"亲仁善邻""协和万邦"二者统一运用到处理国与国关系的实践中，又是对以和为贵、休戚与共、天下大同等传统理念的当代诠释，彰显了一个百年大党"为世界谋大同"的担当。

近年来，我国通过共建"一带一路"、双边与区域命运共同体建设、坚定维

---

① 《习近平著作选读》（第一卷），人民出版社 2023 年版，第 65 页。
② 《习近平在党的十九届一中全会上的讲话》，新华网 2017 年 12 月 31 日。
③ 《在庆祝中国共产党成立 95 周年大会上的讲话》，人民出版社 2016 年版，第 16 页。
④ 《习近平在中央政治局第十五次集体学习时强调　全党必须始终不忘初心牢记使命　在新时代把党的自我革命推向深入》，《人民日报》2019 年 6 月 26 日。

护多边贸易体制、积极参与全球治理等，不断推动构建人类命运共同体，获得国际社会的广泛认同和积极响应。面对新冠肺炎疫情的全球蔓延，中国提出构建人类卫生健康共同体的倡议，推进疫情防控国际合作，向多个国家和国际组织提供抗疫援助，展示了中国负责任大国的道义，体现了人类命运休戚与共的天下情怀。

（六）阐发了"构建美丽中国"生态观

在中华文明史上，古代圣贤们将宇宙万物看作一个不可分割的整体，并认为人与自然应当和谐共生。党的二十大报告指出：人与自然是生命共同体。大自然是人类赖以生存发展的基本条件。尊重自然、顺应自然、保护自然，是全面建设社会主义现代化国家的内在要求。必须牢固树立和践行绿水青山就是金山银山的理念，站在人与自然和谐共生的高度谋划发展。在习近平生态文明思想指导下，我国努力践行"美丽中国""绿色发展""可持续发展"等理念，秉承以"生态红线"为生命线的生态安全观，打响蓝天、碧水、净土三大保卫战，生态文明建设取得显著成效。

三、中华优秀传统文化创新性发展的当代意义

中华优秀传统文化创新性发展，是传统文化的提升与超越，本质内容是优秀传统文化在创新中实现新飞跃，形成文化新样式，有机融入现代社会形态之中。中华优秀传统文化中蕴含的思想智慧，我们不能复古照搬，而必须以马克思主义的立场观点方法进行鉴别和分析，去粗取精、去伪存真，取其精华、弃其糟粕，立足时代和国情现实，创新与发展中华优秀传统文化，不断激发中华优秀传统文化新的生机和活力，使其广泛应用到国家和社会的治理实践中，为实现中华民族伟大复兴提供精神动力和智力支持。

（一）新时代推动中华优秀传统文化创新性发展，是建设中华民族现代文明的必然要求

习近平总书记指出："对历史最好的继承就是创造新的历史，对人类文明最

大的礼敬就是创造人类文明新形态。"[①] 赓续传统，是为了创造未来，文化传承的根本目标是为了建设中华民族现代文明。在全面深入了解中华文明历史的基础上，推动中华优秀传统文化创新性发展，才能更有力地推进中国特色社会主义文化建设，建设中华民族现代文明。中华文明具有突出的连续性、创新性和包容性，中国历史上经历多次外来文明的输入，但始终在保持内核稳定的基础上，不断吸纳新的文化要素，推动自身的文明更新，使中华文明在薪火相传中革故鼎新，获得强韧的生命。始终坚持古为今用、推陈出新，才能使中华优秀传统文化有更加强劲的时代脉搏，赋予中国式现代化更深厚的文化支撑。

（二）新时代推动中华优秀传统文化创新性发展，有利于在守正创新中坚定文化自信

文化对一个国家、一个民族的存续和发展至关重要，它凝聚着本民族对世界的共同认知和感受，凝聚着本民族深层次的价值观和精神追求。习近平总书记鲜明提出坚定文化自信并将其纳入中国特色社会主义"四个自信"，突出强调坚守中华文化立场、推动中华优秀传统文化创造性转化与创新性发展的时代使命和责任担当。新时代对待传统文化，就是坚持继承性和创新性相统一，要继承合理成分，对其进行创造性转化，成为适应时代发展潮流的文化成果，又要对传统文化进行创新性发展，使其在新的时代条件下实现守正创新，创造出更多与当今时代相符、推动社会发展进步的先进文化，为中国人民坚定文化自信提供精神支柱。

（三）新时代推动中华优秀传统文化创新性发展，是坚持和发展马克思主义的时代之需

中国共产党人深刻认识到，只有把马克思主义基本原理同中国具体实际相结合、同中华优秀传统文化相结合，坚持运用辩证唯物主义和历史唯物主义，才能正确回答时代和实践提出的重大问题，才能始终保持马克思主义的蓬勃生机和旺盛活力。习近平总书记提出："'第二个结合'，是我们党对马克思主义中国化时代化历史经验的深刻总结，是对中华文明发展规律的深刻把握，表明我们党对中

---

① 《在文化传承发展座谈会上的讲话》，《求是》2023 年第 17 期。

国道路、理论、制度的认识达到了新高度，表明我们党的历史自信、文化自信达到了新高度，表明我们党在传承中华优秀传统文化中推进文化创新的自觉性达到了新高度。"①

党的二十大报告指出："坚持和发展马克思主义，必须同中华优秀传统文化相结合。只有植根本国、本民族历史文化沃土，马克思主义真理之树才能根深叶茂。"有中国千年的文明才有鲜明的中国特色，我们党在推进马克思主义中国化时代化的过程中，高度重视发掘、继承、弘扬中华优秀传统文化并不断推动其创新性发展。中华优秀传统文化为马克思主义中国化提供了丰沃的文化土壤，马克思主义用真理的力量激活了中华文明，对中华优秀传统文化进行拓展、重构和超越，赋予其新的时代意义和实践价值，二者结合的结果是"互相成就"，"造就了一个有机统一的新的文化生命体"，"让马克思主义成为中国的，中华优秀传统文化成为现代的，让经由'结合'而形成的新文化成为中国式现代化的文化形态"。②

四、做中华优秀传统文化的接续传承者

5000多年文明历史发展所孕育的中华优秀传统文化，积淀着中华民族最深沉的精神追求以及中华民族赖以生存发展的道德根基，为中华儿女提供了丰厚的思想养分。在当今世界，社会生活面临着物质化、功利化的问题。现实中还存在个人主义、唯我主义、实用主义，对物欲的过度追求，对财富的极度推崇等错误观念和看法，这些错误思想观念容易侵蚀人们的心灵。青年大学生应学会思考、善于辨析，思考人存在的价值和意义，注重道德精神和伦理关系的中华优秀传统文化无疑能提供多方面的理性启迪。因此，我们学习和认识传统文化，着重点是那些对国家和民族有利，又可以克服现代文明弊端，甚至对世界文化有贡献的内容。与此同时，还要思考哪些传统思想观念与现代价值有矛盾，要用辩证的眼光、发展的思维去辨别和对待，去传统文化中"不合时宜"的部分，取符合时代发展和社会进步要求的"精华"部分，才能真正体悟中华优秀传统文化的精髓。

---

① 《在文化传承发展座谈会上的讲话》，《求是》2023年第17期。
② 《在文化传承发展座谈会上的讲话》，《求是》2023年第17期。

作为当代大学生，需认识到人无往而不在传统中。身处传统之中，大学生应守文化之根，传文化之魂。中华优秀传统文化凝聚着中华民族的思想智慧与人生哲理，通过阅读古代经典文献、走访研学、调查研究等形式学习中华优秀传统文化，挖掘理解中华优秀传统文化中的丰富内涵与思想精髓，增强文化认知认同，坚定文化自信，以其滋养思想与道德素质，延续文化基因，做优秀传统文化的有力接续者。

大学生应以青年之担当，助推传统文化创新发展。"每一种文明都延续着一个国家和民族的精神血脉，既需要薪火相传、代代守护，更需要与时俱进、勇于创新。"① 更好担负起新的文化使命，就要坚持守正创新。新征程上我们要更加自觉、主动地推动中华优秀传统文化同当代社会相适应、同现代化进程相协调。当代大学生应积极培养文化创新意识，充分利用如数字媒体等技术手段，结合新的实践和时代要求以更富创意性和吸引力的形式传播与弘扬传统文化，形成既继承优秀传统文化又体现时代精神、既立足本国又面向世界的当代中国文化创新成果，在新旧交融中促使中华优秀传统文化在新时代焕发出更加夺目的光彩。

案例

侨批纸短　家国情长

【引　言】2020 年习近平总书记在考察汕头侨批文物馆时深刻指出："'侨批'记载了老一辈海外侨胞艰难的创业史和浓厚的家国情怀，也是中华民族讲信誉、守承诺的重要体现。要保护好这些'侨批'文物，加强研究，教育引导人们不忘近代我国经历的屈辱史和老一辈侨胞艰难的创业史，并推动全社会加强诚信建

---

① 《习近平在联合国教科文组织总部的演讲》，《人民日报》2014 年 3 月 28 日。

设。"① 习近平总书记的讲话，科学揭示了侨批的文献价值和历史地位。

【摘　要】入选世界记忆名录的"侨批"是中华文明与世界文明交流融汇的有机载体，承载着近代移民情感的"集体记忆"，诠释了中华民族开拓进取、艰苦奋斗、心系家国、诚实守信的精神特质。侨批是海内外中华儿女共同的精神财富，也是把握中华优秀传统文化精髓的宝贵资源，在新的历史起点上积极推动侨批文化实现创造性转化，促使文物焕发出新的生命力，使之与新时代精神相融相通，是传承发展中华优秀传统文化、建设中华民族现代文明的有益探索。

【关键词】侨批　文化传承　守正创新

（一）侨批纸短，家国情长 ②

2023 年是"侨批档案——海外华侨银信"入选"世界记忆名录"10 周年。"批"即为"信"，侨批是海外华侨通过民间渠道以及后来的金融、邮政机构寄回国内、连带家书或简单附言的汇款凭证，盛行于 19 世纪中叶至上世纪 70 年代。一张张泛黄的纸片跨越山河而来、穿越历史风云，讲述着一段段动人往事，寄托着一片片赤子深情。

侨批纸短，家国情长。

一封封侨批，诉说着真挚的爱乡之情。"一溪目汁（眼泪）一船人，一条浴巾去过番（出洋）。"背井离乡、出洋谋生的侨胞，在异乡历尽艰辛、艰苦创业，顽强地生存下来，站稳脚跟后，依然牵挂着自己的家乡和亲人，有一块钱寄一块钱，有十块钱寄十块钱，在赡养眷属、交流亲情、报效乡梓等方面作出了重要历史贡献。对"钱银知寄人知返，勿忘父母共妻房"的念兹在兹，生动体现了海外侨胞对家乡和亲人的眷恋。

一封封侨批，见证了深厚的爱国之心。广大海外侨胞身处异国他乡，但一直心系祖国、情系桑梓。近日，厦门中山路侨批展厅展出的抗战时期侨批令人动容："如我国决定与日本死战，我则决意返国从军，以尽一国民之职也"，"出钱

---

① 《习近平在广东考察时强调　以更大魄力在更高起点上推进改革开放　在全面建设社会主义现代化国家新征程中走在全国前列创造新的辉煌》，《新华月报》2020 年第 23 期。

② 参见张烁：《侨批纸短　家国情长》，《人民日报》2023 年 8 月 13 日。

出力各尽天职"……这个时期的侨批信笺，常印着"抗日救国""勿忘国耻"的红色字样，所汇款项不仅为贴补家用，更多有注明"请购救国公债"或捐献出来。海外华侨的慷慨解囊，为抗日战争提供了重要的经济支持。

一封封侨批，体现了可贵的重信守诺。侨批从侨居国递送到侨眷手中，辗转万里，靠的就是"诚信"二字。作为送批者的侨批局，千方百计确保侨批安全快捷、如期如数送达侨眷手中；作为收批者的侨胞眷属，对侨胞在批信中交办的事项如实执行。有的侨胞因一时经济紧张，按时给家人寄批有困难，还会来批局"赊批"，由批局先行垫款，等收到家人回批后再来还钱。重信守诺贯穿于侨批业运营的各主要环节，形成了环环相扣的"诚信链"。

侨批虽已成为历史，侨批文化却历久弥新，其中蕴含的宝贵精神更在海外侨胞中代代相传。长期以来，一代又一代海外侨胞，秉承中华民族优秀传统，不忘祖国，不忘祖籍，不忘身上流淌的中华民族血液，热情支持中国革命、建设、改革事业，为中华民族发展壮大、促进祖国和平统一大业、增进中国人民同各国人民的友好合作作出了重要贡献。特别是在祖国遇到大事难事时倾心倾力相助，表现出中华儿女血浓于水的同胞深情。保护好侨批文物，加强对侨批文化的研究，推动其与新时代精神相融相通、发扬光大，可以教育引导人们不忘近代我国经历的屈辱史和老一辈侨胞艰难的创业史，推动全社会加强诚信建设。

中国梦是国家梦、民族梦，也是每个中华儿女的梦。如今，在科教领域的最前沿，在创新创业的第一线，在祖国遇到大事难事的关键时刻，在五洲四海的大舞台……到处都活跃着侨胞的身影，一大批归侨侨眷成为党和国家事业的新生力量和工作骨干，一大批海外侨胞成为连接中国与世界的友好使者和文化使者。共同的根让我们情深意长，共同的魂让我们心心相印，共同的梦让我们同心同德。海内外全体中华儿女心往一处想、劲往一处使，就一定能够汇聚起实现梦想的强大力量！

（二）新的"打开方式"让侨批焕发新生机 [①]

形式多样的传承保护活动使侨批文化频频"出圈"，新的"打开方式"也让

---

① 参见《多种"打开方式"让侨批"穿越时光"焕发新生机》，中国新闻网 2023 年 7 月 21 日。

侨批焕发新活力。

近段时间，侨批在海外多国展出，唤起了海外侨胞的乡愁记忆。2023年7月9日，在泰国曼谷举行的"三江出海一纸还乡"侨批历史文化展上共展出侨批、"猪仔钱"等200多件珍贵实物，展览筹备期间当地华人社团还征集了200余封回批赠送给汕头侨批文物馆。自5月起，"百年跨国两地书"福建侨批展在马来西亚华人博物馆展出，百余封弥足珍贵的侨批记录了华侨华人"漂洋过海，过番谋生"的经历，见证了他们为家乡发展作出的贡献。

当前，以侨批文化为题材的文艺作品也不断涌现，通过戏曲、话剧、歌剧等艺术形式，侨批背后鲜活的故事被重新演绎，打动了无数观众。由厦门歌仔戏研习中心创演的歌仔戏《侨批》今年在全国多个城市开展巡演。珠海演艺集团创作演出的民族歌剧《侨批》2023年4月在国家大剧院演出，该剧以侨批为主线，展现苦难时光里的同胞情；诵读剧《侨批·中国》6月在广东江门市五邑华侨华人博物馆演出，用沉浸式情景剧演绎侨批中的家国情深；纪录片《走近侨批》2022年12月在福建电视台综合频道首播，讲述侨批、批局、批脚中的动人故事。

多个侨乡的文博机构和文创企业推出以侨批为主题的文创产品。在福建泉州的一家文创企业的线上商城里，2023年7月上新了与泉州侨批馆联名推出的钥匙扣、笔记本等产品，别出心裁地将侨批批封的图案融入产品设计，深受年轻消费者喜爱。在广东江门，侨批与陶瓷艺术来了一场"新式碰撞"，江门市工艺美术师郑文贺经过5年摸索，将侨批活灵活现地"复制"到陶瓷上，制成精巧的工艺品。

"随着时代的发展侨批已经退出人们的生活，但侨批记录的历史、承载的情感和蕴含的精神是海内外中华儿女共同的财富。"中国华侨历史博物馆副馆长宁一表示，当前侨批活化利用的形式不断推陈出新，展览展示、文创产品、文艺作品等走进百姓的生活，今后还应探索更多方式方法，让更多的人读懂侨批。"要让侨批文化遗产焕发新的生命力，活化利用是关键一环。"宁一说，收藏机构可以通过联合办展、巡回展览、互换展览等方式，拉近侨批与观众之间的距离；借助丰富的文艺形式、多元的传播媒介，开发和创作以侨批为主题的文创产品和文艺作品，推动侨批文化遗产创造性转化，让侨批得到更好的保护、留存和利用。

◆ **案例分析** ◆

　　侨批，又称银信（"番批"），是早期出洋谋生的华侨通过民间渠道及后来的金融、邮政机构向国内眷属提供生活、生产费和支援祖国革命、故乡建设及兴办各种公益文教事业的费用，同时连带书信的汇款凭证，是书信和汇款凭证的合称。据有关史料记载，侨批大规模盛行于19世纪中叶，终止于20世纪70年代（统归中国银行管理），前后历时150多年，通行地域主要在广东、福建、海南等地，其中以广东地区居多。2013年6月19日侨批档案申遗成功，入选世界记忆名录。侨批作为华侨家书与汇款合一的特殊载体，记录了华人华侨在侨居国的生活状况及当地的历史文化和社会发展等信息，见证了海外侨胞在外打拼的血汗史，是华侨华人在特殊历史条件下产生的一种独特文化，蕴含了"开拓进取、艰苦奋斗、爱国爱乡、诚实守信"的精神特质，更是中华优秀传统文化思想精髓的彰显和体现。在迈向全面建设社会主义现代化国家新征程中，站在增强文化自信、汇聚中华民族伟大复兴强大精神力量的高度，当代青年以读懂如"侨批"等特色传统文化的丰富内涵为切入口，挖掘与新时代发展相融的思想元素，在传承优秀传统文化中守正创新，不断激发文物焕发新活力，推动中华优秀传统文化创造性转化和创新性发展，助力建设文化强国、建设中华民族现代文明。

实验实践思考题

　　1. 中华优秀传统文化的主要内容以及时代价值是什么？

　　2. 新时代推进中华优秀传统文化创造性转化、创新性发展的内涵是什么？

　　3. 当代大学生应如何传承与弘扬中华优秀传统文化？

青年大学生强化融入国家重大战略主动意识提升服务国家人民的能力

青年强，则国家强。当代中国青年生逢其时，施展才干的舞台无比广阔，实现梦想的前景无比光明。全党要把青年工作作为战略性工作来抓，用党的科学理论武装青年，用党的初心使命感召青年，做青年朋友的知心人、青年工作的热心人、青年群众的引路人。广大青年要坚定不移听党话、跟党走，怀抱梦想又脚踏实地，敢想敢为又善作善成，立志做有理想、敢担当、能吃苦、肯奋斗的新时代好青年，让青春在全面建设社会主义现代化国家的火热实践中绽放绚丽之花。①

【引文】习近平总书记指出，青年一代要"主动对接国家重大战略和重大任务"，"立足本职岗位，积极投身中国式现代化建设，在科技创新、乡村振兴、绿色发展、社会服务、卫国戍边等各领域各方面工作中争当排头兵和生力军，展现青春的朝气锐气"。②党的十八大以来，中国特色社会主义进入新时代，中国发展面临新的战略机遇、战略任务、战略环境和战略要求，面对世界百年未有之大变局和中华民族伟大复兴关键时期"两个大局"的现实背景，客观上要求我们必须坚定信心、锐意进取，在深入分析国际国内大势的基础上主动应变求变，通过制定和实施一系列国家重大战略科学谋划和推进党和国家各项工作。党的二十大

---

① 《中国共产党第二十次全国代表大会文件汇编》，人民出版社 2022 年版，第 58—59 页。
② 《习近平在同团中央新一届领导班子成员集体谈话时强调　切实肩负起新时代新征程党赋予的使命任务　充分激发广大青年在中国式现代化建设中挺膺担当》，《人民日报》2023 年 6 月 27 日。

报告对全面建设社会主义现代化国家、全面推进中华民族伟大复兴进行了战略谋划，站在新的历史起点，要统筹推进"五位一体"总体布局、协调推进"四个全面"战略布局，就需要准确把握国家重大战略的基本内容，自觉强化融入国家重大战略主动意识，提升服务国家和人民的能力。

一、国家重大战略

（一）国家重大战略的内涵与特点

国家重大战略，指为维护增进国家利益，实现国家政治、经济、军事安全、社会发展等重大目标而制定的，以国际国内客观情况为依据，以综合运用、合理配置国家各方面力量资源为主要内容的国家发展总体方略，其成败与落实直接关系国家的核心利益与发展全局。这一概念最早于20世纪50年代在西方国家提出，最初主要运用于国防军事领域，但随着对国家发展战略问题研究的深入以及20世纪中后期国际局势、大国博弈的日趋复杂，国家重大战略的内涵也在不断发生扩展，逐渐涉及政治、经济、文化、社会、科技、军事、民族、地理等诸多领域，其理论关注度与现实影响力也与日俱增，逐渐成为世界各主要国家谋求发展、实现战略意图的基本方式与路径。

新中国成立以来，在中国共产党领导下展开了建设社会主义事业的初步探索，针对新中国成立初期国家建设的实际情况，提出了"优先发展重工业""一边倒""独立自主、和平共处"等国家战略，成为我国国家战略部署的最早探索。20世纪80年代，随着改革开放历史进程的不断推进，我国对国家战略的重视与研究也获得空前提升，这一时期也提出了后来对国家发展有着极其重要影响的一系列重大国家战略，如"和平发展、互利共赢""计划生育""环境保护""节约资源"等。党的十八大以来，随着我国社会生产力、国家实力和国际竞争力的迅速提升，党和国家围绕到本世纪中叶将我国建设成为富强、民主、文明、和谐、美丽的社会主义现代化强国的重要目标，进一步提出一系列适应新时代国家高质量发展的新的重大战略，为新时代国家发展建设指明方向。

在当前的现实背景下，国家重大战略一般具有以下几方面特点。

　　第一是全局性。国家战略关系国家经济社会发展全局，其内涵包含了国家利益、国家目标、国家力量和国家政策的基本目标，将发展、分配和使用国家力量同时包含在一个统一的框架之内。要实现国家目标，不仅需要有效使用国家力量，而且需要综合发展和合理配置国家力量，为可持续地有效使用国力奠定基础。这客观上决定了在制定实施国家重大战略的过程中，要紧密围绕维护和增进国家利益这一基本目标，从大局出发把握国家经济社会发展，实现国家重大战略科学化，使国家战略符合实际、符合历史发展大趋势、符合发展规律、符合人民群众的根本利益、符合国家目标与国家手段平衡的基本要求。

　　第二是现实性。国家重大战略的制定实施必须符合现实要求，不仅包括符合本国的实际，也要符合世界的实际；既要符合现在的实际，也要符合未来的实际；既要符合物质的实际，也要符合精神的实际。这客观上要求国家重大战略的制定和执行必须遵循目标与手段动态平衡的原则，要严格依据历史发展大趋势和人类社会发展的基本走向，综合考虑经济发展规律、社会发展规律、文化发展规律、科技发展规律、教育发展规律等，保证在国家战略设定的时限内，国家实力的增长足以实现国家目标。特别是在每一特定历史时期，要立足本国特有的国情、所处的社会历史发展阶段和国家战略环境、所面临的改革发展任务，让国家战略符合人民群众的根本利益，从而理顺国家安全、国家治理战略、国家发展和对外政策之间的内在关系，科学构建一体化的国家战略体系，在协同推进中提升国家战略的整体能力。

　　第三是长远性。一个国家综合开发潜力的能力，直接影响到国家的长远利益，关系到国家长远目标的实现。因此，国家战略不能仅仅着眼于当前，强调国家力量的配置和使用，还必须着眼长远，高度重视综合国力的发展，特别是一个国家将潜力可持续地转化为实力的能力。在不同历史时期，虽然由于国情和所处的国家战略环境不同，国家战略的内涵和体系会存在较大差异，但是其基本要求和总体方向应该是一以贯之的，决不能因为眼前片面局部的利益导致国家战略的短视和失败，必须从长远出发，通过改革创新和较长时间的历史累积，久久为功方可实现国家战略的最终目标。对于我国而言，当前我国处在发展的重要战略机遇期，这就要求我们必须立足民族复兴百年大计，将国家发展战略定位为各方面战略的核心和主导，在此引导下全国人民共同努力，将国家经济社会发展潜力可持续地转化为国家综合实力，确保国家发展战略得到有效实施。

（二）新时代国家重大战略的代表性类型

国家战略关乎国家的兴盛衰亡，新时代背景下，面对国家战略环境发生新的变化，客观上要求根据不同领域发展实际制定相应的国家战略，以期实现科学组织力量、整合资源，实现国家战略体系的结构优化，保证国家战略制定科学和执行高效，使我国的发展更加切合人民的需求和新时代发展的大趋势。实践中，具有代表性的国家战略大致可划分为以下五类。

1. 发展动力提升型战略

制定国家战略的重要目标之一就是保障国家发展能够获得源源不断的动力，面对世界百年未有之大变局和世界进入新的动荡变革期的复杂局面，为保证以中国式现代化全面推进中华民族伟大复兴，客观上要求通过一系列理论创新和战略部署，为国家发展伟业实现凝心聚力，切实推动高质量发展，促进全体人民共同富裕。其中最具代表性的有党的二十大提出"科教兴国战略、人才强国战略、创新驱动发展战略"三大战略，把教育、科技、人才进行"三位一体"统筹安排，明确了"教育、科技、人才是全面建设社会主义现代化国家的基础性、战略性支撑。必须坚持科技是第一生产力、人才是第一资源、创新是第一动力，深入实施科教兴国战略、人才强国战略、创新驱动发展战略，开辟发展新领域新赛道，不断塑造发展新动能新优势。我们要坚持教育优先发展、科技自立自强、人才引领驱动，加快建设教育强国、科技强国、人才强国，坚持为党育人、为国育才，全面提高人才自主培养质量，着力造就拔尖创新人才，聚天下英才而用之"，构成了新时代中国发展极其重要的有效步骤，为新时代我国教育发展、科技进步、人才培养提供了根本遵循。

除此之外，近年来国家提出的扩大内需、供给侧结构性改革、高质量发展等一系列重大经济发展战略，这些国家战略立足当前我国经济发展实际情况，强调加快建设现代化经济体系，围绕提高全要素生产率、提升产业链供应链韧性和安全水平等现实目标有机展开，明确中国经济发展构建以国内大循环为主体、国内国际双循环相互促进新发展格局的总体方向。在这些国家战略的引领下，能够充分发挥经济发展各个要素的相应作用，找准国家跨越式发展的有效支点，加快构建高质量发展的动力系统，汇聚资金、科技、人才、政策等方面形成强大合力，为推进各项事业高质量发展筑牢根基，开辟发展新领域新赛道，不断塑造发展新动能新优势，为国家发展获得不竭动力提供充分的理论与现实支撑。

2. 发展布局优化型战略

我国幅员辽阔、人口众多，各地区基础条件差别之大在世界上少有，为推动国家经济社会全面均衡发展，客观上要求从总体上对发展格局进行优化，特别是要在全国经济社会发展一体化、基本公共服务均等化基础之上，发挥各不同区域之间的比较优势，增强中心城市和城市群等经济发展优势区域的经济和人口承载能力，增强其他地区在保障粮食安全、生态安全、边疆安全等方面的功能，通过发挥各个地区的优势，形成优势互补、高质量发展的区域经济布局，通过健全市场机制、合作机制、互助机制、扶持机制，逐步扭转区域发展差距拉大的趋势，构建高质量发展的区域经济布局和国土空间体系，形成分工合理、特色明显、优势互补的区域产业结构，推动各地区共同发展，实现区域协调统筹发展。

当前，在国家最高层面的区域协调发展战略主要包括继续推动西部大开发、东北全面振兴、中部地区崛起、东部率先发展、京津冀协同发展、粤港澳大湾区建设、长三角一体化发展、长江经济带、黄河流域生态保护和高质量发展区、成渝地区双城经济圈等。这些国家战略着眼于对欠发达地区和困难地区的扶持，改善其基础设施和教育、卫生、文化等公共服务水平，逐步缩小地区间基本公共服务差距，加快产业结构优化升级，扩大发达地区对欠发达地区援助，形成以政府为主导、市场为纽带、企业为主体、项目为载体的互惠互利机制，形成东中西相互促进、优势互补、共同发展的新格局，从而真正实现"全国一盘棋"的发展格局基本要求。

3. 发展短板补强型战略

当前，尽管改革开放40多年来中国经济社会发展取得辉煌成就，但由于受过去粗放型发展模式的制约，致使实践中在不少领域存在明显的发展短板，例如仍未掌握部分关键领域核心技术、经济转型和产业升级缺乏有效支撑、生态环境保护全面性有待加强以及农业农村发展水平亟待提高等等，对国家未来发展的全面性与可持续性造成影响。目前，中国经济发展已进入到转型升级的高质量发展阶段，针对我国仍然处于并将长期处于社会主义初级阶段的实际，以及人民日益增长的美好生活需要和不平衡不充分的发展之间的矛盾，客观上要通过制定相应国家战略对这些发展短板进行补强，以期有效摆脱这种"大而不强"的局面，实现全面发展与共同富裕，保证"两个一百年"奋斗目标和中华民族伟大复兴中国梦如期实现。

在当前国家采取的发展短板补强型战略中，最具代表性的就是乡村振兴战略，与经济发达的城市地区相比，农村地区在生活环境、发展机遇、基础设施建设等方面存在诸多亟待提高之处，当前，要做好乡村振兴这篇大文章，应当在巩固拓展脱贫攻坚成果的基础上，切实保障农民增收、农业稳产，充分提高农民收入，发展富民产业，促进农村经济的发展和农民生活水平的提高，实现城乡一体化和现代化，从而实现促进城乡资源要素优化配置和互动交流、维护社会平安稳定、实现产业互补优势、推动城乡协同发展、传承中华优秀传统文化等进阶目标。唯有通过有效的发展战略将这些短板补齐，才是有效实现全体人民共同富裕的必然途径和健全现代社会治理格局的固本之策。

4．发展难题应对型战略

在国家发展、社会进步的实践过程中，会出现各种阻碍与难题需要克服和解决，因此在国家战略体系中，有许多针对具体发展问题的战略部署。例如，为解决人的发展与生态环境保护之间矛盾制定实施的可持续发展战略，该战略强调要满足当前需要而又不削弱子孙后代满足其需要之能力的发展，坚持绿水青山就是金山银山理念，把控制人口、节约资源、保护环境放到重要位置，使人口增长与社会生产力的发展相适应，使经济建设与资源、环境相协调，实现良性循环，能够很好地完善生态文明领域统筹协调机制，构建生态文明体系，推动经济社会发展全面绿色转型，实现美丽中国的发展目标。再如，面对我国人口出生率明显下降、人口老龄化压力增大的现实问题，国家采取积极应对人口老龄化国家战略，强调优化生育政策，制定人口长期发展规划，以"一老一小"为重点完善人口服务体系，发展养老事业和养老产业，优化孤寡老人服务，推动实现全体老年人享有基本养老服务，促进人口长期均衡发展。推动实现适度生育水平，健全婴幼儿发展政策，完善养老服务体系。又如，面对国家青年就业压力明显增大的现状，国家采取就业优先战略，健全有利于更充分更高质量就业的促进机制，扩大就业容量，提升就业质量，缓解结构性就业矛盾。强化就业优先政策，健全就业促进机制，促进高质量充分就业，健全就业公共服务体系，全面提升劳动者就业创业能力。通过这一系列战略部署，可以更有针对性地克服国家经济社会发展过程中的重点难题，保证促进国家各领域健康发展。

5．发展安全保证型战略

通过制定国家安全发展战略保证我国国家建设能够有一个稳定有序的外部环境，构成了我国国家重大战略体系中不可或缺的重要方面。在世界百年未有之大变局背景下，我国的发展和安全环境更加复杂多变，各种传统或非传统安全风险交叉并存，基于这样的原因，在习近平总书记"总体国家安全观"重大战略思想的指导下，国家发展切实以人民安全为宗旨，以政治安全为根本，以经济安全为基础，以军事、文化、社会安全为保障，以促进国际安全为依托，为人民谋安全，靠人民保安全，居安思危，完善风险预警，提高处置能力，最大限度防范化解各类风险隐患，用科学方法和技术、强有力的组织建设提升国家安全保障水平。

2015 年，中央政治局制定通过《国家安全战略纲要》，根据国内外形势变化，更翔实、科学地发展了新时代国家安全战略，强调国家安全是安邦定国的重要基石，必须毫不动摇坚持中国共产党对国家安全工作的绝对领导，坚持集中统一、高效权威的国家安全工作领导体制，加强国家安全体系和能力建设，强化国家经济安全保障。在此基础上实施粮食安全、能源资源安全、金融安全等战略，调动一切积极因素，防范化解重大风险，营造更加有利于我国经济社会发展的国际、国内环境，统筹传统安全和非传统安全，把安全发展贯穿国家发展各领域和全过程，努力打造一支高素质的国家安全专业队伍，构建中国特色国家安全的三层级战略体系，防范和化解影响我国现代化进程的各种风险，加强国家安全意识教育，筑牢国家安全屏障。在提升国家安全实力的同时，深入推进国家安全思路、体制、手段创新，营造有利于经济社会发展的安全环境，努力实现发展和安全的动态平衡，全面提高国家安全水平。

（三）国家重大战略的时代意义

对国家重大战略的把握，首先要充分了解其重要性。当今世界正经历百年未有之大变局，全球治理体系和国际秩序变革加速推进，世界面临的不稳定性表现得极其突出。在这样的现实背景下，国家重大战略的制定实施具有极其重要的时代意义。具体而言，国家重大战略的时代意义主要可以归纳为以下三个方面。

首先，国家重大战略的制定实施是中国应对世界格局深刻演化的必然要求。当前，随着新一轮世界科技革命、产业革命、军事革命加速发展，国家战略竞争力、社会生产力、军队战斗力的耦合关联越来越紧，我国也随之进入大国竞争的前沿。大国竞争首先是国家战略的竞争，一个国家在走向强盛的过程中，不可避免会遇到各种外部制约、发展阻力、安全压力。当前中国经济社会发展环境面临深刻复杂变化，内外各方面挑战相互叠加，客观上给中国带来极大的发展压力，这也要求我们必须重视国家重大战略布局，统筹发展、安全、社会稳定等多方面要求，把重大战略实现作为争取主动、实现超越的战略途径，有效缩小与发达国家之间的实力差距，实现海洋强国、航天强国、网络强国、制造强国建设一体联动，保证国家国际地位的提升。

其次，国家重大战略的制定实施是实现国家治理体系和治理能力现代化的内在要求。经济社会持续发展和国家长治久安也离不开国家重大战略布局的合理展开，要完善和发展中国特色社会主义制度、推进国家治理体系和治理能力现代化，必须切实加强国家战略布局的科学性、有效性，不断提升国家公务员队伍的国家战略意识和国家战略能力，从而科学分析和准确研判国家战略环境，统筹中华民族伟大复兴战略全局和世界百年未有之大变局，深刻认识我国社会主要矛盾变化带来的新特征新要求，深刻认识错综复杂的国际环境带来的新矛盾新挑战，立足中华民族伟大复兴战略全局和世界百年未有之大变局，心怀"国之大者"，保持战略定力，发扬斗争精神，增强斗争本领，树立底线思维，准确识变、科学应变、主动求变，善于在危机中育先机、在变局中开新局，抓住机遇，应对挑战，协调推进全面建设社会主义现代化国家、全面深化改革、全面依法治国、全面从严治党的战略布局。

最后，国家重大战略的制定实施是维护国家安全与社会稳定，保障广大人民群众利益的根本要求。人民幸福安康是推动高质量发展的最终目的，实施国家重大战略事关人民群众切身利益，是促进共同富裕、打造幸福美好生活的重要途径，这就要求在当前落实国家重大战略过程中立足新发展阶段、贯彻新发展理念、构建新发展格局，切实推进改革，破除制约经济循环的制度障碍，以创新驱动、高质量供给引领和创造新需求，以创新、协调、绿色、开放、共享的内在统一来把握发展、衡量发展、推动发展，加快实现高水平科技自立自强，切实解决国家发展与安全领域关键核心技术"卡脖子"问题，强化国家战略科技力量，补齐科技创新短板，确保我国产业链供应链自主、安全、可控，形成可持续的高质量发展体制机制，把发展成果不断转化为生活品质，不断增强人民群众的获得感、幸福感、安全感。

二、青年大学生的时代重任

习近平总书记指出："要强化战略思维，保持战略定力，把谋事和谋势、谋当下和谋未来统一起来。"[①] 进入新时代以来，为实现第二个百年奋斗目标、加快构建新发展格局，推动我国经济实现高质量发展，增强我国的生存力、竞争力、发展力、持续力，确保全面建成社会主义现代化强国目标如期实现，必须在对国家综合利益、安全战略、发展路径、对外政策和决策科学化等相关重大战略问题进行深入系统研究的基础上，号召引领广大人民群众积极融入国家战略实践当中，尤其是作为新时代生力军的青年一代，更应当积极主动融入国家重大战略，为新时代国家发展建设贡献自己的力量。青年是最富创造力、创新精神的一股力量，中华民族伟大复兴中国梦的实现离不开一代代青年的接力奋斗，青年大学生在强化融入国家重大战略主动意识，提升服务国家人民能力方面，有着不可推卸的历史责任。

（一）新时代中国青年的特点

新时代青年生逢盛世、共享机遇，是中华民族伟大复兴的强国一代。随着中国的经济实力、科技实力、综合国力不断迈上新台阶，青年一代的发展基础也日益厚实，但另一方面青年群体处于人生观、价值观与世界观形成的关键期，受到多元价值观念的影响，因此现实中青年一代表现出以下几方面的现实特点。

1．新时代中国青年拥有前所未有的发展机遇

当代中国青年是在改革开放取得辉煌伟大成就背景下成长起来的，尤其是

---

① 《新发展阶段贯彻新发展理念必然要求构建新发展格局》，《求是》2022年第17期。

党的十八大以来，中国保持经济快速发展和社会长期稳定，中华民族伟大复兴进入了不可逆转的历史进程，为青年一代提供了建功立业的难得人生际遇。新时代中国青年生逢中华民族发展的最好时期，拥有更优越的发展环境、更广阔的成长空间，其物质生活条件相对优越，消费需求从满足生存转向享受生活，享受的公共文化服务水平显著提高，精神成长空间更为富足，希望追求更有高度、更有境界、更有品位的人生。同时随着经济社会快速发展，中国教育事业取得明显进步，青年人享有更加平等、更高质量的教育机会，通过城乡之间的发展流动更好融入城市生活、实现发展跃迁，职业选择更加丰富多元，实现人生出彩的舞台越来越宽阔。此外，国家全面依法治国深入推进、政策保障日益完备，也为新时代中国青年成长成才提供了更良好的法治环境、更有力的政策支持、更可靠的社会保障、更温暖的组织关怀。我国宪法明确规定"国家培养青年、少年、儿童在品德、智力、体质等方面全面发展"，同时围绕青年一代身心健康成长出台一系列法规、政策，其中最具代表性的是 2017 年 4 月中共中央、国务院制定出台的新中国历史上第一个国家级青年领域专项规划——《中长期青年发展规划（2016—2025 年）》，针对青年在毕业求职、创新创业、社会融入、婚恋交友、老人赡养、子女教育等方面的切身问题给予指引，让青年人充分享受政策红利，保证其健康成长、前程远大。

2．新时代青年理想信念更为坚定

青年的价值取向决定了未来整个社会的价值取向。新时代中国青年在党和国家的关怀下成长，亲眼见证、亲身经历了新时代取得的历史性成就，能够在思想认识上和祖国与人民保持一致，对中国特色社会主义道路由衷认同，对实现中华民族伟大复兴充满信心，自觉用习近平新时代中国特色社会主义思想武装自己的思想，做中国人的志气、骨气、底气进一步增强，把树立正确的理想、坚定的信念作为立身之本，主动"扣好人生第一粒扣子"。同时，青年一代也能够从中华优秀传统文化、革命文化、社会主义先进文化中汲取养分，以更加自信的态度、更加主动的精神，适应、融入社会，追求政治进步，热情参与公益慈善、社区服务、生态保护、文化传播、养老助残等社会事务，经得起风雨、受得住磨砺，展现了强烈的参与意识和社会责任感，在社会实践中提升自己的思想素养、身体素质、精神品格、综合能力，努力成为社会主义核心价值观的践行者、推广者和堪当民族复兴重任的时代新人。

3．新时代青年思想认识面临新的挑战

当前，我国正处于经济全球化、一体化以及深刻的现代化的社会转型之中，随着商品经济在我国迅速发展，社会交往更趋向广泛和复杂，我国传统的道德观念和人伦秩序也受到了剧烈的冲击。社会的现代化转型对青年一代价值观产生了严重的影响，特别是在新媒体时代，互联网的发展极大丰富了青年一代的学习和生活，互联网上丰富的信息能够让青少年产生思想上的碰撞，开阔青少年的眼界和思维，帮助青年人更好地自主学习、表达思想及观念、拓展人际关系，切实提高青少年的综合水平和能力。但网络技术也会给青少年造成一系列的不良影响，例如，网络上部分鱼龙混杂的信息会给青年人思想观念造成冲击，导致了很多青年一代无法准确地评价自己，出现盲目自信或者信心缺乏的情况，更有甚者可能会被西方的拜金主义、享乐主义、个人主义误导，出现把人生价值等同于商品价值的认识偏差。

（二）中国共产党对青年一代的指引和关怀

中国共产党历来重视青年工作，早在创党之初就始终坚持马克思主义青年观，在把控国家民族前途命运的大格局中领导中国青年运动和青年工作。1922年5月5日至10日，中国社会主义青年团（即今天的中国共产主义青年团）第一次全国代表大会在广州召开，选举施存统、张太雷、蔡和森、俞秀松、高君宇等组成团的中央执行委员会，通过了《中国社会主义青年团纲领》和《中国社会主义青年团章程》，这在中国革命史和青年运动史上具有里程碑意义。新民主主义革命时期，中国共产党用先进思想启迪青年觉醒、凝聚青春力量，团结带领广大团员青年踊跃投身反帝反封建的革命运动，广大青年人积极参加党领导的革命武装，在打倒军阀、抗日救亡、推翻国民党反动统治的伟大斗争中冲锋陷阵，展现出不怕牺牲、浴血斗争的精神，为中国革命胜利贡献了青春、建立了重要功勋。社会主义革命和建设时期，青年人积极参与中华民族有史以来最为广泛而深刻的社会变革，组建青年突击队、青年垦荒队、青年扫盲队，开展学雷锋活动，展现出敢于拼搏、辛勤劳动的精神风貌，为祖国建设做出实际贡献。改革开放和社会主义现代化建设新时期，青年一代解放思想，锐意进取，在现代化建设各条战线

上勇立潮头，展现出敢闯敢干、引领风尚的精神风貌，成为改革开放和社会主义现代化建设的先锋力量。

党的十八大以来，以习近平同志为核心的党中央高度重视青年、热情关怀青年、充分信任青年，对青年工作倾注了大量的心血，提出一系列针对青年群体的期望和要求，推动我国青年发展事业实现全方位进步、取得历史性成就。以习近平同志为核心的党中央围绕党的青年工作发表的一系列重要论述，从确保党的事业薪火相传和中华民族永续发展的战略高度，深刻把握新时代中国青年运动规律，加强党对青年工作的领导，召开党的历史上第一次中央党的群团工作会议，出台新中国历史上第一个青年发展规划，印发党的历史上第一个以党中央名义发布的少先队工作文件，部署共青团改革，推动青年工作取得历史性成就。2022 年 5 月，习近平总书记专题文集《论党的青年工作》由中央文献出版社出版，对于更好团结、组织、动员广大青年为实现第二个百年奋斗目标、实现中华民族伟大复兴的中国梦而奋斗，具有十分重要的指导意义。同时，新时代青年人在党的引领下积极投身伟大斗争、伟大工程、伟大事业、伟大梦想波澜壮阔的实践，坚持守正创新、踔厉奋发，自觉担当重任，深入基层一线，在党和人民最需要的时刻冲得出来、顶得上去，展现出自信自强、刚健有为的精神风貌，在实现中华民族伟大复兴中国梦的过程中拼搏努力，为党和国家事业绽放青春风采。

（三）新时代中国青年的责任与挑战

习近平总书记强调："无论过去、现在还是未来，中国青年始终是实现中华民族伟大复兴的先锋力量！"[①] 新时代的中国青年更加自信自强、富于思辨精神，是社会中最有生气、最有闯劲、最少保守思想的群体，蕴含着改造客观世界、推动社会进步的无穷力量。同时，青年的成长也面临各种社会思潮的现实影响，不可避免会在理想和现实、主义和问题、利己和利他、小我和大我、民族和世界等方面遇到思想困惑。党和人民事业发展离不开一代又一代有志青年的拼搏奉献。只有当青春同党和人民事业高度契合时，青春的光谱才会更广阔，青春的能量才能充分迸发。新时代的青年更加需要深入细致的教育和引导，勇做新时代的弄潮

---

① 《在纪念五四运动 100 周年大会上的讲话》，人民出版社 2019 年版，第 5 页。

儿，自觉听从党和人民召唤，胸怀"国之大者"，担当使命任务，用敏锐的眼光观察社会，用清醒的头脑思考人生，用智慧的力量创造未来，争当伟大理想的追梦人和伟大事业的生力军，让青春在祖国和人民最需要的地方绽放绚丽之花。

习近平总书记紧扣中国特色社会主义进入新时代的发展大势，明确新时代中国青年运动的时代主题是"坚持中国共产党领导，同人民一道，为实现'两个一百年'奋斗目标、实现中华民族伟大复兴的中国梦而奋斗"[①]，指明了新时代中国青年运动的方向，勇担新时代中国青年运动的使命。这客观上要求青年一代以马克思主义青年观作为引领工作的行动指南和强大思想武器，树立共产主义远大理想和中国特色社会主义共同理想，立志于中华民族千秋伟业，坚定理想信念，厚植爱国主义情怀，加强品德修养，增长知识见识，培养奋斗精神，增强综合素质，运用马克思主义立场、观点、方法观察分析问题，增强中国特色社会主义道路自信、理论自信、制度自信、文化自信，把爱国情、强国志、报国行自觉融入坚持和发展中国特色社会主义事业、建设社会主义现代化强国、实现中华民族伟大复兴的奋斗实践之中，成为拥护中国共产党领导和我国社会主义制度、立志为中国特色社会主义奋斗终生的有用人才，用青春的能动力和创造力激荡起民族复兴的澎湃春潮。

三、融入国家重大战略，积极服务国家和人民

当今世界正经历百年未有之大变局，中国正处在发展、复兴的关键期，风险和挑战并行。党的十八大以后，"构建人类命运共同体"成为全球普遍认同的时代命题，但风云变幻、复杂多变的国际形势也给国家发展和青年一代成长带来了许多不确定性。青年是整个社会中最具有朝气的一股力量，伴随决胜全面建成小康社会取得决定性成就、全面建设社会主义现代化国家新征程即将开启，这客观上要求青年一代着眼中华民族伟大复兴战略全局和世界百年未有之大变局，强化融入国家重大战略主动意识，努力提升服务国家人民的能力。

---

① 《在纪念五四运动 100 周年大会上的讲话》，人民出版社 2019 年版，第 6 页。

（一）国家重大战略实现的有效路径

融入国家重大战略首先要保证国家重大战略全方位落实，这客观上要求所涉各地方、各部门积极响应，切实从国家经济社会安全的大局出发，有效对接相关战略的实施。总体而言，践行国家重大战略基本要求包括以下三方面。

首先，需要实现国家战略决策的民主化。在制定实施国家重大战略过程中做到下情及时上达，充分听取各方面的意见和建议，充分发挥智库的作用，从国家战略高度破解改革发展稳定难题和应对越来越复杂的前所未有的挑战，对实现战略的方式、方法、步骤进行细化、量化和系统化，让广大人民群众能够参与国家重大决策，体现其主人翁地位，同时也能够保证在国家重大战略制定过程中收到兼听则明之效。

其次，需要实现国家战略内容的具象化。国家战略体制机制现代化是国家治理体系和治理能力现代化的重要组成部分，因此必须要客观、准确、及时地对国家战略进行阶段性的绩效评估，深入系统地研究国家利益分类与排序的依据和原则、国家战略环境变化与国家利益排序的调整、世界其他大国国家利益的排序等重点问题，科学设定国家战略评估指标，明确评估主体，确定合理的评估程序与方法。

最后，需要实现国家战略体制机制的现代化。在积极推进国家治理体系和治理能力现代化的进程中，如何科学界定和有效推进国家战略体制机制的现代化，是国家战略理论和国家战略实践迫切需要研究和解决的重大问题。这客观上要求必须对富强、民主、文明、和谐、美丽等国家目标的具体内涵、表现形式和判断标准进行深入系统的研究，以形成"长远目标—中期目标—近期目标"有效结合的目标链，从而切实保证国家战略的有效实施。

（二）青年大学生融入国家重大战略的基本要求

青年是国家重大战略实现的重要后备力量，要解决国家在前进道路上所面临的各种挑战和诸多重大战略问题，不仅需要科学制定国家战略，而且需要有效实施国家战略。习近平总书记强调新时代青年要"永远以党的旗帜为旗帜、以党的方向为方向、以党的意志为意志，赓续党的红色血脉，弘扬党的光荣传统，在斗争中经风雨、见世面、壮筋骨、长才干"[1]，明确了新时代青年的使命担当、前进方向和根本遵循。从总体上讲，青年大学生要努力融入国家重大战略，其必须做到以下三方面。

首先，要有主动衔接的态度。青年大学生应当从内心深处厚植对党的信赖、对中国特色社会主义的信心、对马克思主义的信仰，坚持家国情怀，坚定理想信念，强化使命担当，深化对中国特色社会主义理论体系的认识，在思想洗礼、实践锻造中不断增强做中国人的志气、骨气、底气，坚定中国特色社会主义道路自信、理论自信、制度自信、文化自信，增强强国富民的责任感、紧迫感。

其次，要坚持求真务实。大学生对社会主义未来的发展充满了信心，但随着我国社会转型发展和经济全球化的过程中中西文化相互碰撞，对国家发展方向的把握亟待深入，因此要努力融入国家重大发展战略，必须坚持走中国特色社会主义道路的坚定信念，充分把握国家重大战略的历史意义，抢抓国家战略重大历史机遇，按照二十大报告中"有理想、敢担当、能吃苦、肯奋斗"的基本要求，主动谋划、积极作为。

最后，要坚持服务大局，把促进全面改革、服务国家战略作为实践国家重大战略融入的落脚点。当代青年大学生要自觉听从党和人民召唤，胸怀"国之大者"，发挥好自身在大局落实中的重要作用，在实现民族复兴的赛道上奋勇争先，在全面建设社会主义现代化国家新征程中建功立业，在经济建设主战场、文化发展大舞台、社会建设新领域、科技创新最前沿、基层实践大熔炉中贡献聪明才智、书写青春篇章，以服务国家战略为导向推进自身改革发展，集中资源支持国家战略重点领域。唯有如此，方能很好地融入国家重大战略布局，用青春的智慧和汗水打拼出更加美好的中国，在新时代经济社会发展中取得辉煌的成绩。

（三）在为人民服务的实践中放飞青春梦想

在国家发展的战略需求下，作为新时代社会主义建设者和接班人，青年大学生应该关注国家重大战略的发展动态，了解国家的需求和发展方向，更好地适应

---

[1] 《中共中央关于党的百年奋斗重大成就和历史经验的决议》，人民出版社 2021 年版，第 74 页。

国家重大战略需求，并在此基础上促进自身的发展。

1. 与党同心，牢记使命

青年融入国家重大战略，首先应当始终听党话、坚定跟党走，努力为党和人民奋斗。青年大学生要站稳人民立场，以实现中华民族伟大复兴为己任，不辜负党的期望、人民期待、民族重托，面向未来，再立新功，做理想远大、信念坚定的模范，带头学习马克思主义理论，树立共产主义远大理想和中国特色社会主义共同理想；努力成为行业骨干、青年先锋，做到敢于斗争、善于斗争、艰苦奋斗、无私奉献、崇德向善、严守纪律，真正树立远大理想，热爱伟大祖国，担当时代责任，勇于砥砺奋斗，练就过硬本领，锤炼品德修为，明大德、守公德、严私德，不负时代，不负韶华，不负党和人民的殷切期望，在民族复兴征程上勇当先锋、倾情奉献，把忠诚书写在党和人民事业中，把青春播撒在民族复兴的征程上，把光荣镌刻在历史行进的史册里，争做民族复兴的生力军，用青春和汗水谱写中华民族伟大复兴进程中激昂的乐章。

2. 积极实践，勇于创新

现代社会是一个高度互联和全球化的时代，在新时代背景下，创新驱动成为国家重大战略落实不可或缺的重要动力，也成为时代对青年大学生基本的要求。因此青年大学生应该积极参与社会实践，努力培养创新精神，增强对国家战略的认知，了解社会需求和社会问题，在留意国家需求的同时，也要洞悉所在行业和领域的发展，随着国家重大战略的发展积极地调整自己的学习和职业规划以适应其中的变化，包括在专业知识方面不断深入学习和实践、积极参加各种培训和实践活动、提升综合素质和实践能力等，通过参加社会实践、志愿服务等活动来锻炼自己的人际交往和语言表达能力，积极寻找志同道合和有共同奋斗目标的伙伴，注重团队合作和交流学习，在合作中相互促进和支持，也通过不断尝试新的事物实现实践经验的积累和拓展，提高自己的创新能力，并以此定位自己的发展方向，以更好地为国家和社会发展做出自己的贡献。

3. 面向未来　再立新功

立足新时代新征程，中国青年的奋斗目标和前行方向归结到一点，就是努力成长为堪当民族复兴重任的时代新人。因此青年大学生应该时刻关注国家的发展需求和战略目标，根据国家重大战略发展的需要有针对性地学习与国家发展相关的知识，如政治、经济、文化等，在学习和工作中不断提升自身的能力，如语言能力、沟通能力、团队合作能力等，特别是要通过从各种渠道获取战略信息、认真阅读政策文件、参加专业协会、参与学术活动等方式来了解当前国家和所属领域的发展方向和需求，增强对国家发展的理解和认识。正如习近平总书记对广大青年所强调的："希望你们用脚步丈量祖国大地，用眼睛发现中国精神，用耳朵倾听人民呼声，用内心感应时代脉搏，把对祖国血浓于水、与人民同呼吸共命运的情感贯穿学业全过程、融汇在事业追求中"[①]，努力在实现中华民族伟大复兴的时代洪流中踔厉奋发、勇毅前进。

案例

广东高质量发展青年在行动

——广东青年助力高质量发展动员会在广州召开[②]

【摘　要】2023年2月20日，广东青年助力高质量发展动员会在广州召开。会上，团省委正式发布《广东青年下乡返乡兴乡助力"百县千镇万村高质量发展工程"三年行动》，在推动城市青年下乡、在外青年返乡、本土青年兴乡人才集聚效应，促进城乡区域协调发展的同时，也为广东青年自觉融入国家高质量发展战略提供机遇与助力，切实激励广大青年凝聚青春力量，在实现中华民族伟大复兴的时代洪流中踔厉奋发、勇毅前进。

【引　言】躺平不可取、躺赢不可能、奋斗正当时！2023年2月20日，广东青年助力高质量发展动员会在广州召开，广大青年早已摩拳擦掌、跃跃欲试，

---

① 《论党的青年工作》，中央文献出版社2022年版，第242页。

② 案例来源：《"再造一个新广东"，他们在行动！广东青年助力高质量发展动员会在广州召开》，南方网2023年2月20日，有删改；《助力百县千镇万村高质量发展！广东动员逾30万青年行动起来》，中国青年报客户端2023年2月21日，有删改。

鼓足了再造一个新广东的青春力量。

【关键词】高质量发展　青年工作　广东

　　助力广东高质量发展，青年应如何作为？在广东现代化建设的宏伟蓝图下，南粤青年们施展才干的舞台无比广阔，每一个岗位、每一处奋斗都将为高质量发展添上一笔。在2023年2月20日举行的广东青年助力高质量发展动员会上，团省委正式发布《广东青年下乡返乡兴乡助力"百县千镇万村高质量发展工程"三年行动》（以下简称"三乡行动"），以服务青年入县下乡就业创业为主要抓手，加快形成城市青年下乡、在外青年返乡、本土青年兴乡的人才集聚效应。

　　"通过三乡行动，不断推动人才回归、资源回乡、项目回流，促进城乡区域协调发展。"据大会介绍，到2025年底将累计组织10万名青年下乡帮扶、联系服务10万名青年返乡实践、培训服务10万名青年提升兴乡技能，力争实现带动1万名青年入县下乡就业、培育支持1万名青年县域创业。

　　来自佛山的何艺珊，在澳门科技大学读书期间便已参与到下乡行动中。离开校门，她以乡村振兴志愿者的身份来到了肇庆四会市黄田镇文广旅体服务中心，与其他志愿者一起绘就美丽的"黄田画卷"。黄田镇位于"中国柑橘之乡"肇庆四会市，种植柑橘的历史已超过1400年，是广东省柑橘专业镇。在柑橘成熟季，何艺珊和同事们仔细翻遍了园里的砂糖橘树，在繁茂的枝桠中寻找最饱满、汁水最多的砂糖橘，帮它们"凹造型""加滤镜"，拍出砂糖橘的"最美形象照"。在何艺珊和同事们的努力下，通过多渠道宣传，砂糖橘的销售成交量同比往年增加约6.25%。"能够帮助农户增收贡献自己的一份力量，我心中无比激动，收获感满满。"她说。何艺珊还成为"红小荔"志愿者的一员，化身黄田镇红色文化的传承者和传播者，组织策划了近30场系列主题宣讲活动，用聊家常的方式，宣讲党的二十大精神、惠农政策、讲人居环境整治后的变化。

　　乡村振兴舞台闪动着青春底色，在其他领域也飘扬着青年突击队的旗帜。"制造业当家"是广东锚定未来发展方向的信心决心，更是千千万万青年在一线艰苦奋斗的真实写照。广汽埃安践行创新发展战略，5年销量复合增长率超过120%，塑造了高速高质量发展的"埃安现象"。这一现象的背后，离不开青年的奋斗。在零下30℃的呼伦贝尔试验场，没有热水、网络不好，就自己动手改善；

晚上讨论问题没有会议室，就在小餐厅拉一张床单投影；被困在试验场，没有床，就在冰冷的地上打地铺……"我们以最乐观的革命主义精神，克服了最严峻的挑战。"广汽埃安研发中心电池研发部硅基平台高级经理顾晓瑜在会上回忆着奋斗的时光，埃安青年的付出，实现了 EV+ICV 全栈自研，并首次实现了自主品牌向广汽本田、广汽丰田等合资企业反向输出技术。

创新的基因始终奔涌在广东这片热土，激发着粤港澳大湾区高质量发展的不竭动力。从国外学成归来的哈尔滨工业大学（深圳）教授赵维巍为广东的创新环境所吸引，选择在深圳扎根。他抓住光伏成为全球"能源革命"的最快增长点这一机遇，带领团队创建科技公司哈深智材。"我们这支年轻的团队经过多年努力在光伏产业上游原材料高端化已实现产业关键技术突破，在银颗粒的粒度均匀性及分散性、振实密度、比表面积、烧结性能上已达到世界先进水平。"赵维巍表示，哈深智材已经实现从实验室到规模化生产的艰难蜕变，现在已达到年产 500 吨银纳米颗粒的规模化生产能力，未来将带动 30 亿的直接产值，将实现相关数百亿光伏产业中核心材料纳米银粉的国产替代。

而在珠海，牛头岛钢壳沉管智慧工厂肩负着深中通道 23 节钢壳沉管预制的艰巨任务，传统的工艺已经不满足高质量施工需求。中交四航局青年们将先进的科学技术与传统的施工工艺有针对性地融入具体的施工环境中。50 多次推翻重来、400 余次配合比试验、200 多次设计修改，打造出了世界上第一套钢壳沉管智能浇筑系统，实现了单个管节 2.9 万方混凝土浇筑 2255 个舱格时误差小于 5 毫米。"以高维度创新驱动发展，以高水平管理保障质量，将手中的'施工图'转化为大地的'实景画'。"中交四航局深中通道项目主办陈远说，作为一名建设者，他们拥有"需要什么装备，就能制造什么装备"的底气。

青年建设者、青年科学家、青年志愿者、青年技术员……动员会现场，这些来自各领域的青年奋斗者们生动地讲述着他们的故事，他们的拼搏精神和奋发气质，鼓舞着更多的青年们行动起来。"立足当下，我们最需要的是实干。"奋斗正当时，全省各级共青团统一步伐，广大团员青年共同行动，用青春的风采书写广东高质量发展壮美画卷。

◆ **案例分析** ◆

　　青年兴则国家兴，青年强则国家强。广东是青年人口第一大省，又毗邻港澳、地处"两个前沿"，青年工作面临着复杂而严峻的挑战。为进一步做好青年工作，广东以《广东中长期青年发展规划（2018—2025年）》为牵引，坚持党管青年原则，构建《规划》实施"四梁八柱"，示范带动全省形成党委领导、政府主责、共青团协调、各方齐抓共管的党管青年工作格局，形成具有广东特色的中长期青年发展规划监测指标工作机制，推动各领域青年工作全面发展，营造各级党政机关、全社会共同关心关爱青年的浓厚氛围，青年的获得感、幸福感以及因之产生的对党的信赖感、向心力不断增强，从而引领青年投身创新创造，全面融入国家经济社会发展战略布局，为广东省高质量发展贡献青春力量。

实验实践思考题

　　1. 国家重大战略的基本内涵是什么？

　　2. 中国当前有哪些代表性的国家重大战略？

　　3. 青年大学生应当如何自觉融入国家重大战略，主动提升服务国家人民的能力？

后 记

  2023 年是全面贯彻落实党的二十大精神的开局之年，习近平总书记在党的二十大报告中指出："十八大以来，国内外形势新变化和实践新要求，迫切需要我们从理论和实践的结合上深入回答关系党和国家事业发展、党治国理政的一系列重大时代课题。""只有把马克思主义基本原理同中国具体实际相结合、同中华优秀传统文化相结合，坚持运用辩证唯物主义和历史唯物主义，才能正确回答时代和实践提出的重大问题。"编写组全面深入研究习近平新时代中国特色社会主义思想，以教育部印发的《高校"形势与政策"课教学要点》的基本框架与基本内容为遵循，全面阐释习近平新时代中国特色社会主义思想和党的二十大报告提出的一系列新思想新理念新论断，形成具有广东金融学院马克思主义理论教学实践特色的课程教材。

  马克思主义理论实验教学中心暨党建教育活动中心 2019 年立项——广东省高校示范教学实验中心，根据项目要求及实验实践教学需要，组织部分老师参加实验实践教学教材编写，实验实践教学教材之一《形势与政策分析》反映新时代中国特色社会主义思想理论研究要求，反映新时代中国式现代化理论探索的新成果，反映新时代新征程国家建设取得的新成就。全面开展好习近平新时代中国特色社会主义思想研究，开展好新形势与新政策研究编写，并把中华优秀传统文化、革命文化以及先进文化融入《形势与政策分析》研究与编写过程中，充分体现编写实验实践教材专题化、价值性、系统性的特点，成为青年大学生自觉融入国家重大发展战略，主动服务国家人民提升能力的应有之义。

　　课题组成员持续开展实验实践教学，不断深入广东经济社会发展典型实地，调研了解广东新时代经济社会高质量发展取得的新成就，把改革开放广东实践与党的二十大精神学习研究结合起来，形成新的认识、新的概括和新的总结。经过课题组成员不懈的努力，本书最终完稿。李建军为本书撰写序言部分；以下作者负责各专题，完成编辑撰写：第一专题李建军，第二专题范斯义、张少航，第三专题白翠红，第四、八专题杨明，第五专题温丽丽，第六专题王韵，第七专题马炳涛，第九专题刘佳秋，第十专题许晓婷，第十一专题冉红梅，第十二专题王熙，第十三、十五专题李大毅，第十四专题许意蓝。全书由李建军负责设计编审统稿，杨明、陈学文、邹国振、张春华、陈世柏负责修改统编。

　　新时代新思想新形势新要求，需要高校思想政治理论课教学不断探索实验实践的新内涵新方法新方式，本教材正是深入阐释习近平新时代中国特色社会主义思想和党的二十大精神，结合多年的教学实践研究与撰写出来，编写《形势与政策分析》的成员对理论研究和教材编写颇下功夫，但实验教学与实践教学研究的深入与成果提炼仍有许多不尽如人意之处。在此，恳请有关领导和专家给予批评指正，也为思政课教材编写的进一步完善，实验实践教学改革的进一步深入，确立新的方向和新的起点。

编写组

2023 年 10 月 10 日于广州